맨얼굴의 독립운동사

우리가 배우지 않은 역사, 독립운동 X파일

맨얼굴의 독립운동사

초판 찍은 날 | 2025년 8월 11일
초판 펴낸 날 | 2025년 8월 15일

지은이 | 진명행
펴낸이 | 김현중

디자인 | 임영경
책임편집 | 길도형
감수 | 주동식
관리 | 위영희

펴낸곳 | ㈜양문
주소 | 01405 서울시 도봉구 노해로 341, 902호(창동 신원리베르텔)
전화 | 02.742.2563
팩스 | 02.742.2566
이메일 | ymbook@nate.com
출판등록 | 1996년 8월 7일(제1-1975호)

@ 진명행 2025
ISBN 979-11-986702-8-1(03900)

* 잘못된 책은 구입하신 서점에서 교환해 드립니다.
* 이 책 내용의 전부 또는 일부를 재사용하려면 반드시 저작권자와 출판사의 동의를 받아야 합니다.
* 책값은 뒤표지에 표시되어 있습니다.

맨얼굴의 독립운동사

우리가 배우지 않은 역사, 독립운동 X파일

진명행 지음

첫 머리에

    몇 해 전만 해도 3.1절이나 광복절 전후에는 어김없이 반일감정을 자극하는 영화들이 개봉되곤 했다. 소재의 고갈 때문인지, 컨셉의 식상함 때문인지 요즘은 대체로 뜸한 편이다. 단순히 분위기에 편승하는 정도로는 더 이상 관객들을 만족시킬 수 없다는 것을 깨달은 모양이다. 이런 영화들은 대부분 실존 인물이나 역사적 사건에 기반을 두고 있다지만 실제로는 재미를 위해 터무니없이 윤색된 경우가 많다. 그런 이유로 자전거 도둑 엄복동은 민족부심에 쩌는 스포츠 스타로, 기생 출신 날라리 현계옥은 화려한 액션을 선보이는 미모의 의열단원으로 설정된다. 문화 콘텐츠의 위용은 이런 데 있는 것 같다. 무엇이든 사실로 둔갑시키는 그들의 힘에는 새삼 경외감이 든다.

    이순신 장군의 해전을 주제로 한 영화는 9년새에 세 편이나 만들어 댔다. 서점가에서도 이순신 관련 신간은 불멸의 흥행을 보장한다. 기나긴 임진왜란, 정유재란의 전란 속에 이순신 담론을 제외하면 무엇이 남는가? 백성의 절반이 왜군에 가담했다는 김성일의 급보(=馳啓)[1]는 대중들에게 별로 충격적인 얘기가 아니다. 전쟁 영웅들의 드라마틱한 서사라면 몰라도, 하잘것없는 백성들의 생각은 관심 밖의 주제일 것이다. 그렇다면 학계는 어떨까? 학술정보 검색 사이트인 RISS에서 '순왜(順倭)'로 검색하면 논문과 단행본을 합쳐 9건밖에 검색되지 않는다. 반면에 '이순신'으로 검색하면 모두 6,889건이나 검색된다. 연구의 편중성은 심각한 역사인식의 왜곡을 초래할 수 있음에도, 정작 당사자들은 아무런 문제의식이 없어 보인다.

역사학이 대중들의 기호를 좇는 현상은 암암리에 우리 사회의 정서적 순종을 부추기곤 한다. 매스미디어가 발달할수록 이런 경향은 더욱 심화된다. 사실 역사학처럼 피해자와 가해자가 분명한 영역이 또 없다. 역사가 기록의 문화로서 전승되는 한, 그것을 옮기는 자의 주관이 개입되지 않을 수 없을 것이다. 그런 탓에 역사적 해석은 피해자의 입장을 대변할 때 압도적인 소구력을 갖는다.

하지만 가해자와 피해자는 늘 상대적이라는 사실을 우리는 망각한다. 영화 〈랜드 오브 마인(Under sandet)〉은 우리가 상상해 낸 이분법이 얼마나 위선적인가를 단적으로 보여준다. 2차세계대전 당시 나치 독일의 전쟁범죄에만 몰입한 결과, 승전국들에 의해 자행된 인권유린에는 무관심하거나 한없이 관용적이다. 불행히도 대중들은 그런 모순적 사고의 문제점을 인식하지 못한다.

역사는 정의로워야 한다는 강박증처럼 위험한 편견은 없다. 프랑스의

---

[1] 치계(馳啓) : 조정에 올리는 급보

레지스탕스들은 열심히 싸웠으나, 사실 독일에 큰 타격을 주진 못했다. 많은 프랑스 인들이 비시정부를 반역자라 비난하면서도 그들 치하에서 나름의 평화를 누렸다. 오히려 전쟁이 끝난 뒤 역사 청산이란 미명 하에 만연했던 사회적 광기는 자유와 박애를 상징으로 하는 프랑스 역사에 큰 오점을 남겼다.

재판도 없이 사람들을 끌고 가 처형한 행위는 나치의 학살과 크게 다르지 않았다. 명분의 차이만 있을 뿐이었다. 숲속에서 살해된 사람은 통계조차 잡히지 않고 있다. 2만여 명의 여성들이 거리에서 개처럼 끌려 다니며 삭발 당하고 낙인이 찍혔다. 이 과정이 정의로운가? 물론 그렇다고 생각하는 사람도 있을 것이다. 이처럼 윤리적 관념으로 역사를 재단하는 것은 확증편향의 오류에 빠지기 쉽다.

피해자적 입장에 매몰된 우리는 나라가 망한 과정에서 우리 선조들이 저지른 실수와 과오에 대해 너무 관대하고, 망국의 원인을 오로지 남에게서 찾는 어리석음을 반복하고 있다. 그런 심리적 기제로써 망국 이후 숱한 영웅들을 가공하고, 있지도 않은 전과를 대승으로 기록하며, 우리가 36년 동안 이렇게 끈질기게 투쟁해왔다는 망상을 '승리의 역사'랍시고 가르쳐왔다.

하지만 현실은 그리 간단치 않다. 전근대의 종언(終焉)을 알리던 시기에 나라가 힘 한 번 못 쓰고 망하면서, 해외로 떠도는 사람들이 많았다. 보호해 줄 국가가 망하고 없었기 때문에 이들에 대한 현지인들의 차별과 수탈은 가혹한 것이었다. 우리가 배우는 역사에서는 이들을 보호한 사람들이 한인회 조직이나 독립군이 아닌, 일본 영사관이었다는 사실을 가르치지 않는다. 예컨대 '만보산사건'이 그런 경우이다. 정도의 차이가 있을지는 몰라도, 적어도 해외에서의 이주 한인들은 일본인에 준해 보호를 받고 있었다.

문제는 같은 동포였던 한인 무장조직이었다. 이들은 동포들을 보호한다는 구실로 약탈과 살인, 납치, 폭력을 예사로 저질렀다. 더러는 현지의 마적들과 합세하여 가공할 위력을 보이기도 했다. 자금조달에 협조하지 않으면 마을 하나를 쑥대밭으로 만드는 것은 일도 아니었다. 그렇게 시달리면서도 누구 하나 이에 저항하지 못했다. 청산리대첩의 영웅 김좌진은 동포들 사이에 '마왕'으로 불렸다. 독립운동의 거물로 알려진 최재형, 문창범, 이범진도 교민들에게는 공포의 대상이었을 뿐이다. 이것이 오늘날 우리 역사가 떠받드는 인물이나 단체들의 실상이다.

부패하고 무능했던 우리 선조들은 시대의 변화에 대응하지 못하고 주권을 빼앗겼다. 일제에 저항하다 장렬하게 패망한 것이 아니다. 그냥 스스로 알아서 말아먹었다. 좀 더 정확히는 일본이 주는 거액의 뒷돈과 후사(後事)에 대한 보장, 황실 존속 따위의 떡밥을 받아 드시고, 나라를 통째로 넘겨준 것이다. 그럼에도 요즘은 '일제강점기'가 표준어가 되었다. 못난 선조들은 없고, 나쁜 침략자만 존재하는 셈이다.

태평양전쟁 개전 이후 일본이 파죽지세로 연전연승하자, 조선인들은 길거리로 쏟아져 나와 일장기를 흔들며 환영했다. 더러는 자부심을 느낀 사람들도 있었을 것이다. 지도자들은 앞을 다투어 고이소(小磯) 총독을 예방하고, 일본의 승리를 축하하며 덕담하기에 바빴다.[2] 우리의 해방공간에서 민

---

[2] 조병옥, 『나의 回顧錄』, 民敎社, 1959년, 173~175쪽.

족 지도자로 손꼽는 인물들이 그 모양이었다.

역사교육의 중요한 목적 중 하나는 과거의 기억을 공유함으로써 공동체 의식과 정체성을 확립하는 데 있다. 그렇다면 문제는 여기서 시작한다. 집단의 기억으로서 역사는 필연적으로 취사선택의 문제에 직면할 수밖에 없다. 이런 점에서 볼 때 자국 역사의 치부를 드러내지 않으려 하는 것은 다른 나라들도 사정이 크게 다르지 않은 것 같다.

미국의 경우가 그렇다. 선조들이 원주민을 몰아내고 신대륙 영토를 개척해 가는 과정을 '명백한 운명론(Manifest Destiny)'으로 합리화한다. 서부 개척은 신으로부터 부여받은 그들의 운명이며 사명이었다는 논리이다.[3] 이런 시각으로 보자면, 체로키 인디언들이 강제 이주 당하는 과정에서 4,000명이나 사망한 역사는 설 자리가 없게 된다.[4]

프랑스 역시 마찬가지이다. 2차세계대전 당시 해외 자유 프랑스에 속했던 드골파 레지스탕스의 영웅적 투쟁은 과도하리만치 분량을 할애하면서, 그 역사적 우위를 강조한다. 하지만 독일 점령 초기 드골파 레지스탕스들의 영향력은 매우 제한적이었다.[5] 레지스탕스 조직들의 통합이 늦어져, 국내파 레지스탕스들이 처한 위험과 희생은 매우 컸을 뿐 아니라 통합 과정에서 내부 갈등이나, 일부 조직의 비시정부에 대한 협력 문제, 전후 나치 협조자들에 대한 부적절한 처리 방법, 즉결 처형 같은 인권 유린 등 부정적인 문

---

[3] 김정문, 「발문을 통한 미국 세계사 교과서 속 자국사 이해」, 학습자중심교과교육학회지(2019년 19권 2호), 255쪽.
[4] 류대영, 『개화기 조선과 미국 선교사』, 한국기독교역사연구소, 2004년, 31쪽.
[5] 자세한 것은 이용우, 「프랑스 역사교과서의 레지스탕스 서술(1962~2015)」, 歷史敎育 第141輯, 역사교육연구회.

제는 다루지 않는다.

　　이런 내재적 한계를 인정한다 해도 우리의 경우 정도가 너무 지나치다. 팩트의 취사선택을 넘어 창작 수준에 가깝다. 예컨대 순정효황후가 어새를 치마폭에 숨기고 합방 조인을 저지했다는 일화는 출처도 근거도 없이 숱하게 인용된다. 언필칭 역사 전문가들이 이런 창작을 거들고 있음은 물론이다. 순정효황후가 친일파 부인들을 초청해 훈장을 하사한 사료의 기록은 철저히 무시된다. MSG를 곁들인 우리의 역사는 이렇게 왜곡의 성찬(盛饌)을 이루며 더욱 화려해진다. 존경하는 인물과 역사적 사건들에 대한 허상을 만들고, 그 신드롬을 이용해서 갖가지 돈벌이와, 정치적 결속 내지 배타의 작용점으로 삼는 행위는 어제오늘의 일이 아니다.

　　김상옥 열사가 쌍권총을 들고 일본군 1,000명을 상대로 싸우다 자결했다는 이야기, 독립군 몇 백이 수천 명의 일본군을 무찌른다는 전설의 대첩, 옥 속에 갇혔어도 만세를 부른 죄로 고문 받다 죽었다는 어린 소녀, 전봇대를 뽑아 휘두른 평민 출신의 의병장, 분노의 표시로 배를 가르고 내장을 꺼내 던지며 자결한 열사까지 독립운동사는 이처럼 무용담으로 화려하다. 이런 허황된 얘기가 통하는 나라는 중국과 여기밖에 없다. 정녕 아이들 보기 부끄럽지 않은가?

　　서대문형무소는 과거 독립운동가들이 고초를 당한 상징으로서 오늘날 국가적 기념물이 되었다. 그러나 사실 서대문형무소에 수감된 재소자들 중 독립운동가로 분류할 수 있는 사람들의 비율은 극히 미미했다. 그 대부분은 살인, 절도, 강도, 사기로 처벌받은 사람들이다. 서대문감옥 수형자들의 죄명을 연도별로 분석해보면, 독립운동에 관련된 것으로 볼 수 있는 수형자는 1918년 기준 전체 수형자의 0.5퍼센트에 불과했다. 그 이듬해인 1919년에는 만세운동 사건이 발발하면서 이 비율은 일시적으로 30퍼센트까지 치솟았으나, 점점 떨어져 1922년 이후로는 고작 1~3퍼센트에 그친다.[6] 그럼에도 서대문형무소가 독립운동의 상징으로 각인된 연유는 아리송하다. 이런 것이 국가에 의한 기억의 조작이 아니고 무엇일까?

서대문형무소에서 자행된 온갖 인권유린과 고문, 지하의 독방 시설은 미니어처까지 만들어 전시하면서, 짐승의 축사만도 못했던 구한말의 감옥 상황은 그 누구도 거론하지 않는다. 1878년 조선에서 감옥을 체험한 프랑스 선교사 펠릭스끌레르 리델(Félix-Clair Ridel)의 저서를 보면, 구한말 감옥은 수감인의 처우나 위생, 인권 측면에서 볼 때 도저히 서대문형무소에 비할 바가 아니었다.

일본인 간수들이 아무리 폭압적이라 해도, 우리의 부패한 옥졸(獄卒)들보다는 차라리 인간적이었다. 그들은 남의 여인을 탐하여 죄 없는 사내를 잡아들여 불구로 만들거나, 이유 없이 패서 죽여 놓고 시체를 성문 밖에 몰래 내다버리지도 않았다.[7] 우리 옥졸들이 죄수의 목숨을 파리보다 하찮게 여겼다는 것은 인간으로서 갖추어야 할 최소한의 사단지심(四端之心)마저 붕괴된 사회를 의미한다. 말 그대로 망국의 전조였던 것이다.

---

6 독립운동과 관련된 죄목으로는 내란죄, 소요죄, 총포화약류취체령, 보안법, 출판법, 폭발물취체규칙, 정치범죄처벌령, 치안유지법을 선정했으며, 이들이 전체 수형자 수에서 차지하는 비율을 조사했다. 1916~1940년 조선총독부 통계연보 감옥편 참조. 1916~1919년까지는 각 감옥별 죄명 통계에 의거했고, 그 후로는 감옥별 집계가 없어 전체 감옥의 신수형자(新受刑者) 죄명 분류 데이터를 참고하였다. 1941년 이후로는 특별법 위반사범의 죄명별 분류가 되어 있지 않아 비율을 알 수 없다.
7 『나의 서울 감옥 생활 1878』, 펠릭스끌레르 리델, 살림, 2008년, 113~125쪽.

조선총독부는 수형자 입출현황·죄명·형량·질병 등에 대한 상세한 기록을 남겼던 반면, 우리는 누가 죽었는지, 나갔는지, 무슨 죄로 입감했는지 기록이 전혀 없다. 누가 사망해도 사유조차 제대로 보고하지 않았다. 근대와 전근대의 차이는 이렇게 현격한 것이다. 야만과 문명의 경계점에서, 스스로 개화하지 못한 민족의 운명은 분명해진다. 그것이 일본과 우리의 차이를 만들었다. 누구에게 먹혀도 이상하지 않았을 그 시기, 본질은 외면한 채 그저 가해자에 대한 증오와 적개심으로 일관하는 것은 자격지심이 아니고 무엇인가?

　『조선 레지스탕스의 두 얼굴』이 출간된 지 어느새 두 해를 넘겼다. 여전히 이 나라는 반일감정 위에 기생하는 단체들이 기승을 부리고 있다. 국내도 모자라 해외까지 진출한 어떤 동상을 보면 한 집단의 의식 수준을 대변하는 것 같다. 말로는 평화를 상징한다지만, 증오를 부추기는 이념의 선전물일 뿐이다. 창작의 자유에 속하는 영역이라 그러려니 하고 싶어도, 아이들까지 동원하는 의식화의 만행 앞에서는 할 말을 잃게 만든다. 그것은 이미 무속에서의 처용상을 능가하는 물신(物神)의 성역에 접어들었다.

　알 만한 사람들이 그 앞에서 절을 하며, 꽃을 바치고, 때로는 무당을 불러 굿을 하며, 심지어 그것을 껴안고 울부짖는다. 겨울이면 추울세라 목도리와 모자를 씌워주고, 불순(?) 세력이 해코지라도 할까 봐 경찰들이 지키고 있다. 세상에 이런 나라가 또 있을까? 99퍼센트의 감성과 1퍼센트의 이성으로 살아가는 족속의 후예답다고 하면 너무 자학적인 비관일까?

　무명작가가 어렵사리 책 한두 권 낸다고 누가 귀담아들을 것 같지는 않다. 청산되어야 할 과거의 망령을 보듬고 '존경심을 가져라', '자부심을 느껴라' 억지 강권하는 사회에서 그에 반하는 연구를 하거나 책을 쓴다는 것은 쉬운 일이 아니다. 신새벽에 타는 목마름으로 민주주의를 외쳤다는 사람들은 이제 남의 입을 틀어막는 데 혈안이 되어 있다. 허튼 소리를 하면 감옥에 보내고, 벌금을 물리고, 공직 진출을 원천 차단시키겠다며 엄포를 놓는다.

우리는 이런 자들에게 저항하지 않으면 안 된다. 이 책이 큰 반향을 일으키지는 못하겠지만, 앞으로 좀 더 많은 사람들이 거짓의 성역과 금기에 도전하는 계기가 되었으면 한다. 블로그에 썼던 글들을 베이스로 삼았던 1권과 달리 완전히 새로 쓰는 내용들이 많아 생각만큼 진도를 내기 어려웠다. 전문적인 전업작가가 아닌 탓에 이런저런 삶의 변수에 노정(露呈)되면서 또 많은 시간을 지체하고 말았다. 후속작이 출간되기를 기다리고 계셨던 분들에게는 죄송하기 그지없다.

중국어 지명, 인명은 전편처럼 시행착오와 혼선을 겪지 않기 위해 한문 명칭 그대로 표기하였으며, 중국어 발음과 관련하여 전작(前作)의 초판에서 논란이 많았기에, 이번에는 따로 병기하지 않았다. 문체 역시 무미건조한 자기검열에서 벗어나 자유롭게 평소 스타일대로 썼다. 온라인체나 비속어가 다소 포함될 수 있으므로, 이 점 널리 양해 있으시기를 바란다.

목차

첫 머리에   4

오해와 무지에서 비롯된 폭력의 충돌, 3.1 운동

뒤틀리고 왜곡된 3.1 운동의 상징들   22

비폭력, 무저항이라는 사기   32

민족대표 33인은 누구를 대표했나?   40

급조된 자칭 민족대표 33명의 진실   48

천도교에서 빌린 돈 5,000원의 행방   56

손병희는 무엇을 위하여 종을 울렸나?   64

절망적인 지도층의 수준, 세상의 비웃음을 사다   84

돈을 사랑했던 선교사, 헐버트
(Homer B. Hulbert)

암군(暗君)의 총애를 받은 미국 선교사들   98

착한 침략자와 나쁜 침략자   104

한국인보다 한국을 사랑했다는 희대의 거짓말   114

러시아 간첩과 내통한 언론인 베델
(Ernest Thomas Bethell)

한국의 불행을 재기의 기회로 삼았던 언론사업가   136

횡령과 추문으로 얼룩진 국채보상운동   144

러시아 정보기관에 포섭된 항일 언론인   166

국가가 조작한 유관순 신화의 진실

유관순 신드롬은 누가 시작했나   186

유관순은 감옥에서 만세 부르다 죽지 않았다   192

만기 출소한 유관순과 의문의 죽음   206

독립운동자금으로 둔갑한 고종의 해외 비자금

고종이 숨긴 상해은행의 비자금은 누가 빼돌렸나?   218

고종을 둘러싼 폰지사기와 어새 농단   224

위조된 출금 위임장을 들고 나타난 헐버트   230

소련을 위해 살다 간 독립운동가, 홍범도

간도 무장독립운동을 끝장낸 볼셰비키 홍범도의 실체   236

자유시 참변 당시 홍범도는 어디에 있었나?   248

항일독립운동으로 분칠된 범죄의 기록

유흥 빚 변제를 위해 떼강도에 가담한 사람들이 독립운동가로   256

도박으로 가산을 탕진한 안동 종가의 후손, 독립운동가가 되다   258

강도, 협잡, 미인계와 권모술수로 얼룩진 김원봉의 행각   274

배임횡령 사기혐의로 도주한 자, 상해임정의 모태를 만들다   284

상해 독립운동가들의 범죄 백서   294

파쟁의 피로 물든 만주 벌판, 자멸의 길로 간 사람들   308

맺음말 318

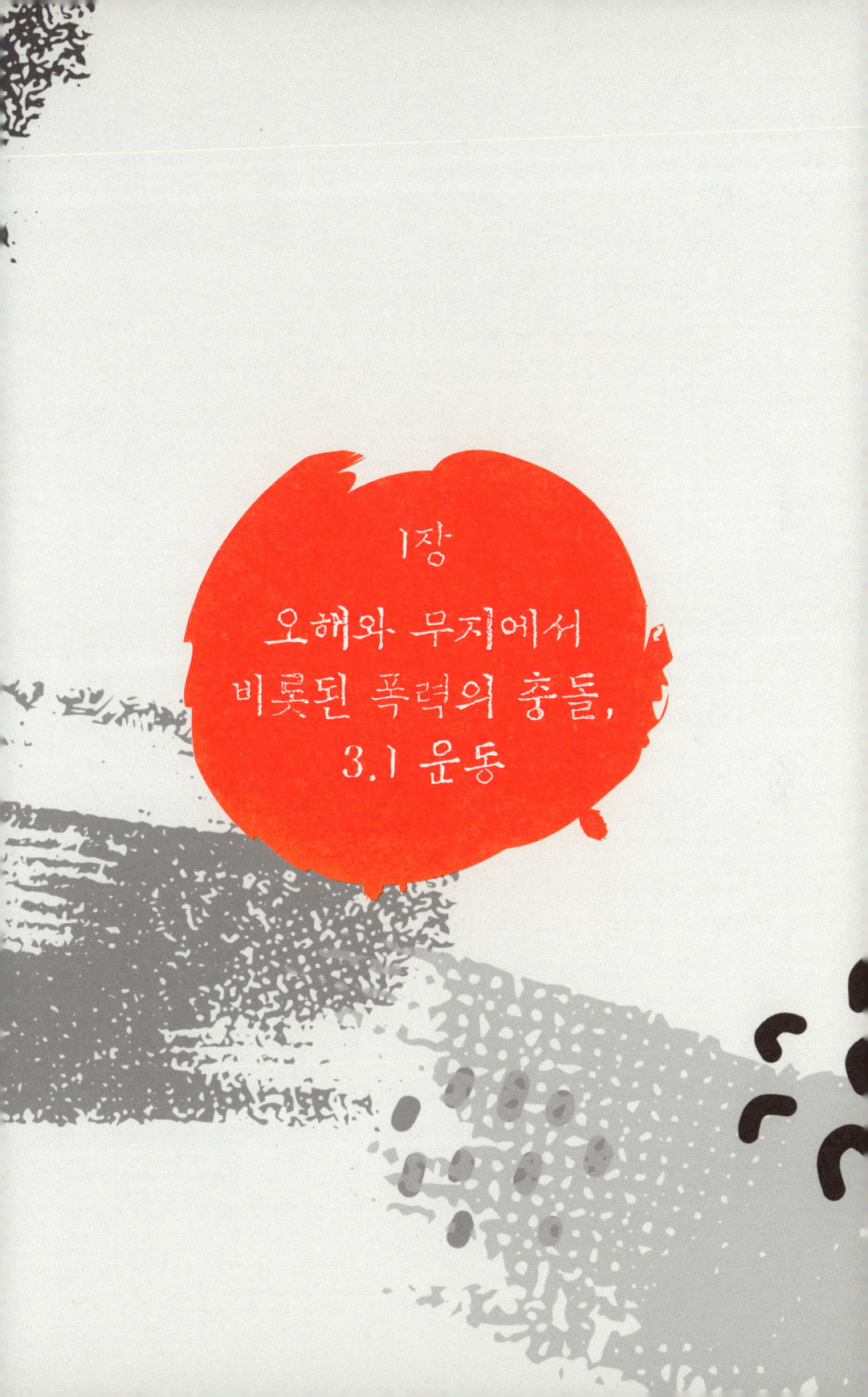

1장
오해와 무지에서 비롯된 폭력의 충돌,
3.1 운동

1.
뒤틀리고 왜곡된
3.1운동의 상징들

독립운동사에서 3.1운동이 차지하는 비중과 대표성은 상당히 큽니다. 주지하다시피, 3.1운동 직후 상해에서는 다수의 애국지사들이 모여 임시정부를 세웠습니다. 이를 구심점 삼아 수많은 독립운동가와 무장 단체들이 조직적으로 일제에 저항했으며 대중들 사이에서 민족의식이 싹트는 계기가 되었습니다. 전국적 소요사건을 처음 겪어본 일본 당국도 피해가 만만치 않아서 조선총독부 수뇌부가 경질되고, 조선에 대한 통치방식을 근본적으로 수정하게 됩니다. 이런 역사적 의의가 있기 때문에 3.1운동이 발발한 날을 국가 공식 기념일로 삼고 그 의미를 기리고 있습니다. 전국에 걸친 민중들의 집단적 저항운동이었다는 점에서 프랑스혁명이나 미국의 독립전쟁과도 비견될 수 있을 것입니다.

그런데 모든 독립운동사가 그렇듯이 특정 사건에 과도한 의미를 부여하기 시작하면, 이게 적당한 데서 그치는 법이 없습니다. 관련 인물이나 단체를 추종하는 세력들이 나타나고, 여기에 뜯어먹을 게 있는 지식인들까지 합세해서 혈세에 기생하는 공고한 생태계를 만듭니다. 안타깝지만 3.1 운동도 마찬가지입니다. 일제 식민지 하에서 법조인이었거나 총독부 고위 관료였던 사람들, 황국신민화 정책에 누구보다 열성적이었던 사람들 손에 의해서 3.1운동은 하나의 혁명으로 승격되어 헌법 전문에 삽입되기에 이릅니다. 수차례의 헌법 개정이 있었지만, 3.1 운동은 지금까지 한 번도 전문에서 빠진 적이 없습니다. 그런데 이 사건이 과연 우리가 그렇게 집착할 만한 가치가 있는지 의문이 들지 않을 수 없습니다.

　　3.1운동은 그 의미를 드라이하게 평가하는 수준을 이미 넘어섰습니다. 자화자찬식 미사여구를 남발하거나, 신화화 하려는 태도가 문제입니다. 어떻게 논저마다 한결같이 극찬 일색인지 모르겠습니다. 세계사적으로 보면 1~2차대전 전후에 약소국 민중들이 외세의 침략과 식민 지배에 저항한 경우가 적지 않습니다. 항쟁의 규모나 기간, 희생자의 수를 보건대 그들은 3.1운동과 비교되지 않을 정도로 참혹한 고통을 겪었습니다. 우리의 3.1운동은 비폭력, 무저항이라 그 사람들과 다르다구요? 아닙니다. 대단히 착각하고 계시는 겁니다. 3.1운동을 보편적 현상의 일부로 이해하지 않고, 지나치게 신성시하거나 유일무이한 운동처럼 서술하는 것은 자가당착에 불과합니다.

　　그럼에도 불구하고 어떤 분들은 3.1운동을 유네스코 세계문화유산에 등재하겠다고 나섭니다. 이 사람들의 면면을 보면 특정 지역에서 유난히 강세를 보인다는 모 정당 중진을 지냈던 사람들, 5.18 관련 단체, 시민단체 출신들, 한쪽 정파에 편향된 소신으로 유명한 학자, 교수들이 눈에 띕니다. 창립발기문에는 정파와 이념을 초월한 것으로 되어 있지만, "민족이 하나 되어 자유와 정의와 평화를 위해 올곧게 살아왔으며, 그 삶의 정신이 민중이 중심이 된 동학혁명, 3.1운동, 4.19혁명, 5.18민주화운동, 촛불혁명 등으로 이어졌다"는 이사장의 일성(一聲)은 고개를 가로젓게 만듭니다.

그렇습니다. 3.1 운동은 지향점만 달랐을 뿐, 자신들의 정치적 프로파간다를 받쳐줄 마법의 램프나 다름없습니다. 이런 이유로 3.1운동은 늘 미화되어야 했고, 무결점 무오류 투쟁이어야 했으며, 추호의 비판도 허용치 않는 신성한 역사가 된 것입니다. 민족대표 33인에 대해 비판적인 글을 썼다가 그 후손들에 의해 곤욕을 치른 학자도 있는 것을 보면, 안타깝게도 이 나라는 선조들의 체면을 목숨처럼 돌보는 중세시대의 미몽에 아직도 머물러 있는 것 같습니다.[8]

흔히 3.1절 하면 생각나는 것이 유관순, 그리고 민족대표 33인, 파고다공원, 태극기 같은 유무형의 상징들입니다. 이는 오랜 시간에 걸쳐 주입된 세뇌 교육의 결과물이라 할 수 있습니다. 하지만 유관순이나 민족대표 33인은 3.1 만세시위를 주도하거나 전면에 나섰던 사람들은 아닙니다. 독립선언 장소는 파고다공원이 아닌, 경성 제일의 술집 태화관으로 수정해야 합니다. 태극기는 3월 1일 당일 진남포와 선천 등 극히 일부지역에서만 사용되었을 뿐, 오늘날 우리가 생각하는 것처럼 전국이 태극기 물결을 이룬 것은 아닙니다. 그럼에도 요즘 그려지는 3.1운동 삽화를 보면 남녀노소가 하나같이 태극기를 들고서 만세를 외치는 장면이 대부분입니다. 하지만 이는 현실적으로 당시 상황상 불가능했다는 것을 알아야 합니다.

---

[8] 신복룡은 2001년 8월 4일자 동아일보에 기고한 '한국사 새로보기' 3.1운동 편에서 민족대표 33인에 대해 비판적인 내용의 기고를 했다가 유족회 측으로부터 소속 대학에 파면 요구, 항의 전화에 그치지 않고, 살해 위협까지 이어지자 경찰에 신변보호를 요청하는 등 엄청난 후폭풍에 시달렸다. 신복룡, 『잘못 배운 한국사』, 집문당, 2022년, 239~243쪽.

서울 한복판이 아닌 곳은 등사 시설이 부족했습니다. 때문에 소수의 주동자들이 손으로 일일이 그려내느라 모양도 가지각색이었습니다. 물감과 종이가 부족해 그렇게 많은 태극기를 한꺼번에 만들 수도 없었습니다. 시위에 참여했던 대다수는 태극기의 존재나 모양에 대해 무지한 사람들이었을 것입니다. 교육 수준이 높아진 요즘에도 태극기를 제대로 그릴 수 있는 사람이 몇이나 될지 의문입니다. 3.1운동의 태극기 물결은 단지 오늘날의 시각으로 그려낸 상상물에 불과합니다.

당시 시위 참가자들은 '만세'의 의미조차 제대로 이해하지 못했습니다. 만세의 의미는 영어의 Forever에 해당하며 '영원하라'는 뜻입니다. 그렇다면 대한독립만세에서 '대한'은 당연히 대한제국을 의미할 것이고, 이는 구한국으로의 복귀이며, 고종과 순종 치하의 부패하고 무능했던 학정의 시절로 다시 돌아가서 그 썩고 낡은 왕조의 영생불멸을 소망했다는 뜻이 됩니다. 그런데 일부 복벽주의자나 유생들을 제외하면, 진심으로 그렇게 되기를 희망하며 만세를 외친 사람은 매우 드물었습니다.

이는 3.1운동 재판 판결문을 보면 좀 더 분명해집니다. 만세 시위에 가담한 자들이 독립을 희망한 이유를 살펴보면 놀랍게도 단순합니다. '세금내기 싫어서', '부역에 나갈 필요 없어서', '묘포일을 하지 않아도 되어서', '가족을 공동묘지에 매장하지 않아도 되어서', '독립이 되면 빼앗긴 집안 땅을 되찾을 수 있어서', '독립하면 국유지는 소작인 소유가 된다 해서' 따위의 지극히 개인적 욕망이나 자유를 바라고 만세를 외친 사람들이 압도적으로 많았습니다.[9] 즉, 민족대표 33인이나 상해의 망명객들이 생각했던 거창한 담론이 아니었

---

[9] 권보드래, 「'만세'의 유토피아 - 3·1 운동에 있어 복국(復國)과 신세계-」, 한국학연구, 2015, vol., no.38, 인하대학교 한국학연구소, 210~211쪽.

던 것입니다. 일거수 일투족 규제를 받는 당장의 불편함, 기존 관습의 폐지로 인한 불만, 난해한 법적·행정적 절차의 강요에서 벗어나 옛날처럼 아무도 내 삶에 간섭하지 않는 자유로운 상태를 희구했던 것으로 보입니다. 이는 전근대에서 근대로 이행되는 과정이 그만큼 순조롭지 못했음을 의미합니다.

다소 지루해지겠지만, 이 부분은 중요하니 좀 더 구체적으로 살펴보는 게 좋겠습니다. 3.1운동 직후인 1919년(大正 8년) 6월, 조선헌병대사령부가 보고한 「조선소요사건상황」에는 '조선인 간에 주창되는 불평 및 희망'이라는 여론조사 내용이 들어 있습니다. 식민통치에 대한 한국인들의 불만과 요구사항을 전국 각 지역별로 그 내용을 간추려서 정리한 것입니다. 이 중 5개 도(道) 이상에서 비교적 공통으로 지적하는 내용에 대해서는 다음과 같이 요약해 볼 수 있습니다.

[표] 식민정책에 대한 한국인들의 여론 [10]

구분	내용	공통적으로 응답한 지역(道)
불만 사항	번잡한 각종 행정절차	경기, 전북, 평남, 평북, 함북
	법령 제정의 빈발과 강제성	경기, 충북, 충남, 전남, 경북, 경남, 황해, 강원
	세금 징수의 과중 (주세, 연초세, 도축세, 인지세, 대서료 등)	경기, 전북, 전남, 경북, 평남, 평북, 강원
	부역의 과중	경기, 충북, 충남, 전북, 경북, 경남, 강원
	일률적인 산업 장려(뽕나무 묘목 강제배분, 목화 재배, 미작 개량 간섭 등)	경기, 충북, 충남, 전남, 경북, 경남, 평북, 함남

---

[10] 이양희, 「일제의 3.1운동 원인조사와 민정(民情)의 실상」, 한국사연구, 2019, vol., no.187, 한국사연구회, 86~87쪽에서 여론조사보고서를 재편집.

구분	내용	공통적으로 응답한 지역(道)
불만 사항	토지 강제 수용 및 사후 기부 강요(도로 등)	충남, 전남, 경북, 평남, 함남
	한국인과 일본인의 차별대우	경기, 충북, 전북, 전남, 경북, 경남, 황해, 평남, 강원, 함남
	일본인의 한국인 멸시	경기, 충북, 충남, 전북, 전남, 경북, 경남, 황해, 평북, 강원, 함남, 함북
	도축지 제한	전북, 평남, 평북, 강원, 함북
	공동묘지제 강행	충북, 전북, 경북, 경남, 황해, 평남, 평북, 함북
요구 사항	참정권 또는 자치제 허용	경기, 전북, 전남, 경북, 경남, 평북, 강원, 함북
	한국인의 관리 등용 및 승진	충북, 충남, 전북, 경남, 강원, 함북
	일본인과 한국인 노동의 동일 대우	충북, 충남, 전북, 경남, 평남, 함남, 함북
	각종 세금 및 부역 경감	전북, 전남, 경남, 강원, 함남
	공동묘지 및 묘지 단속 규칙 폐지	경기, 충북, 충남, 전남, 경남, 강원, 함남
	한국인 대상 교육기관 설치 또는 일본인과 동일한 교육 실시	경기, 충북, 충남, 전북, 전남, 경북, 경남, 평북, 강원, 함남, 함북

　　이 표에서 알 수 있듯이 일본인과의 차별대우나 멸시 같은 정서적인 측면도 무시할 수는 없겠지만, 무엇보다 합병 후 타자(他者)에 의해 강요된 근대적 시스템이 문제였습니다. 예컨대 공동묘지 매장 강제, 인허가와 관련된 법률과 행정 절차, 과세제도, 각종 위생과 환경규제와 같은 것들이 종래의 전통과 너무도 맞지 않았고 생소했던 것입니다. 당연히 이에 대한 반발이 없을 수 없는데, 일제는 우리를 개화되지 못한 열등한 민족으로 간주하고, 일방적으로 밀어붙였음을 알 수 있습니다. 이러한 불만들이 10년간 누적되었다고 생각해보면, 3.1운동의 폭발성은 충분히 짐작할 수 있습니다.

따라서 3.1운동은 독립운동이라기보다 일종의 생존투쟁으로 보는 것이 더 적절합니다. '우리는 우리 스타일대로 살아야 한다', '우리는 조선 사람'이라는 정체성도 사실은 일본식 시스템에 대한 거부감에서 비롯되었습니다. 단순히 빼앗긴 나라를 되찾겠다는 민족적 감정이나 애국심만 내세울 일이 아닙니다. 만약 그렇다면 1910년 한일합방 당시에 이미 폭동이 일어나야 했습니다. 하지만 우리의 마지막 황제는 황실의 보존과 안녕을 보장받자마자 두 손으로 공손하게 옥새를 일본에 갖다 바쳤으며, 일반 국민들조차 별다른 저항 없이 먹고 마시는 일상을 이어갔습니다. 비폭력, 무저항이라는 말은 이럴 때 쓰는 것입니다.

그럼에도 우리 역사 교과서는 망국의 전후에 있었던 일들을 사실대로 말해주지 않습니다. 그 대신 별 영향도 미치지 못했던 인물과 단체들을 내세워, 나라 전체가 일제의 침탈에 저항한 것처럼 사기를 칩니다. 예컨대, 을사조약 이후 일부 인사들이 울분에 못 이겨 자결한 사례를 두고 대단한 희생이라도 한 것처럼 학생들에게 가르칩니다. 그분들의 뜻이야 어쨌든 자살은 현실도피의 수단에 불과합니다. 그런 사례에서 우리가 배워야 할 공의(公義)로움 따위는 없습니다. 심지어 민영환의 자결은 안중근조차도 무의미한 것으로 평가절하한 바 있습니다. 80~90년대에 독재에 항거한다며 분신자살을 택했던 사람들을 '열사'로 추앙하는 분위기도 이와 다르지 않습니다. 싸우다 죽은 것도 아니요, 자결한 것을 '순국'이라 높이는 것은 어린 학생들의 가치관을 왜곡할 우려마저 있습니다. 앞으로 어떤 국가적 변고가 있을 때 우리는 '자결'이라는 극단적인 방법을 택해야 한다는 것일까요?

민영환이란 사람은 고종조차도 손절한 무능하기 짝이 없는 관료였습니다. 민씨 척족이라는 후광을 입어 매번 고위직으로 영전하면서도 망국의 순간까지 그 무슨 대단한 업적을 남긴 것도 아닙니다. 민씨 일가와 측근의 매관매직은 못 본 척했으며, 알렌과 결탁하여 미국의 이권 침탈에 협력한 대가로 뇌물을 수수한 사람이자,[11] 친러파의 몰락과 함께 자결로 생을 마친 사람입니다. 하지만 학교에서는 애국자의 장렬한 죽음이라고만 하지 이런 사실을 가르치지는 않습니다.

　신복룡의 뼈아픈 지적처럼 한 국가가 멸망하면서 이렇게 무기력하게 침묵했던 경우는 흔치 않았습니다. 1906년 3월 25일 경성에서 개최된 통감부 개청식(開廳式)은 너무도 화기애애한 분위기 속에서 진행되었습니다. 어디서 욱일기 비슷한 문양만 봐도 집단적 히스테리를 보이는 요즘 사람들은 믿을 수 없는 얘기로 치부할지도 모릅니다.

　초대 통감으로 부임한 이토 히로부미로부터 내빈 일동에 대한 인사말이 있은 후, 박제순 참정대신은 "통감의 지도에 의해 한층 더 시정 개선(施政改善)의 결실을 이룸으로써 부강의 기틀을 열 것을 기대한다"며 답사를 했습니다. 이후 일본의 기미가요가 울려퍼지는 가운데, 박제순이 먼저 일본 천황폐하 만세를 삼창하자 이토가 화답하여 한국 황제폐하 만세를, 이어서 이재극이 이토 통감 만세를 삼창하였습니다. 성대한 파티를 끝으로 행사가 그렇게 마무리되는 동안 망국의 분노와 슬픔 따위는 전혀 찾아볼 수가 없었습니다.

---

11 김희연, 「주한미국공사 알렌의 이권 획득과 세력권 확보 시도」, 고려대학교 박사학위 논문(2022년), 289쪽.

이날 본정통(本町通)[12] 일대는 흡사 국기로 수놓은 제등(提燈)의 터널같이 화려했으며, 남녀노소를 불문하고 이 성황을 구경하고자 사방에서 인파가 몰려 하루 종일 북새통을 이루었다고 합니다.[13] 나라가 주권을 빼앗겨 타국의 통치기구가 들어선 날 치고는 너무도 태평하고 여유롭기 그지없는 모습이었습니다. 한일합방 조약이 있던 1910년도 이와 크게 다르지 않았습니다.

그렇다면 나라가 망할 때 이처럼 남의 일처럼 방관했던 사람들이 불과 10년도 되지 않아 갑자기 나라를 되찾겠다며 미친 듯이 쏟아져 나와 독립만세를 부르고 낫과 곤봉, 돌멩이로써 일제의 총칼에 맞서 싸웠다면 뭔가 다른 이유가 있는 것입니다. 고등학교 한국사 교과서를 보면, 3.1운동이 발발한 원인에 대해 '일제의 민족 차별과 압제에 대한 저항, 민족자결주의의 영향, 고종의 독살설에 대한 분노가 맞물려서'라고 되어 있습니다. 물론 그런 점이 전혀 없었다고 할 수는 없습니다.

하지만 이런 식상한 주장들은 이제 재고되어야 합니다. 기존 학설대로라면, 나라가 망하기 전에는 별천지에 살다가, 일제가 들어서면서 갑자기 힘들어진 것처럼 들립니다. 차별과 압제라는 말도 그렇습니다. 만약 식민지 백성들도 일본 내지(內地)와 똑같이 세금과 병역, 의무교육, 참정권을 주고 동등하게 처우했다고 가정합시다. 그러면 불만이 없었을까요? 일본인들과 경쟁하여 어렵사리 고등문관 시험에 합격하거나 장교가 된 이들을 친일부역자로 매도하면서 무슨 차별을 말합니까? 그냥 다 거지같이 살아야 했나요? 결국 우리는 본질과 동떨어진 얘기를 하고 있는 셈입니다.

---

[12] 본정통(本町通)은 그 당시 혼마치로 불리던 번화가로 오늘날의 명동에 해당한다.
[13] 「雜報 統監府 開廳式」, 門司新報, 1906년 3월 31일자 2면.

결과론적으로 보면 3.1운동은 우리에게 남긴 게 아무것도 없습니다. 민족적 차별은 여전했습니다. 무단통치 대신 문화정치가 들어섰다고는 하지만, 그게 민중들의 삶을 크게 바꾸지는 못했습니다. 헌병경찰 대신 보통경찰이 들어섰지만, 경찰 인원은 더욱 늘어나 오히려 전체적인 감시망은 크게 강화되었습니다. 언론매체는 다양해졌지만 기사 하나하나 검열당해야 했으므로, 표현의 자유까지 보장된 것으로 보기에는 무리입니다. 무단통치가 그렇게도 사태의 큰 원인이었으면 군인 출신 총독이 배제되었어야 했는데, 식민통치가 끝날 때까지 단 한 번도 문민 총독이 부임한 적은 없습니다. 한가지 특이한 점이 있다면, 한바탕 소란 후 우리 스스로가 법과 행정, 세제, 교육, 지방자치와 같은 근대문명에 적응하고, 식민지 민중으로서 각자의 삶을 헤쳐 나가는 노하우를 체득하기 시작했다는 것입니다.

2. 비폭력, 무저항이라는 사기

우리 역사는 3.1운동이 비폭력, 무저항 운동이었다는 점을 특히 강조합니다. 하지만 천만의 말씀입니다. 3.1운동은 평화적 운동과는 거리가 멉니다. 오히려 처음부터 끝까지 폭동에 가까웠습니다. 자료가 대거 공개된 요즈음은 이런 사기를 치기가 힘들어져, 2000년 중반부터는 만세 시위 초기에는 평화적이었다가, 지방으로 확대되어 가면서 폭력적으로 변질되어 갔다는 식으로 표현을 수정했습니다. 8종 검인정 교과서에도 대부분 이런 식으로 기술되어 있습니다.

① 평화적으로 전개되던 초기의 만세 시위는 일제의 무력 탄압으로 다수의 사상자가 발생하자, 일제의 식민지 통치 기관을 파괴하는 등 점차 폭력적인 양상을 보였다.
-'3.1운동의 전개', 고등학교 한국사, 금성교과서 2009년판, 309쪽.[14]

② 평화적인 만세 시위는 농촌으로 확산되면서 양상이 달라졌다. 농촌의 시위는 장터를 중심으로 진행되었는데, 일제는 헌병 경찰을 동원하여 무차별 사격을 가하는

---

[14] 금성교과서는 2015년 개정판을 내면서 비폭력, 무저항이었는지 논란이 있는 부분을 아예 삭제하고 기술에서 제외했다.

등 무자비하게 탄압하였다. 이에 농민은 경찰 관서, 헌병대, 면사무소 등 식민 통치 기관을 습격, 파괴하였다. 그리하여 비폭력 평화 시위는 점차 민중이 주도하는 무력 투쟁 운동으로 발전해 갔다. -고등학교 한국사, 미래엔 2020년판, 171쪽.

하지만 평화적인 시위를 일본 군경이 무력으로 탄압하자 이에 민중들이 폭력으로 맞섰다는 이 그럴싸한 얘기는 사실이 아닙니다. 3.1운동 기간 중의 사상자 조사표를 보면 시위대는 이미 첫 날부터 경찰과 충돌하여 18명의 부상자가 나왔고, 3월 3일부터는 다수의 사망자가 발생합니다. 3월 10일에는 무려 63명의 사망자가 발생할 정도로 시위 형태가 격렬하고 폭력적이었음을 알 수 있습니다. 3.1운동 초기인 3월 1일부터 3월 10일 사이에 발생한 사망자 수는 전 기간 사망자의 27.5퍼센트에 해당합니다. 결코 적다고 말할 수 없는 수치입니다.

조선총독부 경무총감부가 4월 30일에 작성한 〈조선소요사건총계일람표〉를 보면, 총 848회의 집회 중 '폭력 시위'가 332회**(39.15%)**였고, '비폭력 시위'가 516회**(60.85%)**인 것으로 분류되었습니다. 이는 거의 4:6의 비율에 상당함을 알 수 있습니다. 또 다른 조사자료인 〈조선소요사건경과개람표〉에도 이와 비슷한 조사가 보이는데, 다만 인원통계에서는 누적 참가인원 총 509,402명 중 폭력시위에 가담한 인원이 299,751명**(59%)**, 비폭력 시위에는 209,751명**(41%)**으로 나타나, 오히려 폭력시위에 참여한 인원이 더 많은 역전된 수치를 보여줍니다.[15]

그렇다면 우리는 3.1운동이 비폭력이니, 무저항이니, 평화적이니 하

---

15 김영범, 「3·1 운동에서의 폭력과 그 함의」, 정신문화연구 2018 (통권 제153호), 한국학중앙연구원, 79쪽.

는 말들은 모두 개뻥이고 허구에 불과하다는 것을 알 수 있습니다. 시위 군중의 이러한 폭력성은 당초 이 운동을 주도한 민족대표 33인이 원하던 그림은 아니었습니다. 그들이 당일 파고다공원에서 독립선언문을 낭독하려는 계획을 황급히 태화관으로 변경한 것도 '우매한 군중'이나 '사려가 미정한 학생들'에 의한[16] 폭력 사태를 우려했기 때문입니다. 최남선에 의해 작성된 독립선언서를 보면 '오인(吾人)의 소임은 다만 자기의 건설이 유할 뿐이요. 결코 타의 파괴에 재(在)치 아니하도다'라든가, '결코 구원(舊怨)과 일시적 감정으로써 타(他)를 질축배척함이 안이로다'라고 한 것은 처음부터 감정적이고 폭력적인 방법으로 의사표시를 하지 말 것을 당부한 것으로 볼 수 있습니다.

독립선언서의 실행강령이라고 볼 수 있는 공약삼장을 보면 '결코 배타적 감정으로 일주하지 말 것'과 '일절의 행동은 가장 질서를 존중할 것'을 당부했습니다. 3월 1일자로 발행되어 전국 각지로 비밀리에 배포된 〈조선독립신문〉 제1호에서도 난폭한 행위를 하지 말 것을 신신당부하고 있는 바, '우리 2천만 민족이 최후 1인이 남더라도 결단코 난폭적 행동이라든지 파괴적 행동을 절대 금할 것(勿行)이며, 1인이라도 난폭적, 파괴적 행동이 있을 경우 영천고불가구(永千古不可求: 영원히 오랜 시간이 흘러도 얻을 수 없는) 조선을 만들 터이니 천만 주의하고 천만 보중할지어다'라는 '대표 제씨(諸氏)의 신탁(申託)'을 실어 내보낸 바 있습니다.[17]

여기서 당시 민족대표라는 분들의 입장을 구구하게 거론하고 있는 이유는 비폭력, 무저항 주의가 공염불에 그쳤다는 것과 3.1운동을 주도했던

---

[16] 이필주 신문조서, 이갑성 신문조서, 이승훈 신문조서(4회)에는 파고다공원에 운집한 군중들에 대해 '우매한 인민', '무사려한 학생들'이라 규정함으로써 기층 민중과 괴리된 그들의 인식과 태도를 확인할 수 있다.
[17] 김영범, 앞의 논문, 73쪽.

세력들과 일반 민중의 정서 간에는 상당한 괴리가 있었음을 보여주기 때문입니다. 온갖 미사여구와 장황한 한문 투로 빼곡한 독립선언서를 보고 공감한 사람들이 몇이나 있었겠습니까? 민족대표 33인 중 한 사람인 이갑성도 신문조서에서 밝히길 '시골의 우매한 농민들이 독립선언서를 읽고 소요를 일으킬 것이라 생각하지 않았다'는 답변을 했을 정도였습니다.[18]

이것을 다소 러프하지만 통계적으로 확인해보기로 합니다. 다음 세 그룹이 있습니다. 도시 지역과 비도시 지역으로 나누고, 도시 지역은 A그룹이라 합니다. 비도시 지역은 다시 상대적으로 인구가 많은 지역과 적은 지역을 나누어 B와 C로 구분합니다. 즉, 인구수가 많은 순서대로 정렬한 다음 총인구수의 절반에 도달하는 상위 그룹을 B라 하고, 그 나머지 하위 그룹을 C라 하겠습니다. 1919년도 기준으로 일본, 중국인 등 외국인을 제외한 조선인 총인구수를 16,783,510명이라 했을 때, 인구의 50퍼센트에 해당하는 상위 지역 B그룹에는 약 76개의 군(郡)이, 하위지역 50퍼센트 C그룹에는 156개의 군이 분포되어 있습니다.

아래 표에서 확인할 수 있듯이 어느 정도 교육수준이 높았던 도시 지역(A)이 다른 비도시 지역(B, C)에 비해 시위 참가율이 2배 이상 높았습니다. 반면에 사망자 수를 보면, 전국에서 555명의 사망자가 발생했을 때 도시지역은 2명에 그쳤습니다. 즉, 시위참가인원 대비 사망자 수의 비율을 비교해 보면, 도시 지역인 A그룹 사망자 비율을 1로 했을 때, 비도시 지역 중 B그룹은 사망자가 12배 높았고, C그룹은 사망자가 19배나 높았습니다. 이는 인구

---

18 이갑성 신문조서, 고등법원(大正 8년 8월 25일).

가 적은 비도시 지역으로 갈수록 시위가 폭력적이었으며, 사망자도 많았음을 의미합니다.

[표] 시위 참여 지역의 인구 규모 및 도시 여부에 따른 사망자 비율

지역 구분	인구 규모	인구(명)	시위 인원(명)	참여 비율	사망(명)	사망 비율	부상(명)
비도시 지역(郡)	(B) 상위 50%	8,331,085	267,769	3%	195	0.073%	582
	(C) 하위 50%	8,452,425	316,991	4%	360	0.114%	815
(A) 도시지역(12府)		391,539	32,810	8%	2	0.006%	30

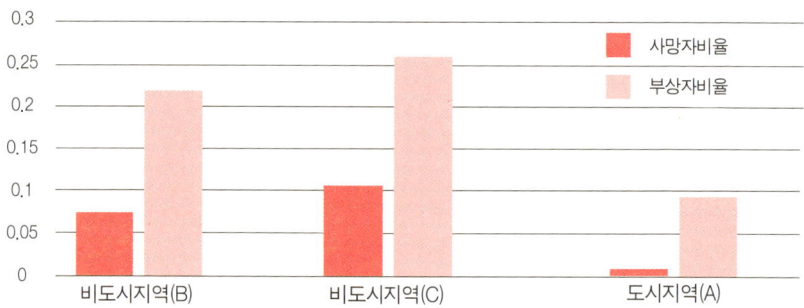

어찌 보면 당연한 얘기일 수도 있는데, 당시 경찰이나 헌병은 도시 위주로 배치가 되어 있었고 비도시 지역으로 갈수록 관할 면적이 넓어지면서, 상대적으로 군중을 통제할 경찰 인력이 부족했습니다. 다음 도표에서 보듯 대체로 시위 인원 대비 경찰 인력이 부족한 곳, 즉 진압경찰 1인당 시위 인원이 많은 곳일수록 사망자가 많이 나왔음을 알 수 있습니다. 이것은 시위대가 쪽수를 믿고 난폭해질 수 있다는 것을 의미하며, 물리적 통제력을 상실한 경찰이 발포 위주의 진압을 했다는 뜻도 됩니다.

[표] 경찰 1인당 방어 인원수 (시위 인원수/경찰 배치 인력) (단위 : 명)

지역	경찰 배치	시위 인원	경찰 1인당 방어 인원	사망자	부상자
경기도	1,159	169,300	146	72	240
충청북도	213	26,420	124	28	50
충청남도	367	35,505	97	39	121
전라북도	313	6,250	20	10	17
전라남도	500	3,240	6	0	4
경상북도	568	16,573	29	25	69
경상남도	547	108,912	199	50	136
황해도	261	37,598	144	36	79
평안남도	288	46,818	163	124	166
평안북도	348	86,629	249	107	349
강원도	270	16,349	61	23	43
함경남도	224	24,217	108	27	94
함경북도	227	9,830	43	12	41

그렇다면 우리 역사학자들의 주장처럼 만세시위 초기에는 평화적이었는데, 일제가 이를 무자비하게 탄압했기 때문에 불가피하게 폭력적으로 대응했다는 가설은 오류임이 확인되었습니다. 오히려 시위 군중의 위력이 진압경찰을 압도하고 있을 때 처음부터 공격적이거나 폭력성을 드러내는 경우가 많았다는 것이 팩트일 것입니다. 반면에 군부대가 주둔하고 있던 함경북도나 경성, 대구에서는 폭력시위가 거의 일어나지 않았습니다. 이것은 물리적인 주도권을 누가 갖고 있느냐의 문제와 깊은 관련이 있다고 볼

것입니다.

실제로 폭력시위는 4월 초에 절정으로 치닫다가 4월 14일부터 급격히 소강상태를 보입니다. 이는 일본 본토에서 시위 진압을 위해 일본군 보병 6개 대대와 헌병보조원 400여 명을 증파했기 때문입니다. 시위 지도부가 대거 검거되어 추동력을 상실했기 때문이라고 보는 시각도 있긴 하지만 이는 설득력이 없는 주장입니다. 3월 1일부터 3월 30일까지 검거된 인원은 전체 기간의 72퍼센트를 넘어간 반면에, 3월 31일 이후에는 오히려 규모나 폭력성의 면에서 이전 기간을 압도하고 있기 때문입니다.

결국 3.1운동이 장기화되고 전국화된 것은 시위 발생 초기에 공권력이 이를 효과적으로 통제하지 못한 데서 초래된 것입니다. 시위가 발생하기 직전인 1918년 말 기준 전국적으로 경찰 직원은 5,285명, 헌병은 7,978명에 불과해서 50만 명이 넘는 시위에 대처하기에는 역부족이었을 것입니다.[19] 반면 시위대는 그 주도세력 대부분이 학생과 종교단체의 신도들로 구성되어 있어서 매우 조직적이었습니다. 평소 이런 대규모 시위를 통제하는 훈련이나 경험이 부족했던 경찰과 헌병은 진압이 매우 서툴렀고, 지역간 협업이 이루어지지도 않았습니다.

우리 역사학자들은 평화로운 만세시위를 일제가 무력으로 탄압했다는 사실을 강조하지만, 어느 나라를 불문하고 시위가 정도를 벗어나면 공권력이 강제 진압하는 것은 당연한 수순입니다. 3월 1일 첫 날 시위대는 왕세자가 머물고 있는 궁궐까지 난입했을 정도로 무질서했습니다.

---

[19] 조선총독부 통계연보 1918년.

간도에서도 10여 일 뒤 똑같은 대규모의 만세시위가 발생했지만, 중국 군대와 경찰은 일제보다 더 철저하고 무자비하게 탄압했다는 것을 아는 사람이 별로 없습니다.[20] 러시아 역시 한인들 주거지인 신한촌 민회(民會)를 폐쇄하고 시위를 원천적으로 금지시키는 등 엄격하게 통제했습니다.[21] 비록 일본 영사관의 압력이 있었다고는 하지만, 중국 동삼성 군벌과 러시아 극동 정부는 자국 땅에서 벌어지는 과격한 독립운동 방식에 애초부터 호의적이지 않았습니다. 미국 워싱턴이나 필라델피아에서 만약 똑같은 시위방식을 택했다면 어땠을까요? 그 결과는 조선의 경우와 비슷했을 것입니다. 그러므로 이제 우리는 '평화적인 만세시위에 무력 탄압했다'는 식의 만들어진 프레임에 더 이상 속지 말아야 합니다.

---

[20] 간도 용정촌(龍井村)에서는 3월 13일 독립선언서를 발표하고 학생 등 약 4,000명이 태극기를 흔들며 용정촌 시장으로 돌입했다. 중국 보병 단장 맹부덕(孟富德)은 부하를 인솔하고 출동, 이를 제지했으나 응하지 않아 발포하여 사망자 14명, 부상자 약 30명을 내고 오후 세시 반에 해산했다. -「在外鮮人ノ獨立運動槪況 - 1. 北間島及琿春方面」, 騷密 第968號, 朝鮮騷擾事件關係書類 共7冊 其7, 日本陸軍省.

[21] 블라디보스톡(浦潮)에서는 대규모 시위를 염려한 러시아 관헌이 신한촌 민회(民會)의 폐쇄를 명했다. 한인들은 러시아 사령관에게 시위운동 및 각 국 영사관에 선언서를 배부할 것을 출원하자 동관은 여하한 집회를 허락치 않고, 기타 국교를 해칠 염려가 있는 행동은 일체 이를 엄금한다고 명령했으므로 드디어 그 실행을 보지 못하게 되었다. 그러나 3월 17일 오후 4시 블라디보스톡 영사관에 러시아 어 및 언문으로 된 선언서를 제국 정부에 전달을 청하는 뜻의 문서와 함께 내놓고 간 2명의 선인(鮮人)이 있었다. 이어 오후 5시 신한촌에서는 각 호 일제히 태극기를 게양하고 국민의회장 문창범(文昌範)은 각 국 영사와 러시아 관헌에게 선언서를 배부하고, 오후 6시부터 학생 등이 수대의 자동차에 분승하여 태극기를 흔들면서 시가를 행진했으므로 러시아 관헌은 이들의 운동을 금지하면서 학생 2명을 구속하고 신한촌의 태극기를 전부 내리게 했다.「在外鮮人ノ獨立運動槪況 - 3. 浦潮方面」, 騷密 第968號, 朝鮮騷擾事件關係書類 共7冊 其7, 日本陸軍省.

3. 민족대표 33인은 누구를 대표했나?

　　민족대표 33인 중에는 일제로부터 독립하기만 하면 기존의 왕정 대신 '민주정'이나 '공화정'이 저절로 이루어질 것이라 희망했던 사람들이 있었습니다. 그러나 이들의 바람이 헛된 망상에 불과함을 간파한 사람은 윤치호였습니다. 윤치호는 이들을 '몽상가들'이라 비난하면서[22] 3.1운동은 '무의미한 대중 폭동'에 불과하다고 평가절하했습니다. 또한 선동가들은 독립이 무엇인지, 민주주의가 무엇인지 모르는 무지한 사람들에게 소요에 참가하라고 설득하거나 위협하고 있다고 탄식했습니다.[23]

　　애초에 윤치호는 파리강화회의에 사람들을 보내 한국의 독립을 호소해보겠다는 인사들의 노력은 실패로 끝날 것이라 전망했습니다. 왜냐하면 열강들은 한국 문제에 조금도 관심이 없을 뿐 아니라, 한국의 독립 문제로 일본의 심기를 건드릴 만큼 어리석지도 않다고 봤습니다. 그런 점에서 학생들의 어리석은 소요는 조선에서의 무단통치를 연장시킬 뿐이며, 만세를

---

[22] 국역 윤치호 영문일기 6권, 1919년 4월 26일, 국사편찬위원회, 307쪽.
[23] 국역 윤치호 영문일기 6권, 1919년 4월 11일, 국사편찬위원회, 296쪽.

외쳐서 독립을 얻을 수 있다면 이 세상에서 다른 국가에 종속된 국가나 민족은 찾아볼 수 없을 것이라고 냉소했습니다.

그뿐 아니라 조선인들은 독립이 주어진다 해도 독립을 통해서 혜택을 얻을 준비를 갖추지 못했다고 봤습니다. 그는 '일본은 1894년에 우리에게 독립을 주었는데, 우리는 그 기회를 어떻게 활용했는가'라고 반문합니다.[24] 그러면서 조선인은 스스로 독립된 민주주의 국가를 운영할 수 있는 자격을 갖추기 전에 몇 년 동안 교육과 훈련을 받아야만 한다며 혹평했습니다.[25]

윤치호는 민족대표 33인 중 특히 손병희 등 천도교 인사들을 사기꾼들이라며 비난했습니다. 그 이유로 ①가난하고 무지한 신도들로부터 수백만 원을 사취한, 굉장히 비열한 행위를 감추고 면제받기 위해, ②영예와 명성을 얻은 뒤 감옥에서 석방되었을 때 신도들로부터 더 많은 돈을 쥐어짜낼 수 있도록 이름을 날리기 위해 3.1운동을 주도했다고 지적하면서, 수십만 명이나 되는 사람들이 손병희 같은 사기꾼들에게 오래 속아 왔다는 사실이야말로 조선 민족이 아직 독립된 국가로서 존재할 만한 지적(知的) 단계에 이르지 못하고 있다는 증거라고 단언했습니다.[26]

그 당시 윤치호처럼 냉철하게 현실을 직시한 사람은 매우 드물었습니다. 만세만 부르면 금방이라도 독립이 될 것처럼 국민을 선동했던 인사들은 윤치호를 비겁하다고 비난했습니다. 당시 실패한 운동 방식, 그것을 추진했던 사람들에 대한 비판적 성찰 없이 '민족대표 33인'이니 '조선의 잔다르크'니 하면서 영웅 만들기에 급급한 것을 보면, 지금도 그런 착각은 여전

[24] 국역 윤치호 영문일기 6권, 1919년 3월 2일, 국사편찬위원회, 268쪽.
[25] 국역 윤치호 영문일기 6권, 1919년 7월 22일, 국사편찬위원회, 362쪽.
[26] 국역 윤치호 영문일기 6권, 1919년 4월 20일, 국사편찬위원회, 303쪽.

한 것 같습니다. 또다시 우리 역사에 그런 암흑의 시기가 왔을 때, 민중을 죽음의 구렁텅이로 몰아넣고 자신들은 적에게 순순히 투항하는 이율배반적인 모습을 되풀이하겠다는 것인지 모르겠습니다. 하기야 쉽게 휩쓸리고 쉽게 식는 한국에서 팩트나 객관이 중요한 것은 아닐 것입니다.

온 국민을 '뇌송송 구멍탁' 공포에 몰아넣고 두 달 넘게 서울시청광장을 점거했던 사람들 가운데 단 한 사람이라도 그때의 부끄러운 행동을 반성하거나 후회했다는 소리를 들어본 적이 없습니다. 미국산 소고기 수입 1위의 국가가 된 지금도 그들의 침묵은 여전합니다.

상해임정은 출범한 지 몇 달 만에 내부 분파투쟁이 이어지면서 껍데기뿐인 단체로 몰락하고 말았습니다. 원인이 무엇일까요? 네, 그렇습니다. 바로 돈 때문입니다. 국내의 국민들이 더 이상 돈을 대주지 않았기 때문입니다. 나라가 망할 때 남의 일처럼 방관했던 국민들은 잠시 자유를 찾겠다는 열망으로 만세시위에 동참하긴 했습니다. 하지만 엄청난 후유증을 남기고 진압된 후 다시 원래의 상태로 돌아가 시크해진 것입니다.

독립만세를 외친 민중들의 위대함을 기리며 헌법 전문에 수록할 정도라면, 임시정부는 망하지 않아야 했습니다. 임시정부에 대한 열화 같은 지지와 성원이 계속해서 이어져야 했죠. 하지만 그렇지 못했습니다. 파리강화회의에서 조선의 독립문제가 다루어지지 않자 사람들의 관심은 급속도로 식어 버렸습니다. 후원이 끊기면서 임시정부는 청사의 월세도 내지 못하는 등 금전적인 고통에 직면하게 됩니다. 상해임정은 돈 문제를 해결하기 위해 국내의 부호들은 물론이고 쌀가게 같은 일반 상인, 하급 공무원의 집까지 찾아가 돈을 뜯어냈습니다. 하지만 일제 당국의 감시와 보안이 강화되면서 이마저도 여의치 않게 됩니다.

　　민족대표 33인으로 통칭되는 소위 지도자들에 대한 막연한 찬양도 이제 집어치워야 합니다. 사실 그분들이 3.1운동의 도화선에 불을 붙인 것은 맞지만, 과연 지도자라고 볼 수 있는지 의문입니다. 무엇을 지도했나요? 그분들이? 민족대표 33인은 민족을 대표했다기보다는 파리강화회의 및 각국에 독립선언서를 제출하기 위해 자기들을 민족대표라 '자칭'한 것이고, 우리 민족을 대표했다고 볼 만한 어떠한 절차상의 위임이나 합의도 없었습니다. 여기저기서 사람들을 끌어들여 억지로 33인의 모양새를 갖추었지만, 33인 중 일부는 당일 현장에 나타나지도 않았습니다. 게다가 몇몇은 참여 사실을 부인하거나 도장을 맡겨 놓았을 뿐이라고 잡아뗀 사람도 있었습니다.[27] 독립선언서를 쓴 최남선은 정작 명단에 자기 이름 올리는 것을 한사코 사양했으며, 초기에 활약했던 송진우는 서명 참여에 가타부타 입장을 밝히지 않아서 명단에서 빠졌습니다.

　　민족대표 33인의 면면을 보면 이들은 민족을 대표한 것이 아니라 사실상 종교 연합에 가깝다고 볼 수 있습니다. 하지만 이조차도 정확한 표현은 아닌 것 같습니다. 종단 차원에서 참여한 것은 천도교뿐입니다. 기독교계에서는 16명의 인사들이 참여해 천도교와 수적인 균형을 이루기는 했지만, 그들은 어디까지나 개인 자격으로 참여한 것에 불과합니다. 그나마 그 절반은 평안북도와 황해도 등 서북 지역 인사들로 편중되었습니다. 불교계에서는 한용운과 그의 지인인 백용성 정도만 참여했을 뿐입니다. 그런

---

[27] 한용운과 함께 불교 대표로 독립선언 33인 서명에 참여한 백용성이 그 예이다. 백용성 신문조서 참조.

데 이들이 불교계를 대표했다는 것은 말이 안 되는 얘기입니다. 백용성은 독립선언의 취지에는 동의한 것으로 보이나, 참여 과정에서 내내 소외되어 있다가 당일 현장에 뒤늦게 나타나는 바람에 선언서 한 번 읽어보지 못하고 체포된 사람입니다. 그럼에도 우리 역사책에서는 이들 33인이 마치 천도교계, 기독교계, 불교계를 대표해서 의기투합한 것처럼 기술합니다.

3.1운동 발발 당시 조선은 국민 대다수가 무교(無敎), 무신앙이었습니다. 3.1운동이 발발하기 직전인 1918년 12월 말 기준 전국 종교 단체 신도 수는 합계 58만 명에 불과했습니다.[28] 이 중 정식 종교로 인정받지 못한 천도교의 신도수는 100만 명[29] 혹은 300만 명[30]에 이르는 것으로 추정되고 있지만 어디까지나 자기들끼리 하는 얘기이고, 조선총독부의 조사에 따르면 대정 9년 말(1920년) 기준 천도교 약 10만 명, 시천교 약 6만 명 등 기타 유사종교를 모두 포함하여 17만 명 정도로 집계되고 있습니다.[31] 그렇다면 당시 종교 인구는 75만 명으로 볼 수 있고, 이는 총인구 1,670만 명의 4.5 퍼센트에 불과합니다. 오늘날처럼 전 국민의 44퍼센트가 종교를 갖는 상황에서는[32] 종교 지도자들이 유의미한 대표성을 가질지 몰라도, 불과 8일 사이에 급조된 종교 관계자 모임이 전국민의 의사를 대표한다 말할 수는 없을 것입니다.

말로는 조선 민족을 대표하여 선언을 했다고는 하지만, 그들은 '우매

---

[28] 신도교(神道敎) 47,207명, 불교 218,385명 기독교 319,129명 // 朝鮮總督府統計年報 大正9年 (1920년) 第7編 第57表.

[29] '조선민족에게 백만으로 수(數)하는 결합단체가 있는 것이 일대 기적이며...' 「孫秉熙先生(손병희 선생)을 吊(조)하노라」 동아일보, 1922년 5월 20일자 1면 기사.

[30] '(천도교) 신도가 날마다 증가하여 300만을 헤아린다. 그 발전의 신속함은 거의 고금의 종교계에 일찍 없는 일이다" 박은식, 『한국독립운동지혈사(上)』, 서문당, 1999년, 138쪽.

[31] 朝鮮總督府施政年報 1918~1920, 大正11年, 朝鮮總督府, 146쪽.

[32] 통계청 2015년 성별/연령별/종교별 인구-시군구 통계표 참조.

한 인민들과 사려가 미정한 학생들'[33] 내지는 '무식한 자가 불온한 일을 할지'[34] , '사의천박(思意淺薄)한 학생과 군중들이 모였으니 어떤 일이 일어날지'[35] 경계가 가득했습니다. 그래서 당초 계획했던 파고다공원이 아닌 경성 제일의 술집 '태화관'으로 장소를 바꾸었습니다. 자기들끼리 독립선언식 이벤트를 최대한 '조용히' 치르고 싶었던 모양입니다.

독립선언이라고는 하지만 보자기에 싸인 인쇄물을 식탁 위에 두었을 뿐 낭독도 하지 않았으며, 한용운이 일어나 선언문의 취지를 대강 설명한 뒤 "우리가 무사히 독립선언을 발표하게 되었음을 지극히 경하(慶賀)하는 바이다"라고 한마디 했을 뿐입니다. 오히려 파고다공원에서 이들이 오기를 기다렸다 바람맞은 학생들이 몰려와 "왜 파고다공원으로 오지 않고, 여기로 도망쳐 왔느냐. 당장 파고다공원으로 오지 않으면 너희들을 권총으로 다 쏘아 죽이겠다"고 위협까지 했습니다. 이에 손병희와 최린이 나서 설득하기를 "독립은 완력으로 하는 게 아니며, 여기는 우리가 알아서 할 터이니, 너희들은 돌아가라"라고 훈계했습니다.[36]

독립선언서는 난해한 한문 투의 문장과 도대체 숨을 어디서 멈춰야 할지 알 수 없는 만연체로 악명이 높습니다. 이는 독립선언서가 애초에 무식한 다수의 민중들에게 읽히고 전파되는 데 목적을 둔 것이 아니라는 얘기입니다. "우매한 사람은 이것을 읽을 수 없으니 소요 따위를 하는 일

---

[33] 이인환 신문조서(4회) "각 지방에서 다수 우매한 인민이 모여 와 있었고, 또 아직 사려가 미정한 학생들도 있으므로 탑골공원과 같이 항상 다수의 사람들이 있는 장소에서 발표하여 그 사람들이 소요하는 일이 있어서는 안 되기 때문에".
[34] 박희도 제2회 신문조서, 경성지방법원 (大正 8년 4월 24일, 前日 신문 속행).
[35] 손병희 신문조서(大正 8년 3월 7일) 및 최린 신문조서(大正 8년 3월 5일).
[36] 손병희 신문조서, 경성지방법원(大正 8년 4월 12일), 권동진 신문조서, 경성지방법원(大正 8년 4월 8일).

은 없을 것으로 생각했다"고 한 이갑성의 진술은 많은 것을 생각하게 합니다.[37] 독립선언서를 읽고도 폭동을 일으켰다면, 그것은 그자들이 우매한 결과이지 우리가 알 바 아니라고 했던 이승훈도 비슷한 취지입니다.[38]

그렇다면 자신들로 인해 촉발되어 두 달 가까이 전국에서 벌어진 그 수많은 시위는 독립선언서의 취지를 이해하지 못한 우매한 대중들의 책임이란 것일까요? 독립선언서와 공약삼장은 자신들만 알아볼 수 있는 미사여구와 격월강개(激越慷慨)한 표현으로 가득하지만, 대중을 이해시키고 설득하는 데 실패한 졸작입니다.

[그림] 독립선언식이 있었던 태화관(명월관)은 요리집과 술집을 겸한 곳이다

---

[37] 이갑성 신문조서, 고등법원(大正 8년 8월 25일).
[38] 이승훈 신문조서, 고등법원(大正 8년 10월 29일).

4.
급조된 자칭
민족대표 33명의 진실

[그림] 1919년 3월 1일 민족대표 33인의 독립선언서 발표 장면을 그린 기록화

우리는 흔히 민족대표 33명이 혼연일체가 되어 죽음을 무릅쓰고 독립선언에 참여한 것으로 알고 있지만, 이는 엄청난 착각입니다. 그들 대부

분은 '민족자결주의'라는 시대적 사조에 따라 우리 민족도 일본 정부에 독립을 청원한다니까 그 아이디어를 좋게 생각해서 이름을 내겠다 하고 생각한 사람들이었습니다. 33인 가운데 한 사람인 길선주는 "일본 당국에 제출할 청원서는 아들이 아버지에게 원하는 일을 말하는 것과 같으므로 그런 줄로 생각하고 대표자로 명의를 기재할 것을 승낙하였다"고 했을 정도입니다.

독립선언서를 서울과 각 지방에 배포하고, 전국에서 일제히 만세를 부른다는 계획은 그들 중 소수만 공유한 정보였습니다. 선언자 대다수는 무엇을 어떻게, 무슨 내용으로 독립선언을 한다는 것인지, 이것이 청원인지 선언인지, 대중들을 상대로 한 운동인지, 자기들끼리 의사표현인지 제대로 알지 못한 채 참여한 것입니다. 심지어 자신은 이름만 내었을 뿐이라거나, 독립선언에 찬성한 적 없다고 한 사람도 있었습니다.

그렇다면 33인이라는 숫자는 과연 적절한지 매우 의문입니다. 이들은 너무 조급히 일을 추진했고, 진행 방식에 대해 상호간 소통이 부족했습니다. 천도교와 기독교 양대 종교인사들이 나뉘어서 각자가 일을 벌였기 때문에 서로 생각의 차이가 컸습니다. 특히 기독교계의 경우 내부적으로 입장이 정리가 되지 않았습니다. 천도교가 15인을 대표로 선정하자, 기독교계도 동수의 참여를 이끌어야 하지 않겠느냐 하여[39], 대강의 취지만 설명한 채 내용도 잘 모르는 사람들을 마구잡이로 끌어들인 것입니다. 심지어 당일까지 선언서를 보지도 못하고 이름을 낸 사람이 16명 중 7명이나 됩니다.

---

[39] 박희도 신문조서(2회), 경무총감부(大正 8년 3월 1일).

예컨대 기독교 측 인사로 33인에 참여한 길선주는 자신은 그저 총독부에 독립을 청원하는 줄만 알았으며, 독립선언의 참여 여부에는 가타부타 얘기를 하지 않았다고 합니다. 역시 기독교 측의 인사로 참여한 정춘수는 자신이 33인 명단에 오른 영문을 모르겠다고 했으며 독립선언에 반대한다고 했습니다. 또한 양전백의 경우에도 함태영이 자신에게 독립선언서를 보여주었을 때에 그 취지에 찬성한 적 없었으며, 총독부에 청원을 하는 것이라면 몰라도 선언서의 내용에 대해서는 지금도 찬성하지 않는다고 주장했습니다. 그렇다면 기독교 측에서는 상당수의 인사들이 독립선언과 독립청원을 혼동했거나, 독립선언에 동의하지 않은 채 본인의 의사에 반하여 명단에 올라갔다는 의미가 됩니다.

당시 기독교계 인사들은 천도교 측과 연합하는 것을 탐탁치 않게 생각했습니다. 또한 종교의 정치 참여가 하나님의 뜻에 부합하는지 확신하지 못하는 사람들도 있었습니다. 그렇기 때문에 막판까지 의견이 분분하여 33인에 참여할 인사를 선정하기가 어려웠습니다. 이승훈이 주도하기는 했어도 그는 일개 장로에 불과했고, 참여자의 다수는 지역 교회의 담임목사였습니다.

재판 과정에서 진술한 내용을 중심으로 기독교 측 참여 인사들의 입장을 분석해 보면, 독립선언론 입장을 취한 인사는 이승훈, 이명룡, 오화영, 신석구 등 4명에 불과했습니다. 독립청원론 입장을 취한 인사는 길선주와 양전백, 김창준, 이갑성, 박희도, 신홍식, 정춘수 등 7명이었으며 이필주와 박동완, 최성모 등은 입장이 불분명했습니다.[40] 그렇다면 민족대표 33인 중

---

[40] 이덕주, 「3·1운동에 대한 신앙운동사적 이해」, 기독교사상 1990년 3월호, 대한기독교서회, 1990년, 237~238쪽.

기독교 측 참여 인사들은 대다수가 독립선언 방식에는 동의하지 않았음을 알 수 있습니다.

사실 이 민족대표 결성을 구상했던 천도교의 손병희는 기독교계보다 윤용구, 김윤식, 한규설, 박영효, 윤치호 등 구한국 시대의 관료를 지냈던 인사들이나 귀족들을 먼저 섭외하고자 했습니다. 그 중에는 거물이기는 하지만 송병준 같은 사쿠라도 포함되어 있습니다.[41] 어쨌든 이들에게 별다른 반응을 얻지 못하자 크게 낙담한 천도교 측은 네임드 인사들의 섭외를 포기하고 기독교계 인사들에게 집중하기로 한 것입니다.

천도교 측은 최린을 중심으로 순식간에 15명의 서명자들을 섭외한 반면, 기독교 측은 이상재를 포섭하려다 실패하면서 처음부터 난관에 부딪혔습니다. 선언서 초판에는 김지환, 안세환, 김인전을 넣었으나 곧바로 이들이 빠지고 김창준, 백용성, 신석구, 최성모가 들어갔으며 막판에는 다시 박동완, 김병조를 추가하여 겨우 33인을 맞춘 것입니다.[42] 이때가 2월 27일로 디데이를 불과 2일 앞둔 시점입니다. 거사가 얼마나 졸속으로 진행되었는지 짐작하고 남음이 있습니다.

더욱이 풍부한 재정이 뒷받침된 천도교계와 달리 기독교계는 교단에서 주는 월급으로 근근이 살고 있는 사역자들이 많았기 때문에, 본인이 구속되면 가족들의 생계를 걱정하지 않을 수 없었습니다. 그래서 이들은 대표자를 선정하는 과정에서 구속자의 가족들을 부조하는 문제까지 같이 논의하게 된 것입니다. 천도교 측에서는 운동 방식에 대해 기독교 측과 생각

---

[41] 손병희 신문조서, 경성지방법원(大正 8년 7월 14일). 손병희 신문조서, 고등법원(大正 8년 11월 1일).
[42] 함태영 신문조서, 경무총감부(大正 8년 3월 1일).

의 차이가 컸기 때문에 '그대들이 독립선언서를 인민에 배부하는 것을 계속 반대한다면 합동할 수 없다'며 일방 통고를 합니다.[43] 결국 기독교 측은 천도교 측에 이미 빌린 돈도 있고, 단독 추진시 직면하게 될 여러 난관 등을 고려하여 천도교 측의 제안을 수용하기에 이른 것입니다. 오기선 같은 인물은 이에 불복하고 모임에서 이탈하고 말았습니다.

만약 이승훈이 아니라 이상재가 운동을 주도했다면 그 양상은 매우 달라졌을 겁니다. 하지만 이상재 역시 독립청원 방식을 고집했고, 천도교의 독립선언 방식에는 끝까지 찬동하지 않았습니다.[44] 게다가 노구의 몸으로 투쟁에 앞장서다 구속되는 것을 원치 않았기 때문에, 선언자 명단에 자신의 이름을 올리지 않겠다고 했습니다.[45] 무엇보다 이상재는 33인의 민족대표와 사고방식이 근본적으로 달라 함께하기 어려웠던 것 같습니다. 우리 역사학자들은 독립운동가로 존경받는 이상재가 아래와 같은 발언을 했다는 것을 절대로 가르치지 않습니다.

> 나의 목적은 조선과 일본은 인종상으로나 지리상으로나 형제와 같은 사이로 합병한다든지 독립한다든지 형제 간의 참된 사랑에서 나오지 않으면 형식만의 독립이 되어도 참된 사랑에서부터 나온 것이 아닌 이상은 곧 망하고 말 것이니 일본정부의 사랑을 받지 않으면 안된다. 오늘날과 같은 상태로서 독립하면 일본을 적(敵)으로 만들게 되어 언제까지나 독립을 유지할 수가 없다. 메이지(明治) 27년의 때와 같이 온당

---

[43] 함태영 신문조서, 경무총감부(大正 8년 3월 12일).
[44] 이갑성 신문조서(4회), 경성지방법원(大正 8년 5월 22일).
[45] 이상재는 자기 명의를 기재하는 것을 거절하므로 나는 여러 사람들이 당신은 명망이 있는 사람인 만큼 명의를 꼭 내어 주기를 바란다 하였다. 이상재는 자기는 명망가도 아닐 뿐더러 이제 연로한데 명의를 내면 체포될 것이라며 거절하므로 그러면 구속된 사람들의 가족일이나 돌보아 달라고 하고 더 권하지 않았다. 함태영 신문조서, 경성지방법원(大正 8년 7월 21일).

하게 일본으로부터 조선의 독립을 허(許)하도록 하지 않으면 안된다. (일본이) 싫다 하는 데도 (우리가) 억지로 독립을 바란다는 것은 안 된다고 나는 생각한다.[46]

이처럼 민족대표 33인은 하나의 결사로서 단일한 지향점을 갖추었기 보다는 독립선언에 대한 인식과 참여 의사, 가담 정도, 운동 방식에 대한 생각이 저마다 달랐습니다. 게다가 학생과의 연대, 선언서 배부, 만세시위라는 적극적인 방법을 구상했던 것은 핵심인사 몇몇에 불과합니다. 더욱이 이들은 체포된 이후에 '금후로도 독립운동을 계속할 생각인가?'라는 신문에 '그렇다'고 대답한 사람이 22명이고, '할지 말지 모르겠다'거나 '지금은 답변할 수 없다'고 모호한 입장을 취한 사람이 6명, '앞으로 하지 않겠다'고 답변한 사람은 3명입니다. 이 사람들을 모두 33인의 범주에 포함시켜 놓고 같은 대우를 하는 것이 합당할까요? 서울대 가겠다고 입학원서를 낸 사람들을 다 서울대생으로 인정할 수 없는 것과 마찬가지 이치입니다. 33인이라는 말은 이제 없어져야 맞습니다.

[표] 민족대표 33인 신문조서상 독립운동 지속 의사에 대한 답변 내용

서명자	가부	내용
권동진	○	독립이 될 때까지는 어떻게든지 할 것이다
권병덕	○	기회만 있으면 할 것이다
길선주	X	나는 극도의 근안(近眼)이고 또 몸이 불편하여 금후로는 하지 않고 나는 정치상의 일에는 일체 관계하지 않기로 하였다
김병조	-	망명으로 미체포(자료 없음)
김완규	◎	언제든지 기회만 있으면 할 것이다(1) 일본국민이 되지 않을 것을 명심하고 있다(2)

---

[46] 이상재 신문조서, 경성지방법원(大正 8년 5월 22일).

서명자	가부	내용
김창준	○	언제든지 기회만 있으면 할 것이다
나용환	X	그렇다. 기회만 있으면 또 할 것이다(4/8) 총독정치에 불만 없다. 정치에 관심 없고 앞으로 독립운동 하지 않겠다(7/29)
나인협	○	앞으로도 기회만 있으면 할 것이다
박동완	○	물론 그렇다
박준승	○	앞으로도 기회만 있으면 할 것이다
박희도	○	그렇다
백용성	△	기회만 있다면 할는지 몰라도 지금 같아서는 아무런 생각 없다
손병희	○	기회만 있으면 독립 운동을 하려는 내 뜻을 관철하려고 생각하고 있다
신석구	◎	항상 그런 생각을 가지고 있다(1) 독립이 될 때까지는 할 생각이다(2)
신홍식	△	최초에 운명이 막혔으니, 말 할 수 없다
양전백	○	좋은 기회만 있다면 할 것이다
양한묵	○	기회만 있으면 할 것이다. 그런데 하등의 다른 마음이 있어서가 아니라 독립이 되었으면 좋을 것 같아서 한 것이고, 나의 직책인 천도교 포교에 종사할 것이다
오세창	○	지금은 체포가 되어 목적을 달하지 못하고 있으나 후일 시기가 오면 또 할 것이다
오화영	○	기회만 있으면 할 것이다
유여대	-	묻지 않음
이갑성	△	독립운동은 그때 보아야 알 것이다
이명룡	△	앞으로 또 독립운동을 하고 안 하는 것은 아직 미래의 일이니 말할 수 없다
이승훈	○	그렇다. 될 수 있는 수단이 있다면 어디까지든지 하려고 한다
이종일	○	힘 있는 대로 할 것이다
이종훈	○	앞으로도 기회만 있으면 할 것이다
이필주	○	그렇다. 어디까지 가든 독립운동을 할 것이다

서명자	가부	내용
임예환	○	장래에도 기회만 있다면 할 것이다
정춘수	X	최초 목적을 달하지 못한 일을 스스로 깨닫기 때문에 종교 사업이나 하겠다
최성모	○	앞으로도 기회만 있으면 또 할 것이다
한용운	◎	계속하여 어디까지든지 할 것이다(3/11) 언제든지 그 마음을 고치지 않을 것이다(5/8)
함태영	△	금후는 그때의 일이니까 말할 필요가 없다
홍기조	△	지금 말할 수 없다
홍병기	◎	기회가 있는 대로 계속할 것이다(3/20) 그렇다. 기회만 있으면 운동할 것이다(4/19)

5.
천도교에서 빌린 돈
5,000원의 행방

앞에서도 언급했지만 기독교 측은 사람들을 모으고 활동할 경제적 여력이 없었습니다. 다들 고만고만한 형편이었는데다 가족들 먹여 살리기에도 빠듯한 사람들이 대부분이었습니다. 독립선언에 참여했다가 혹시라도 구속이 되면 가족들은 어찌할지 막막하기만 한 상황이었습니다. 애초에 이승훈이 천도교 측에 돈을 빌려 달라 했을 때는 시골에서 올라오는 동지들의 체재비나 여비로 사용할 목적이었다고 밝혔습니다. 손병희는 통 크게 5,000원을 다 빌려줍니다. 이 돈은 천도교의 종단에서 나온 돈입니다. 지금이야 돈 5,000원은 김밥천국에서 라면 한 그릇 먹기에도 빠듯한 돈이지만, 당시에는 일반 근로자의 월급이 40원이었으니 10년치 월급에 상당하는 큰돈입니다.

이 돈에서 우선 상해에 파견된 현순에게 2,000원이라는 큰 돈이 지급되었습니다. 그리고 남은 3,000원 중 2,000원은 독립선언에 동참할 동지의 모집비용, 각 지방에 선언서를 배포하기 위한 비용, 회의할 때 지방에서 올라온 사람들의 여비와 식사비, 그리고 상당 부분은 선언자 가족들의 생계비로 사용했으며, 나머지 1,000원은 이승훈의 지인인 유명근에게 보관케 한 것으로 알려져 있습니다. 문제는 이 돈들이 알게 모르게 중간에서 샜다는 것이며, 준 사람과 받은 사람의 얘기가 서로 다르다는 사실입니다.

현순의 경우 해외에 독립청원을 선전할 목적으로 2,000원을 받아 상해로 갔다고 했는데, 현순은 그의 자서전에서 이승훈이 천도교로부터 융통한 돈 2,000원을 가져와 자신에게 1,000원을 지급했다고 합니다.[47] 여기서 1,000원이 비죠? 현순이 착각했을 수도 있습니다만, 1,000원의 차이는 매우 큽니다. 이승훈이 착복했거나, 현순이 착복했거나 둘 중의 하나입니다.

이런 대차대조의 불일치는 곳곳에서 발견됩니다. 기독교 측은 당초 동경에 파견할 동지로 이상재를 낙점했습니다. 하지만 천도교 측의 임규가 찾아와서 이상재에게 '당신은 안 가도 된다'는 말에 자존심이 상했는지 돌연 자진 강판해 버렸습니다. 그리하여 그 대타로 안세환이 가게 된 것입니다. 이때 이상재에게 미리 지급했던 700원 중 200원만 반환되고 나머지 500원은 사라집니다. 박희도를 신문하던 판사가 돌려받은 200원은 어쨌냐 하니, 현순의 가족들에게 생계비로 지급했다고 합니다. 그런데 고등법원 신문에서 박희도는 이 부분을 누락합니다. 제대로 전달했는지는 아무도 모릅니다. 이상재 대신 동경에 파견된 안세환에게도 역시 700원이 지급되었으나, 안세환은 공판에서 자신은 500원을 받았으며, 200원은 자신의 사비였다고 합니다. 뒤에 말을 바꿔 120원을 여장비(旅裝費)로 추가 지

---

[47] 현순, 「3·1운동과 나의 사명 (三一運動과 我의 使命)」, 기독교사상 2020년 3월호, 대한기독교서회, 33쪽.

급받았다고는 했으나, 어쨌든 여기서도 돈이 빕니다. 둘 중의 한 사람은 거짓말을 한 것입니다. 안세환과 같이 동경에 파견되었던 천도교의 임규는 여비로 200원을 지원받았음을 생각하면, 남의 돈을 빌려 쓴 사람들이 출장비로 700원을 사용한 것은 과도한 지출입니다. 혹시 다른 목적이 있지 않았을까 생각이 들지만, 이것은 일단 논외의 이야기이므로 거론하지 않기로 합니다.

이승훈은 박희도를 통해 현순에게 2,000원을 주고, 나머지 3,000원은 자신의 지인인 경성피혁회사의 종업원 유명근에게 맡겼습니다. 혹시라도 체포되면 압수가 될 것을 대비했을 수도 있겠죠. 이 중 2,000원은 박희도가 수차례 찾아가 활동비로 사용하고 나머지 1,000원은 보관한 것으로 진술했습니다. 그런데 정작 보관 당사자인 유명근은 무슨 소리냐며, 자신은 박희도에게 전액 다 반납하고 단 1원도 갖고 있지 않다고 주장합니다. 입출금했던 한성은행 계좌를 조사해보면 알 것이라고 당당하게 말했을 정도였습니다. 누구 말이 맞는지는 모르겠지만 어쨌든 여기서 또 1,000원이 사라집니다. 중간 중간에 계산이 맞지 않거나 돈을 주고받은 사람 간에 액수가 차이 나는 것은 아래에 도표로 만들었으니, 비교해 보시기 바랍니다.

[표] 기독교계 참여인사들에게 지급된 활동비 수납 내역과 사고금액 현황

(단위: 원)

교부인	수령인	금액	용도	실제 영수 여부	사고금액
최린	이승훈	5,000	대여금 수령		
이승훈	현순	2,000	상해 파견비	현순은 자서전에서 1,000원 받았다고 기술	1,000
이승훈	유명근	3,000	보관	이승훈 모포 구입 29원 소비 ▶ 본인 부인	29

교부인	수령인	금액	용도	실제 영수 여부	사고금액
박희도	유명근	1,000	보관	조서에 전액 반환하여 잔액이 없다고 진술	1,000
박희도	이상재	700	일본 동경 파견	파견 취소, 200원 반환 ▶ 현순 가족 전달	500
박희도	안세환	700	일본 동경 파견	예심서 500원, 여비 120원 받았다고 진술	80
박희도	이갑성	280	활동비	항소심서 부양비 포함 140원 받은 것으로 진술	140
박희도	함태영	50	안동현 요인 파견	김지환은 25원 받은 것으로 진술	25
박희도	이승훈	50	평북 요인 파견		
박희도	오화영	40	개성 파견비	받지 않은 것으로 진술	40
박희도	정춘수	40	평북 요인 파견	예심공판에서 30원 받은 것으로 진술	10
박희도	최성모	40	동지 모집비	예심공판에서 30원 받은 것으로 진술	10
박희도	이주창	20	선언서 지방 배포	김창준이 자신의 활동비로 준 것임	20
박희도	김세환	20	선언서 지방 배포		
박희도	김창준	110	선언서 지방 배포		
박희도	함태영	50	선언서 지방 배포	김창준이 자신의 활동비로 준 것임	50
박희도	박희도	80	회합비(교통, 음식)		
박희도	오화영	80	가족부양비	예심공판에서 60원 받은 것으로 진술	20
박희도	이필주	100	가족부양비		
박희도	박희도	100	가족부양비		
박희도	박동완	100	가족부양비		
박희도	신석구	100	가족부양비		
박희도	이갑성	80	가족부양비	항소심서 위 140원에 포함된 금액으로 진술	80
박희도	김창준	80	가족부양비	사고금액 합계 : 3,004원	

위의 표에서 알 수 있듯이 천도교 측에서 빌린 5,000원 중 약 3,000원 이상이 사고가 난 셈입니다. 즉, 전체 금액의 60퍼센트가 전달 과정에서 사라진 것입니다. 돈의 영수를 체계적으로 한 것이 아니고, 각자의 기억에 의존했기 때문에 약간의 착오가 있을 수 있다 하더라도, 금액이 이렇게 크게 차이 나는 것은 단순한 실수로 넘기기에는 이해가 되지 않는 부분입니다. 무엇보다 지급 동기가 불투명하고 의심스러운 돈은 가족 생계비로 사용했다는 돈입니다. 서명자 전원에게 준 것이 아니라 노모(老母)가 있거나 사후 생계가 곤란한 사람들을 선별하여 지급했다는데,[48] 실제로 확인해보면 그렇지도 않습니다. 구속자에 대한 신문 기록과 민적등본, 신원조회서를 정리해보면 아래의 표와 같습니다.

[표] 기독교 측 참여인사의 생계비 지급 여부와 내역 현황

(단위: 원)

이름	생계비	소속	지역	현직	가족상황	자녀 나이
이필주	100	북감리교	경기 경성	서울 정동교회 목사	처, 모, 자3	장남 14세
박동완	100	북감리교	경기 포천	서울 정동교회 전도사	처, 자5	장남 12세
신석구	100	남감리교	충북 청주	서울 수표교교회 목사	처, 자3	장녀 13세
박희도	100	북감리교	황해 해주	서울 YMCA간사, 전도사	처, 자3	장녀 9세
이갑성	80	장로교	경북 대구	서울 세브란스병원 주임	모, 처, 자2	장남 12세
오화영	80	남감리교	황해 평산	서울 종교교회 목사	모, 처, 자1	장녀 21세
김창준	80	북감리교	평남 강서	서울 중앙교회 전도사	처, 자2, 하녀1	장남 11세
신홍식	제외	북감리교	충북 청주	평양 남산현교회 목사	모, 처, 자3	장녀 13세

[48] 김형석, 「南岡 李昇薰 硏究 : 三一運動을 中心으로」, 동방학지 48권, 연세대학교 국학연구원, 1985년, 650쪽.

이름	생계비	소속	지역	현직	가족상황	자녀 나이
최성모	제외	북감리교	황해 해주	해주 남본정교회 목사	처, 자1	장남 21세
정춘수	제외	남감리교	충북 청주	원산 상리교회 목사	처, 자4	장남 14세
유여대	제외	장로교	평북 의주	의주 동교회 목사	부모, 처, 자3	장남 14세
길선주	제외	장로교	평남 안주	평양 장대현교회 목사	처, 자4	차남 14세

표에서 보듯 오화영은 장녀가 성인으로서 본인이 아니어도 가족을 부양할 사람이 있고, 김창준의 경우 어린 자녀가 있지만 비교적 부양가족이 적고, 하녀까지 두고 있는 사람으로서 80원을 생계비로 지급할 이유가 없습니다. 신석구와 박희도 역시 가족이 4명으로 부양 가족 1인당 20원으로 계산할 경우 100원은 과도한 지출입니다. 반면에 신홍식과 유여대, 정춘수, 길선주의 경우 자녀도 많을 뿐 아니라 노부모까지 부양하고 있었으므로 당연히 지급 대상이 될 법한데, 이들에게는 지급되지 않았습니다. 한마디로 어떤 기준이나 일관성 없이 가족생계비가 지급되었다는 것을 의미합니다.

박희도가 생계비 지원 대상을 자의적으로 선정했을 리가 없다는 가정하에, 위의 표에서도 확인되듯 생계비 지원이 서울지역 인사들에게 집중된 것을 보면, 서명에 다소 미온적인 이들의 참여를 독려하기 위한 수단이 아니었는가 하는 의심이 듭니다. 2월 21일 모임에서 기독교 측은 서명에 동참할 인사들의 성원이 부족했으므로 박희도는 김창준·박동완·최성모를 포섭했고, 최성모는 이필주를 포섭했으며, 오화영은 신석구를 포섭했습니다.

이렇게 포섭된 인사들을 보면 놀랍게도 생계비를 지급한 7명 중 6명이 일치하고 있음을 알 수 있습니다. 결국 이 생계비 지원은 서명에 동참시키기 위한 회유의 수단이었다고 말할 수 있겠습니다. 이해 못할 바는 아니지만, 이런 전말을 제대로 알리지 않고 딴 소리로 일관하는 것은 치부를 감추기 위한 미필적 고의가 아니고 무엇인지 모르겠습니다.

6.
손병희는 무엇을 위하여 종을 울렸나?

　　우리는 손병희에 대해 3.1운동을 이끈 민족의 지도자요 애국자, 독립운동가로 배웠습니다. 그런데 이런 식의 인물 평가는 역사를 이해하는 데 아무런 도움이 되지 않습니다. 손병희가 종교를 떠나 국민 대다수에게 위인으로 존경받을 수 있었던 계기는 3.1운동을 주도했기 때문이며, 민족대표 33인을 결성한 핵심인물이기 때문입니다.

　　국립중앙도서관에 소장되어 있는 도서 중 손병희 관련 위인전은 대략 66종이 넘습니다. 하지만 아이들이 본받아야 할 정도로 훌륭한 위인이라면, 특정 사건이나 역할에 집중할 것이 아니라 그의 전 생애에 걸쳐 일반인들을 뛰어넘는 비범함과 인품, 용기, 사상 등에서 배울 점이 있어야만 합니다. 평상시 돈만 생기면 주색(酒色)을 일삼던 사람, 유흥비가 모자라 회삿돈을 횡령했던 사람, 일본인처럼 살고 싶어 정체를 숨기고 살던 사람, 어느 날 취업하러 갔다가 처음 만난 이에게 점심 한 번 얻어먹고 '애국지사가 돼서 이름을 떨치라'는 유혹에 넘어갔던 사람, 이런 사람이 일본 천황에게 폭탄 한 번 던졌다고 우리가 그의 인물됨을 존경해야 할 필요는 없지 않겠습니까?

　　3.1운동 당시 손병희의 활약상에만 집중하다 보니, 3.1 운동 이전 그의 행적에 대해서는 아는 사람이 거의 없다고 해도 과언이 아닙니다. 그의 유년기, 청년기의 미담들은 대부분 천도교 종단이나 관계자들에 의해 저술된 논저들을 바탕으로 삼고 있으므로 당연히 객관적인 사실은 찾아보기 어려울 것입니다.

　　손병희는 1882년 손천민의 권유로 동학당에 입도한 뒤 1893년에 '대접주'가 되며, 1894년 2차 동학란이 발생하자 북접(北接)의 군사 책임자인 '통령'에, 1897년에 이르러 마침내 제3대 교주에 오른 사람입니다. 불과 15년 사이에 숱한 경쟁자들을 물리치면서 교단의 최고 지위에 올랐을 정도로 그는 대단한 야심가이며, 배짱이 크고 명석한 사람입니다.

　　당시에 동학은 두 차례 민란을 일으킨 데다 민심을 어지럽힌다는 이유로 정부의 대대적인 탄압을 받던 시기였습니다. 손병희와 교주의 자리를 두고 각축을 벌이던 손천민, 김연국이 연이어 체포됨에 따라 손병희도 자신의 안위가 염려되어 황급히 외유(外遊) 길에 오릅니다. 천도교 측에서는 문명개화의 세상을 두루 살펴보고 견문을 넓히기 위해서라고 하지만, 그건 훼이크고 실상은 도피성이 더 짙다고 보아야겠죠.

그런데 자세히 알고 보면 실상은 다소 복잡합니다. 당시 일본에는 국내에서 정변을 일으키려다 실패하고 도주한 조희연, 권동진, 오세창, 이진호, 조희문, 박영효 등 망명 인사들이 있었습니다. 그 중에는 민비 시해와 연루된 자들도 있었습니다. 손병희는 자신의 정체를 숨긴 채 이상헌(李祥憲) 이라는 가명으로 이들에게 접근합니다.

손병희는 이들과 함께 민비 시해사범을 유인, 암살한 뒤 그 머리를 고종에게 갖다 바치면 자신은 면죄 받고, 동학에 대한 탄압도 중지시킬 수 있다고 생각했던 것 같습니다. 그런데 이러한 내용을 보고한 일본의 정탐자료에는 다소 쇼킹한 내용까지 포함되어 있는데, 손병희의 축재(蓄財)와 관련한 정보입니다.

이상헌(=손병희)이 금월 1일, 홍종익(일명 홍건영)을 귀국시켜 동지에게 밀보케 하였다는 정황은 이미 들은 바 있어 내탐 중이었음. 이의 상세한 내용 및 이상헌의 인물됨 등은 망명자 김준룡의 진술에 의한 바, 아래의 보고를 참고 바람 … (중략) …

또한 이상헌은 중대한 부정을 저지르고 변성명하여 일본에 온 자로, 동학 잔당의 우두머리 중 한 사람이며, 당시 국고의 자금과 곡물을 횡탈 은닉한 바, 그 재산을 사취하였음. 그 죄를 면하기 위해, 한국 황제가 증오하는 왕비(민비) 살해범들을 회유 살해한 후, 이로써 면죄를 구할 계획에 있음. 또한 본국에 잔존한 동당(同黨)의 자들과도 연계를 맺고 있으며, 그들이 함께 도모하는 바의 정황은, 이일식이 김옥균을 암살했던 일이나, 고영근이 우범선을 살해했던 것과 같이, 이상헌 역시 같은 방식의 행동을 계획하고 있는 것 같음. 또한 고영근의 고문이었던 최정덕이 지금도 이상헌과 계속 연락하고 있는 점을 보아도 명확함. 이들은 정세에 대해 일본의 정책이 한국 황제의 의중을 따르고 있다는 식의 보고를 지속적으로 하고 있으며, 중요한 내용일수록 사람을 귀국시켜 직접 밀보케 하고 있음.[49]

이 보고가 사실이라면, 손병희는 그동안 민족종교의 지도자이자 3.1운동을 주도한 항일운동가로 알려진 세평과는 달리, 어쩌면 부도덕하고 권모술수에 능한 정치적 야심가로 추정됩니다. 무엇보다 동학당의 군사책임자로 있으면서 민란의 와중에 국가의 재산을 사적으로 치부한 행적도 냉정히 검토해야 할 부분입니다. 그런데 이보다 1년 정도 앞선 조사 보고에서는 다소 상이한 내용의 정보가 보입니다. 여기에는 손병희가 동학당이라는 얘기는 없으며, 음죽현 사람으로서 가난한 집안에서 태어나 가세를 일으키는 데 전념하다가, 역둔토의 세금을 징수하는 하급관리가 되어 22년 동안 열심히 일한 덕분에 그 일대에서 보기 드문 엄청난 부호가 되었다는 내용입니다.[50]

하지만 이 보고서의 내용은 다소 신뢰하기가 어려울 것 같습니다. 대체 하급관리로 어떻게 일해야 지역에서 손꼽히는 거부가 될 수 있다는 말입니까? 말단 세리로서 아무리 중간 삥땅하고, 사기를 치고, 이재(理財)에 능했다 하더라도 그런 막대한 부를 축적한다는 것은 천운이 따르지 않는 한 불가능합니다. 관에서는 당연히 상급자가 있을 것이고, 부정이 오가는 거래에는 피해자들이 생기기 마련인데, 22년 동안 해먹으면서 민원이나 투서가 없었을까요? 더군다나 1899년부터는 역둔토가 황실 소속으로 전환되

---

49 (163)韓人李祥憲ニ關スル亡命者ノ談, 要視察韓國人擧動 3卷, 七. 要視察外國人ノ擧動關係雜纂 : 韓國人ノ部(七), 94쪽.
50 機密送第18號, 李祥憲ノ身元及擧動ニ關スル件, 要視察韓國人擧動 3卷, 七. 要視察外國人ノ擧動關係雜纂 : 韓國人ノ部(七), 79쪽.

어, 하급관리가 그런 삥땅을 쳐서 거부가 된다는 일은 상상할 수 없는 일입니다. 음죽현은 오늘날의 경기도 이천 지역에 해당하는 곳으로 여주-이천 평야가 드넓게 펼쳐져 있는 곡창 지대이기도 합니다. 이 일대는 1894년 동학당이 기습하여 점령했던 곳으로, 그들 세력은 이천과 안성, 진천 일대에 미쳤습니다.

그렇다면 군사 책임자였던 손병희는 이 과정에서 나라 재산을 약탈한 뒤 지역 주민들에게 나눠준 것이 아니라, 일부를 빼돌려 거액의 재산을 축적했을 가능성이 있습니다. 하지만 한인 망명객들에게는 이를 사실대로 말하기 어려웠을 것입니다. 그래서 자신이 하급관리 출신으로서 능력껏 자수성가한 사람인양 위장하고, 마치 동학당을 피해 일본에 온 것처럼 둘러댔을 가능성이 있는 것이죠. 이렇게 본다면, 앞의 상반된 두 보고서는 어느 정도 얼개가 맞는 셈입니다.

어쨌거나 손병희는 일본으로 건너올 즈음에 오사카에서 기선을 구입하려다 2만 엔이나 사기 당하고, 수중에 겨우 60여 엔만 남게 됩니다. 본래 소지한 10만 엔에서 2만 엔을 사기 당했으면 8만 엔은 남아야 하는데, 어째서 60여 엔만 남았는지 모르겠습니다.

다만, 수중에 현금이 많은 것을 알면 이를 노리는 자들이 많아져서, 사기를 당해 돈을 날렸다고 미리 약을 친 것일 수도 있습니다. 실제로 망명객 중 한 사람인 박영효는 손병희가 돈이 많음을 알고 탐을 내어 얼마간 빌려보려고 궁리했다고 합니다. 그러나 손병희는 한 푼도 응하지 않았으며,

박영효가 매우 곤란한 형편일 때만 40~50엔씩 몇 차례 변제해준 적이 있었습니다.[51]

손병희는 망명생활 중 여러 군데 집을 두고 처첩을 거느리며[52], 쌍두마차를 몰고 다니는 등 사치스러운 생활을 이어갔습니다. 자신의 부(富)를 일부러 과시하고 다닌 이유는 돈 많은 사람이라는 것을 알면 사람들의 대우가 달라지기 때문입니다. 일본의 정객이나 관료들에게 접근하기 위해 의도적으로 그런 사치를 이어갔다는 개연성은 매우 설득력이 있습니다. 실제로 그는 일본 고위 관료들에게 줄을 대려고 각별한 노력을 기울였습니다. 특히 육군성 군무국장인 우사가와 가즈마사(宇佐川一正), 주한일본공사관의 1등서기관인 스기무라 후카시(杉村濬)와는 각별한 사이가 되어, 시시때때로 관사나 사무실에서 만나 대소사를 의논했습니다.

예컨대 손병희는 우사가와 소장의 방문 요청이 있으면 육군성 참모본부를 자기 집처럼 드나들었습니다. 하루는 우사가와 소장으로부터 조선으로 부임하는 공사의 송별연을 열어줬으면 좋겠다는 요청을 받고 동경 교바시구(京橋區)의 제일 가는 기생집 화월루에서 행사를 갖기로 합니다. 이때 초대받은 조선인 망명객 7명의 회비 70엔은 손병희가 일시에 대납했기 때문에, 그 액수가 너무 커 다들 놀라움을 금치 못했습니다. 게다가 다음날 조선인 김 아무개라는 자가 예기(藝妓) 한 명을 대동해서 우사가와 소장을 내방했는데, 손병희가 보낸 인물일 가능성이 큽니다.[53]

---

[51] 「進步會員ト稱スル韓民集合ノ件ニ關スル具報」 중 첨부된 별지 문서로서 일본 망명 한인 千章郁이 모리나가(守永新三)에게 보낸 편지(私信) 내용 참조, 駐韓日本公使館記錄 23권 원문 72쪽.
[52] 손병희는 3명의 부인 외에도 '황하청(黃河淸)'이라는 여인을 첩으로 두고 있었다. 그 외에도 몇 명의 첩이 더 있었는지 알 수 없다. 「孫秉熙 一行ノ動靜」, 要視察韓國人擧動 第3卷, 국사편찬위원회(2002년), 139쪽 참조.
[53] 甲秘第三八號, 「韓人動靜 李祥憲·權東鎭一行ノ動靜」, 要視察韓國人擧動 3卷, 七. 要視察外國人ノ擧動關係雜纂 : 韓國人ノ部(七), 25쪽.

손병희가 이렇게 막대한 돈을 써가며 일본 정관계 고위층에 공을 들인 것은 이유가 있었습니다. 동학 신도들은 두 차례의 민란을 일으켰기 때문에 정상적인 방법으로는 국가로부터 인정받기 어려웠을 것입니다. 그래서 손병희는 일본의 힘을 빌리고 싶었습니다. 친러파가 장악한 조선 정부를 전복하고, 새로운 지배체제가 들어서도록 해야 한다는 것입니다. 때마침 러일전쟁의 기운이 임박한 혼란스러운 시국이었으므로 이를 틈타 역모를 꾀했습니다. 김구가 황해도 산포들과 함께 청나라 군대를 끌어들여 조선왕조를 전복할 계획을 세웠던 이른바 연중거사(聯中擧事)와 흡사한 상황이었습니다. 김구와 손병희 이 두 사람의 공통점은 모두 동학란과 관련된 인물이라는 점이며, 외세와 손잡고 나라를 전복한 뒤 자신들이 추대하는 인물을 왕으로 옹립하고자 했다는 사실입니다.[54] 한때 반란을 꿈꾸었던 사람들이 지금은 불세출의 애국자로 국민들에게 추앙받는 것도 공통점이기는 합니다.

손병희가 이 계획을 추진하기 위해 접근했던 인물은 육군성 참모본부 차장 겸 철도국 의장이었던 다무라 이요조(田村怡與造) 소장입니다. 러일전쟁이 임박하자 손병희는 심복 권동진을 보내 다무라 소장에게 한가지 계책을 전달했습니다. 즉, 일본군대를 상인으로 변장시켜 은밀히 상항(商港)이 아닌 항구로 출병토록 하는 것입니다. 이때 동학 신도 약 10만 명이 부응하여 함께 한양을 공격하면 친러파 내각을 타도하고, 러시아군을 완전히 한반도에서 축출할 수 있다는 취지입니다. 전략가로 명성이 자자한 다무라 소장이 이 황당한 계획에 어떤 반응을 보였는지 확인할 길은 없습니다. 다만 다른 자료를 보건대 다무라 소장은 손병희를 매우 신뢰했다고 하는 만

---

54 김구의 연중거사(聯中擧事) 또는 산포거사와 관련한 내용은 拙著 『조선 레지스탕스의 두 얼굴』, 106쪽 참고.

큼 대놓고 면박을 주지는 않았을 것으로 보입니다.

천도교 측의 자료에서는 다무라 소장이 이 계획을 듣고 크게 기뻐하여 거사를 함께하기로 했다고 합니다. 다만, 일을 추진하는 과정에서 핵심 멤버인 아우 손병흠이 병사(病死)하고, 곧이어 믿었던 다무라 소장마저 연이어 사망하는 바람에 이 계획은 수포로 돌아가고 말았습니다. 이에 손병희는 크게 낙담하여 통곡을 하고 사흘 동안 식음을 전폐했다고 하는군요. 하지만 이 기록은 신뢰할 수가 없는데, 군대를 동원하는 일은 한두 사람이 결정하는 일이 아닌 데다 공식적으로 일본 정부는 이 사실을 부정하고 있기 때문입니다.

> 일본 정부는 망명자와 협의한 다음 동학당을 선동하여 한국의 현 정부를 타도하려고 한다는 모의가 있다고 함. 이에 과연 사실인지 아닌지를 묻는 자가 2, 3인이 있었는데, 결코 그와 같은 일은 없으며 함부로 풍설을 믿고 만일 경박한 짓을 할 때는 100년의 장계(長計)를 그르치는 일이 있으리라는 것을 간곡히 타일러 두었다고 말했음.[55]

일본을 움직여 친러파 내각과 고종을 제거하려 했던 손병희의 계획은 이처럼 한두 명에게 공을 들인다고 해결될 일은 아니었습니다. 손병희와 가깝게 지내던 한인 망명객들은 기본적으로 구태의연한 조선 정부에 큰 반감을 가지고 있었기 때문에, 어떻게 하든 조선 정부가 뒤집어지는 것을 원했습니다. 하지만 혁명에는 명분이 필요했기 때문에, 이들은 고종의 5남이자 왕위 승계에서 순위권 밖으로 밀려난 의친왕을 옹립하려 합니다.

---

[55] 京公第一七號, 「東學黨情況取調ニ關スル巡査復命書進達ノ件」, 駐韓日本公使館記錄 23권, 국사편찬위원회, 65쪽.

당시 의친왕은 미국 유학길에 올랐다가 귀국하기 위해 일본에서 대기하던 시기였습니다. 손병희 일파는 이때를 놓치지 않고 의친왕에게 접근하여 고종을 축출한 뒤 왕위에 오를 것을 종용합니다. 그러나 이들의 음모를 간파한 현영운이 의화궁에게 일본에서 머물지 말고 속히 미국으로 돌아갈 것과, 이들의 흉계에 부화뇌동하지 말 것을 간언하면서 이 반란 음모도 흐지부지 끝나고 말았습니다. 아래 인용한 일본 정탐 보고서는 그들의 범행 모의를 소상하게 기록하고 있습니다. 일본의 공문서에는 의친왕을 의화궁(**義和宮**)으로 표기하고 있으며, 인용문은 사료 원문 그대로 의화궁이라 기재했습니다.

> 이상헌(李祥憲=손병희), 조희연 일파는 치바(千葉)에 머물고 있는 이준용(李埈鎔, 대원군의 손자)을 옹립하여 뭔가를 도모하려 하였는데, 의화궁의 동경 방문으로 인해 이 계획을 변경하여, 다시 권동진으로 하여금 그들의 의사를 전달케 하고, (의화궁을) 포섭하려 하는 음모를 추진하려 하였다. 그러나 조희연 일파는 "이 계획을 수행함에 있어, 현 황제에게 충성하는 현영운과 같은 자는 반드시 먼저 제거해야 한다"고 말하고 있었으며, 이로 인해 현영운은 큰 두려움을 느꼈다.
>
> 이번에 의화궁이 미국으로 건너가게 된 것은, 현영운이 힘써 노력한 결과였고, 이는 이·조 일파의 황족 옹립 음모에 의화궁이 가담하지 못하도록 하기 위한 것이었다. 하루는 현영운이 의화궁에게 다음과 같이 말했다. "전하께서 만일 이상헌과 조희연 등의 음모에 가담하신다면, 이는 아버님(현 황제)의 뜻을 거스르고, 결과적으로는 아버님을 해치게 되는 것입니다. 전하께서 여전히 백만 원의 자금을 얻기를 바라고 계시나, 그런 행동은 위험합니다." 이러한 직언에 대해 의화궁은 반박하지 않았고, 점차 이·조 일파의 위험한 계획을 어느 정도 인지하게 되었으며, 결국 미국 망명을 결심하

게 되었다. 이는 단순한 소문이 아니라, 현영운이 최근 여러 차례 반복해서 말한 바이며, 특히 지난 15일 밤, 의화궁이 직접 현영운을 찾아와 이야기한 바, 또 17일 요코하마 출항 직전에도 특별히 현영운에게 말한 바에 따른 것이라고 한다.

현영운의 증언에 따르면, 3월 15일 밤, 의화궁은 그에게 다음과 같이 말했다. "이상헌을 주모자로 하는 조희연 일파의 계획은, 망명 중인 동지들과 국내의 동지들이 협력하여 현 정부를 전복한 뒤 자신들이 권력을 잡고, 일본의 지배로부터 벗어나 다른 열강의 보호를 받으며, 현(現) 황제를 폐위하고 고위 관료들을 제거하기 위해 독약이나 폭약을 제조하는 것이다. 이들의 활동 자금은 이상헌이 조달할 계획이다" 등등.

3월 17일 출항 당일에도, 권동진으로부터 이상헌과 조희연 등의 계획에 참여하라는 요청을 여러 차례 받았다고 한다. 이 계획과 관련된 약품 구매에 대해서는, 작년 말, 의사 박종환에게 2만 원이 경성에서 보내졌고, 이상헌은 추가로 5천 원을 박종환에게, 또 3천 원을 조희연에게 전달했다고 들었다. 그런데 그대(현영운)와 유세남(劉世南)이 그들과의 접촉을 피해야 한다고 말한 이후로는, 나는 최근에 그들과 만나지 않았다. 만약 내가 당분간 도쿄에 머물 수 있었다면, 그들의 음모를 더 자세히 파악하고 약품의 소재도 알 수 있겠지만, 지금 이 밀모가 있음을 알면서도 출발하지 않으면 안되는 것이 안타깝다. 아버님의 신변이 우려되므로, 너는 귀국하면 반드시 안전하게 보호해드려라. 너 자신도 주의하여, 그들과 교류하거나, 특히 함께 식사하는 일은 절대 조심해야 한다" 등등.

위와 같은 내용에 따라, 권동진이 실제로 의화궁과 면접했는지 여부를 조사할 필요가 있다는 말이 있었으나, 이 점은 아직 확실하지 않다. 그러나 이달 초, 권동진은 시바(芝) 카라스모리(烏森)의 유곽 '신야(新家)' 등지에서 각 1회씩 도합 두 차례에 걸쳐 사람을 물리치고 비밀스러운 대화를 나눈 사실이 있었다고 하며, 이는 유세남의 증언으로 확인된다. 또 한편으로는, 이상헌과 조희연 일파의 언행을 내밀히 조사한 결과, 서로 반목과 의심이 있는 상태라는 것은 이미 보고된 바와 같다.

이상헌과 조희연 일파가 현영운을 어떻게 생각하느냐에 비하면, 현영운이 이·조 일파를 더욱 적대시하고 있는 것으로 보인다. 그들의 일상적인 행동을 밀착 감시한 결과, 조희연의 거처에서는 지난 14일 정오, 권동진, 이기옥 외 2명이 약품으로 보이는 것을 다루었으며, 같은 날 오후 4시경, 이기옥 외 1명이 아카사카(赤坂) 에노키자카(檀坂)에 있는 박종환의 집으로 포장된 물건을 일부러 우회하여 왕복 배달한 것을 목격했다.

또한 박종환은 지난 12일, 약상 호시노 카메키치(星野龜吉)로부터 맹독성 약품 '스트로판틴 틴크' 1파운드를 구입했다고 한다. 따라서 그 약품이 실제로 무엇인지 다시 내밀히 조사할 필요가 있다. 박종환은 이것이 위장병 치료용 약으로, 탄산(重曹)과 고미틴크(苦味丁幾) 등을 혼합하여 조제한 것이라고 설명했으나, 그 말이 사실인지 아닌지는 명확하지 않다.

현영운이 이·조 일파를 위협적인 존재로 보고 있다는 점에서, 이들의 행동이 미치는 영향 역시 적지 않다고 판단된다. 따라서 박종환 및 이상헌, 조희연 일파의 움직임에 대해서는 지금도 계속 내밀히 조사 중이다. 위와 같은 정황에 따라 우선 보고드립니다.

明治 38년(1905년) 3월 22일 경시총감 아다치(安立綱之)[56]

---

[56]「玄映運及李, 趙ニ關シ探査報告ノ件」, 甲秘第61號, 日本外交文書 第38卷第1冊 19. 韓國關係雜纂 765, 887~888쪽.

위의 아다치 총감의 보고서를 보면 그동안 독립운동가, 애국지사로 알고 있던 분이 참 의외라는 생각이 듭니다. 손병희는 일본의 망명자들과 모의하여 한국의 실세 고관들을 독약으로 암살하고 정부를 전복한 뒤, 자신들이 내세운 왕족을 옹립하고자 했던 것이지요. 학계에서는 이런 자료들을 이미 확보했으면서도 그의 일본 망명시절에 대해서는 입도 벙긋하지 않고, 3.1운동 이후의 행적만 집중 부각하고 있습니다.

러일전쟁이 발발하자 손병희는 일본 교토부에 군자금 1만 엔을 납부하고, 또한 적십자사에도 2,000엔을 따로 기부했기 때문에 일본 정부에서는 이때부터 그를 주목하지 않을 수 없었습니다. 손병희는 거액을 헌납하는 것으로도 모자라, 이용구 등 동학지도자 40명을 일본 동경으로 불러들여 전국에 '민회'를 설치할 것을 지시하고, 일진회와 협력해서 일본의 군용철도 부설 공사에 회원들을 동원하도록 합니다.[57] 이에 따라 전국 각지에서는 일본의 전시 물자수송에 협력하고 공사 노역에 지원하려는 회원들이 줄을 이었습니다.

일본의 고베신문에 따르면 원래 일본군은 경성-의주 간에 군용철도를 부설하기 위해 한국 조정에 일꾼을 요청했습니다. 그러나 한국 조정은 말로는 승낙을 하면서 비밀리에 격문을 지방 관리들에게 띄워 공사에 협조하지 말 것을 종용한 결과 일본군은 철도 부설 공사를 진척시키지 못하고 있던 상황이었습니다. 이때 이용구는 황해도와 평안도의 신도 3,000명을 현장으로 보내 일본군을 긴급 지원하도록 했습니다. 게다가 그들 자비로 임금 문제를 해결했기 때문에, 일본군이 일당을 지급하려고 해도 고사하며

---

[57] 공목성, 「러일전쟁 전후 손병희의 일본군 지원」, 원불교사상과 종교문화 제74집(2017년), 원광대학교 원불교사상연구원, 210쪽.

받지 않고 "우리는 고인(雇人)이 아니라 일진회의 명령을 받고 와서 이 일을 돕고 있다"고 말할 정도였습니다.

그뿐 아니라 1905년 6월에는 러시아 국경으로 진출한 하세가와(長谷川) 부대가 병참선이 끊겨 곤란한 상황에 처해 있었습니다. 그러자 이용구는 신도 3,000명에게 1인당 8되씩 백미를 지게 하고 전선까지 이동케 하였습니다. 신도들은 진창을 밟고 강을 건너는 고신참담(苦辛慘憺) 끝에 겨우 목적지에 도착할 수 있었습니다. 고립된 군대는 물론 양식을 나른 신도들도 모두 탈진한 상태여서 서로를 반길 힘조차 남아 있지 않았습니다. 그럼에도 일본 군대에 먼저 식사를 권하고 신도들은 병사들이 먹고 난 잔반을 먹었으므로, 후일 하세가와는 이들의 희생에 극찬을 아끼지 않았습니다.[58]

학계에서는 이를 이용구의 독단에 의한 친일 행적으로 보고 있습니다. 하지만 손병희의 '진보회'와 이용구의 '일진회'는 같은 동학 조직과 신도들을 기반으로 하고 있으며, 양자는 표리의 관계로서 상호 역할 분담을 했을 뿐만 아니라 강령까지 매우 유사합니다. 또한 당시에는 이용구가 손병희의 심복으로서, 자금 집행이나 인력 동원에 있어 그의 독단으로 할 수 없는 구조였습니다.[59]

어쨌든 손병희는 일본의 지원을 얻는 데 최종적으로 실패하였으며, 아무런 성과 없이 1906년 1월에 원산을 통해 귀국했습니다. 이때 신도들은 각 정거장마다 운집하여 손병희 만세를 연호했습니다. 일부 신도는 그의

---

[58] 「朝鮮志士の悌 李容九氏の逸話」, 神戶新聞, 1912년 5월 23일자 2면.
[59] 러일전쟁 당시 손병희의 일본군 지원 사실은 공목성 앞의 논문 218~219쪽 참조. 최기영도 「韓末 東學의 天道敎로의 개편에 관한 검토」, 韓國學報 20권 3호(1994년), 110쪽에서 이용구 단독 행위설을 부정하고 손병희의 내락이 없으면 불가능한 일이라 기술하고 있다.

귀국을 맞이하기 위해 전답과 집문서를 매각해 현금을 싸들고 상경했다고 합니다. 이처럼 그에 대한 추앙은 실로 엄청난 것이었습니다. 애초에 동학이 유불선의 3종 세트를 토대로 사람의 병을 치료하고 소원을 들어주는 것에서 출발했기 때문에, 손병희를 거의 신(神)과 같은 존재로 여겼던 것은 이상한 일이 아닙니다.

손병희가 첩의 집이나 요리점에 빠져 있을 때에는 '의암(義菴) 선생은 선술(仙術)로 오늘은 북경에, 내일은 파리로 여행 중'이라고 부재 사실을 널리 알리는가 하면, 심지어 손병희가 체포되었을 당시 그는 신이므로 총독부가 아무리 포박해도 선술을 써서 얼마든지 자유롭게 어디라도 날아갈 수 있다고 믿는 이들도 있었습니다.[60] 이런 터무니없는 소리들이 신도들 사이에 먹혀 들어갔던 이유는 천도교의 전신인 동학이 부적이나 주문 같은 샤머니즘에 바탕을 두고 있었기 때문입니다.

예컨대 병에 걸린 사람은 부수(符水)라 해서 부적을 태워 깨끗한 물에 갈아 마시면 못 고치는 병이 없다든가, 염주를 목에 걸고 몸에 부적을 붙이면 총이나 창에도 부상을 입지 않는다는 낭설들이 동학도들에게 진실로 받아들여진 것과 같은 맥락이라는 것이죠. 이것은 후한(後漢) 말 태평도의 창시자이자 교주로서 황건적의 난을 일으킨 장각(張角)이 써먹었던 방법이기도 합니다.

이런 맹목적 믿음은 엄청난 효과가 있었습니다. 보잘것없는 무장을

---

[60] 「朝鮮人を惑亂せんぽする - 天道教の正體(五)」, 大阪朝日新聞, 1919년 3월 18일자 7면.

하고도 관군을 대패시키며 호남과 호서를 석권하게 하는 바탕이 되었던 것입니다. 다른 한편으로는 물질적인 후원으로 이어졌기 때문에 조직적인 성미(誠米) 납부 체제[61]를 통해 천도교 종단은 엄청난 자금력을 가지게 됩니다. 이는 3.1운동을 사실상 돈의 힘으로 좌지우지하게 하는 원동력이 되었던 것입니다. 지금도 종교에 잘못 빠져서 가산을 탕진하는 사람들이 있는데, 그때라고 없었을까요?

막대한 재산과 수많은 신도들을 보며 손병희는 무슨 생각을 했던 것일까요? 그는 대궐 같은 집과 별장을 짓고, 첩을 두면서 자동차를 소유하고 수많은 시종을 거느렸습니다. 이미 왕의 신분이나 다름없었던 것입니다. 또한 명월관에서 일하던 주산월이라는 기생을 2,000원이라는 거금을 주고 빼내서 자신의 세 번째 부인으로 삼기도 했습니다.[62] 대정 11년(1922년) 천도교의 결정예산표를 보면 최시형의 아들인 최동희와 손병희의 첫째 부인 곽병화, 둘째 부인 홍응화, 셋째 부인 주산월이 각각 1,200원의 연봉을 받고 있었는데, 이는 천도교 간부급인 종리사(宗理師)의 연봉이 480원, 장로도사의 연봉이 200원인 것에 비하면 엄청난 고액이었던 것입니다.[63]

손병희는 이용구와 결별한 뒤 그의 시천교와 경쟁하는 상황에 놓이자 자신의 교세를 과시하기 위해 성전을 크게 짓기로 하고, 전국의 신도들로

---

[61] 조석(朝夕)으로 밥을 지을 때에는 쌀을 씻기 전 반드시 한 숟가락의 쌀을 덜어서 주머니에 담고 월말이 되면 이를 교구장에게 보낸다. 교구장은 다시 절반으로 나누어 하나는 경성 중앙총부로 보내고 나머지는 교구의 경비로 사용한다. 또한 기념제, 기도, 경축이 있을 때마다 임시비용은 그 외에 속하기 때문에 모인 돈은 훨씬 많다.
[62] 「朝鮮人を惑亂せんとする - 天道教の正體(三)」, 大阪朝日新聞, 1919년 3월 16일자 7면.
[63] 「天道教新舊兩派紛爭ノ件」, 高警第2871號, 1922년 9월 11일, 한국독립운동사 자료 38, 국사편찬위원회.

부터 갹출하여 약 8만 원의 거금을 거두어들였습니다. 문제는 총독부 산하의 관청에서 허가 없이 기부금을 모집하는 것은 위법하니 중지하라고 해서 모금이 중단되었습니다. 그런데 여기서 그치지 않고 이미 모금한 돈까지 모두 돌려주라고 하자 이에 손병희는 총독부에 심한 반감을 갖게 됩니다.

러일전쟁 당시에 군자금을 헌납하고, 군용철도 부설 당시 인부를 무상으로 파견하는 등 일제에 적극 협력했음에도 총독부는 천도교를 정식 종교로 인정해주지 않았습니다. 게다가 손병희가 하는 일마다 사사건건 간섭하고 통제하자 일제에 대해 노골적으로 불만을 품게 되었던 것이죠. 이는 손병희가 심문 과정에서 본인이 직접 진술한 내용을 바탕으로 합니다.

"나는 병합 후에는 정치에 대해서는 입을 열지 않고, 관청의 율령을 준수하고 복종하도록 신도에게 가르치고 있음에도 불구하고, 나를 배일당(排日黨)이라고 주목하고 있다. 또 현재의 총독은 20년 전부터 아는 사이인데 총독의 주변에서 나를 나쁜 것처럼 보고하고 있기 때문에 한 번밖에 방문하지 못한 형편으로, 나는 지금까지 힘을 다하고 있음에도 도리어 반대의 대우를 받고 있는 것이 불평이다. … (중략) … 그런데 관청에서 그것을 알고 기부금 모집을 중단시켰으므로 그 취지를 각 교구에 포달했으나, 그런다고 해서 신도들이 기부를 중단할 까닭이 없고, 자진하여 기부를 신청하여 각 도에서 모은 돈이 8만여 원이 되었다. 관헌에서 그 돈을 반환하라는 명령이었으므로 반환한 일이 있는데, 그것도 얼마쯤은 이번 일의 동기가 되었던 것이다."[64]

"피고 손병희는 천도교 제3세 교주로서 구한국시대 친일파에 속하여 일청·일로 양전역 때는 인부 등의 공급을 하였으며 또 철도부설에 대하여는 인부 등을 보내고 이

---

[64] 손병희 경성지방법원 신문조서(1회), 1919년 4월 11일.

어서 군자금 헌납을 하여 일본제국에 대하여 다소의 호의를 표시하였음에도 불구하고 합병 이후 대우가 마땅하지 못하다고 믿고 조금 불쾌감을 느끼고 있던 자인데 … (중략) … 이 기회를 타서 조선민족도 민족자결주의에 따라 독립을 희망하는 의사를 발표한다면 혹은 조선독립도 기약할 수 있으리라고 생각하고 있었던 차에 그가 생명으로 삼는 천도교의 교회당 신축 기부금 모집에 대하여 당해 관헌으로부터 그것을 중지하라는 명을 받고 이어서 이미 모집된 기부금은 그것을 반환하라는 명령을 받은 일이 있은 다음부터 그 처치에 대하여 크게 불만을 품어[65] (하략)"

손병희의 신문 기록과 재판 진술에 따르면, 실망스럽게도 그는 애국적 동기가 아닌, 의외로 소박한(?) 사유 때문에 일제에 반감을 가지게 되었음을 알 수 있습니다. 한때 그는 일본 군부를 끌어들여 조선 정부를 전복하려 했으며, 러일전쟁 당시 노역을 제공하고 거액을 기부하는 등 일본 군부에 적극 협력했던 사람이었습니다. 그런데 15년 뒤 별안간 나라와 민족의 장래를 걱정하는 동기가 생겼을 리 만무합니다.

무엇보다 만세운동을 벌여 기적같이 독립이 된다 하더라도, 손병희의 야심은 거기서 그치지 않았을 것입니다. 그저 '착실한 사람을 천거하여 정부를 조직하게 할 생각'이었으며, '조선왕조를 폐할 목적은 아니었다'[66] 라는 그의 진술은 자신의 흑심을 감추기 위한 술책에 불과합니다. 다른 신문조서를 보면, 그는 민주정 체제로 갈 생각이었기 때문에[67] 조선왕조를 유지할 마음은 애당초 없었던 것 같습니다. 아마 독립이 된다면 그의 뜻대로 새로운 정부를 조직한 뒤 자신이 직접 정부 수반이 되고자 했는지도 모릅니다.

---

[65] 손병희 경성고등법원 복심 판결문(大正 9년 形公 제522·523호), 1920년 10월 30일.
[66] 손병희 경성지방법원 신문조서(1회), 1919년 4월 11일.
[67] 손병희 경성지방법원 신문조서(3회), 1919년 7월 14일.

3.1운동 전후에 한국에서는 임시정부를 수립하려는 시도가 수차례 있었습니다. 학계에 알려진 것은 5개 정도인데, 그 중 ①대한민간정부 ②조선민국 임시정부 ③대한공화국 임시정부까지 세 군데서 손병희가 정부 수반으로 올라와 있고, 나머지 ④신한민국정부 ⑤한성정부에서는 이동휘와 이승만이 각각 정부 수반으로 되어 있습니다. 이것은 임시정부 수립을 추진했던 세력이 어디냐에 따라 정부 수반이 될 인물이 달라지긴 했지만, 당시 천도교의 손병희를 중심으로 한 세력이 3.1운동 이후 새로운 국가 수립에 가장 열성적이었다는 것을 방증(傍證)하는 셈입니다.

[표] 3.1운동 전후 서울에서 수립, 선포된 임시정부 인선안(案) 현황[68]

대한민간정부		조선민국 임시정부		대한공화국 임시정부		신한민국정부		한성정부	
대통령	손병희	정도령	손병희	대통령	손병희	집정관	이동휘	집정관	이승만
부통령	오세창	부도령	이승만	부통령	박영효				
국무총리	이승만	내각	이승만	국무경	이승만	국방총리	이승만	국무총리 총재	이동휘
내무부장관	이동녕	내무경	김윤식	내무경	안창호	내무부장	미정	내무부총장	이동녕
						내무차장	조성환		
외무부장관	김윤식	외무경	민찬호			외무부장	박용만	외무부총장	박용만
						외무차장	김규식		
학무부장관	안창호	학무경	안창호					학무부총장	김규식
재무부장관	권동진	재무경	이상(李相)	탁지경	윤국희	재무부장	이시영	재무부총장	이시영
						재무차장	이춘숙	재무부차장	한남수

---

[68] 윤대원, 「玄楷에게 '秘傳'된 임시정부의 실체와 대한공화국임시정부」, 한국독립운동사연구33호 (2009년), 한국독립운동사연구소, 279쪽에서 도표 인용.

대한민간정부		조선민국임시정부		대한공화국임시정부		신한민국정부		한성정부	
군무부장관	노백린	군무경	노백린	군무경	이동휘			군무부총장	
법제부장관	이시영	법무경	윤익선	법무경	남형우			법무부총장	신규식
교통부장관	박용만	교통무경	조용은			교통부장	문창범	교통부총장	문창범
						교통차장	현순		
노동부장관	문창범	식산무경	오세창			국방총리	안창호	노동국총판	안창호
						노동차장	민찬호		
의정부장관	김규식	민국 외교 위원	이승만	강화전권대사	김규식				
			민찬호						

그리하여 손병희를 중심으로 한 천도교 세력은 민중들에게 새로운 세상에서는 너도 한자리 할 수 있다, 너도 부유해질 수 있다는 감언이설로 유혹하고, 시위대는 그 열성적 참여를 입증하기 위해 필요 이상의 폭력시위를 주도했던 것으로 보입니다. 당시 3.1운동 발생 동기 및 시위대의 심리상태를 조사한 일제의 자료에 따르면, 천도교 세력이 극성을 보였던 평안남도의 경우 시위 주동자들의 특징을 다음과 같이 언급합니다. '특히 천도교도 중 완미(頑迷=완고하고 무식함)한 자는, 성공하는 날에는 관직을 얻게 되거나 또는 재산의 균분(均分)을 받을 것이라고 믿고 자재(資財)를 아끼지 않고, 생업을 돌보지 않은 채 망동한 자들이었다.'[69]

3.1운동 기간 중 가장 사상자가 많이 발생한 3월 말부터 4월 초까지의 기간에는 천도교를 중심으로 한 새로운 임시정부 수립 소식이 국내와 상해

---

[69] 「平安南道, (二) 發生ノ動機及發生當時ニ於ケル暴民ノ心理狀態」, 朝鮮騷擾事件狀況 (1919年). 朝鮮憲兵隊司令部, 57쪽.

에 파다했을 뿐 아니라, 그 사실이 미국의 신한민보를 통해 여러 차례 보도가 되었던 시기이기도 합니다. 이것은 우연의 일치가 아니라 상호간 연관성을 갖는 것입니다. 하지만 신도들의 희망과 달리 손병희는 도술을 부려 감옥에서 빠져나오지도 못했고, 대통령이 되어 중생을 구제하지도 못했습니다.

손병희의 불순한 정치적 의도를 고려한다면, 오늘날 그는 후세로부터 너무 과분한 대접을 받고 있지 않나 하는 생각이 듭니다. 무릇 인물에 대한 존경은 일방적인 정보나 특정한 사건만으로 판단해서는 안 됩니다. 그의 생애 전부를 들여다보아야 하고, 그의 업적이 우리에게 미친 영향과 심리적 동기에 추호의 오점이 없어야 가능한 일이죠. 앞에서 우리는 민족대표 33인과 손병희에 대해서 그동안 알려지지 않은 얘기들을 중심으로 상당한 분량을 할애하여 살펴보았습니다. 맹목적인 추종이 아니라 비판적인 시각으로 사건이나 인물을 평가해야 하며, 학자들이 쏟아내는 찬양 일변도의 정보에 현혹되지 말아야 할 것입니다.

7.
절망적인 지도층의 수준, 세상의 비웃음을 사다

매스미디어가 빈약했던 시기에 3.1운동이 단시간에 전국으로 파급될 수 있었던 것은 메시지의 일관성과 단순함 때문이었습니다. 즉, 만세를 부르면 우리가 독립한다는 것과 만세를 부르지 않으면 안 된다는 의무감을 동시에 전달한 것이었습니다. 이러한 방법은 초기에는 순간적인 폭발력을 가질 수 있을지 몰라도 이슈를 오래 끌고 가기에는 역부족이었을 것입니다. 따라서 시간이 흐를수록 불참자에 대한 폭력과 협박을 행사함으로써 대중의 참여를 강제하는 형태로 변질되게 됩니다.

국사편찬위원회의 3.1운동 데이터베이스에는 당시 뿌려진 유인물들의 일부를 볼 수 있습니다. 초기에는 '아버지! 나는 죽습니다. 어머니! 아무 염려 마셔요. 저 왜놈들이 발로 차고 창으로 찌르고 칼로 찍어 피가 흐르고 뼈가 상해서 살 수 없습니다'[70]와 같이 연민을 유도하고 자기희생을

---

[70] 격문 제2호 「철창 속에서」, 조선독립경성단 발행.

강조하는 텍스트들이 있는가 하면, '만세시위가 있으니 언제 어디로 집합하라, 불참자는 집에 불을 지르겠다' 또는 '경고에도 불구하고 상점을 열고 장사를 하는 자들에게는 상당한 벌을 내리겠다'[71] 따위의 살벌한 문구들이 보입니다.

여기에서 좀 더 나아가면 '모월 모일 모시까지 일금 1,000원을 가지고 신용산 부근의 모래 벌판에 들어가면 철교의 기둥 아래에 양철통이 있을 것이니 거기에다 1,000원을 넣어 두고 돌아가시오. 만약 이 요구를 실행하지 않으면 며칠 안에 불을 질러 가족을 멸망시킬 터이니 신중히 생각하시오'와 같이 시국의 혼란을 틈타 부호들에게 금전을 강청하는 경우도 있었습니다.[72] 유감스럽게도 이런 자료가 적잖이 발견됩니다. 지방에서는 시위대가 이처럼 부호나 유지들에게 돈을 요구하는 일이 잦아지자 지방 부호들은 아예 폐문하고 상경하여 셋집을 얻어 살기까지 했습니다. 한때 그 수요가 폭증하여 서울의 임대료가 약 20퍼센트가량 뛰었다는 소식도 보입니다.[73]

여기서 구구한 내용들을 다 거론할 필요는 없겠지만 '장사를 하면 불을 지르겠다', '시위에 참여하지 않으면 밟아 죽이겠다' 같은 협박들은 구체적이고 위협적이었기 때문에 경찰력이 미흡했던 지방에서는 상당한 공포감을 불러일으켰습니다. 이는 단순한 경고성 멘트에 그친 것이 아니었습니다. 예컨대, 3.1운동 당시 만세시위에 참가했던 창원군 진전면 봉암리의 구수서(具守書)는 신문조서에서 이렇게 진술했습니다.

---

71 《조선독립신문》 제9호, 조선경성결사단임시사무소 발행.
72 3월 30일 오전 10시경 경기도 고양군 한지면 서빙고리 186번지 부호 이경석에게 우편으로 송달된 협박장.
73 「朝鮮富豪 續續避難 不逞漢を恐れて京城へ」, 大阪朝日新聞, 1919년 6월 8일자 7면.

시위대가 찾아와 음식점으로 부르더니 4월 3일 운동을 한다는 취지의 통지서를 보이고 이를 읽어 들려주었으며, 이 운동에 참가하지 않을 때에는 집을 부수고 또한 동네 사람들(里民)을 죽이겠다고 하기 때문에 곧바로 동네 사람들에게 이에 응하도록 전달하고 시위에 참가하게 되었던 것이다.[74]

지금까지 우리 학계에서는 3.1 만세시위가 자발적인 민중 참여를 바탕으로 전국민이 동참한 의거였음을 강조해 왔습니다. 민중이 주체가 된 민족해방 투쟁이었다는 것이죠. 하지만 사실은 그렇지 않습니다. 초기에는 터무니없는 유언비어에 선동된 사람들이 일시적으로 참여한 것은 맞지만, 후반으로 갈수록 조직적, 폭력적인 방법에 의해 시위 참여가 강제되었기 때문입니다.

3.1운동 전후하여 대중들에게 유포된 지하 신문은 총 30종에 달했는데, 삐라와 유인물을 합치면 그 수는 헤아리기 어려울 지경입니다. 이런 텍스트형 선전물은 주로 글을 읽을 수 있는 식자들에 의해 해석된 다음, 이를 다시 구전하는 식으로 민중들에게 유포되었습니다. 소스 자체가 가짜뉴스나 유언비어에 의존하는 경우가 많았을 뿐 아니라, 이를 입으로 전달하는 과정에서 살에 살이 붙어 더욱 파괴력을 가진 괴담의 형태를 띠게 됩니다.

예컨대 3.1운동 발발 직후 3월 2일에 배포된《국민회보》와《조선독립신문》에서 '고종의 독살설'을 전하는가 하면, 세계 각국에서 우리의 독립을 이미 승인했다는 식의 소식을 전하고 있습니다. 조선총독부가 들어섰음에

---

[74] 구수서(具守書) 신문조서, 釜山地方法院 馬山支廳 검사분국, 1919년 5월 29일.

도 여전히 유교적 기풍이 잔존하고 있던 시기에, 매국노들에 의한 고종의 독살설은 매우 충격적인 소식이었습니다. 이는 일제의 통치에 대한 갖가지 불만이 누적된 상황에서 끓는 기름 위에 불을 던진 격이 되었습니다.

독살설의 내용은 일제가 파리강화회의에 보낼 문서, 즉 '조선이 스스로 원하여 합방하였다'는 내용에 이완용(李完用), 윤덕영(尹德榮), 조중응(趙重應) 등 7명의 역적이 도장을 찍고, 태황제께도 조인할 것을 강요했다는 것입니다. 그러나 태황제가 불허하셨으므로 그날 밤에 궁인들을 시켜 식혜에 독을 타 독살하였으며, 그 일을 수행한 궁인들도 잔독(殘毒)을 먹여 모두 살해했다는 내용입니다.[75] 이런 터무니없는 풍설을 지금도 믿는 사람들이 더러 있습니다. 책 팔아먹고 살아야 하는 역사업자는 물론이고 명문대 교수를 역임한 학자 출신들까지 나서서 이러고 다니니 참으로 한심한 일입니다.[76]

1918년 1월 미국 대통령 윌슨이 발표한 전후(戰後) 처리 14개조 원칙 중 제5조는 조선 식자층과 학생들에게 '민족자결주의'라는 말로 받아들여졌습니다. 민족의 주권 문제를 스스로 결정한다는 뜻입니다. 그런데 이 민족자결(self-determination)이라는 말은 정작 윌슨의 14개조 전문 어디에도 존재하지 않습니다. 윌슨이 민족자결(self-determination)을 공식적으로 언급한 것은 그로부터 약 한달 뒤인 1918년 2월 11일 상하양원 연설에서였습니다. "자결(self-determination)은 단순히 말에 그쳐서는 안 된다"라고 딱 한마디 했던 것입니다. 그러면서 그는 "이는 필수적인 행동 원칙이며, 이제부터

---

[75] 《조선독립신문》 제2호 (1919년 3월 2일), 《국민회보》 (1919년 3월 2일)의 고종 독살설의 내용은 국사편찬위원회 삼일운동 DB에서도 확인이 가능하다.
[76] 「일본이 高宗황제 독살 지시」, 日고위관료 문서 첫 발굴- 서울대 이태진 교수, 日궁내성 관리 '구라토미 일기' 사본 입수, 조선일보, 2009년 2월 28일자 31면. 이 기사에서 언급되고 있는 '구라토미 일기'는 당시 조선 내의 풍설을 전하는 자료에 불과하다.

7. 절망적인 지도층의 수준, 세상의 비웃음을 사다

이를 무시하는 **(세계의)** 정치인들은 그에 따른 대가를 치르게 될 것이다"라고 했습니다.

여기에서 대단히 큰 오해가 생긴 것입니다. 윌슨의 14개조 원칙이나 그 뒤의 의회연설은 민족의 거취를 그들 스스로 결정한다는 '자결(自決)'을 의미한 것이 아니라 전후 식민지 처리 문제의 공정한 해결을 천명한 것입니다. 즉, 민족의 주권과 관련된 문제를 강대국들이 마음대로 해서는 안 된다는 것입니다. 이는 장차 설립될 국제연맹에 의한 위임통치제를 전제로 한 것으로서, 관련 식민지 민족들의 의견을 반영하여 당사국(=**전승국**)들 간의 공정한 협의를 거쳐야 한다는 뜻일 뿐입니다.[77]

그럼에도 불구하고 '윌슨 대통령이 제창한 민족자결주의가 3.1운동에 영향을 미쳤다'라는 헛소리가 아직도 주류 학설로 통용되고 있습니다. 그렇게 말하면 민족자결주의라는 게 실제로 존재했었고, 마치 사실인 것처럼 여겨지잖아요? 우리가 허깨비를 본 것이고 착각하여 그 소란을 일으켰다고 말하기는 싫은 것일까요? 3.1운동의 정의는 이제 다시 내려져야 합니다. 윌슨의 전후 식민지 처리방침을 '민족자결주의'로 착각한 사람들이 대중을 기

---

[77] 연설 원문의 내용은 다음과 같다. "Peoples are not to be handed about from one sovereignty to another by an international conference or an understanding between rivals and antagonists. National aspirations must be respected; peoples may now be dominated and governed only by their own consent. 'Self-determination' is not a mere phrase. It is an imperative principle of action, which statesmen will henceforth ignore at their peril" 즉, 식민지 민족의 주권과 관련된 문제를 그들의 동의나 의사와 관계없이 일부 강대국들의 이해관계에 따라 좌지우지 해서는 안 된다는 취지이다. 우리가 착각하는 민족자결의 의미와는 전혀 동떨어진 취지였던 것이다. 관련하여서는 다음의 논저를 참고 바란다. ① Erez Manela, The Wilsonian Moment: Self-Determination and the International Origins of Anticolonial Nationalism (New York: Oxford University Press, 2007), 12~13, 41~42, 67~68쪽. ② Susan Pedersen, The Guardians: The League of Nations and the Crisis of Empire (Oxford: Oxford University Press, 2015), 18~19, 52~53쪽.

만하고 선동한 사건이 바로 3.1운동의 실체였던 것입니다.

게다가 이때의 식민지는 제1차세계대전 중에 독일을 비롯한 추축국들이 차지한 점령지를 의미하기 때문에 우리와는 전혀 상관없습니다. 하지만 당시의 식자층이나 활동가들은 대부분 '조선을 포함, 식민지였던 모든 나라들이 독립을 승인 받을 수 있는 계기'로 인식했던 것입니다. 이에 국내는 물론 해외에 망명한 유력자들 중에는 독립 후 주도권을 잡기 위해 너도나도 파리강화회의에 사람을 보내어 조선의 독립을 호소하기에 이르렀습니다. 미국의 대한인국민회는 이승만·정한경·민찬호를, 상해의 신한청년당에서는 김규식을, 연해주의 대한국민회의에서는 윤해와 고창일을, 국내 유림계에서는 김창숙을 각각 파견했습니다. 국내에서도 이 사람 저 사람이 가산을 팔아가며 강화회의가 열리고 있는 프랑스로 가고자 했습니다.

그러나 정작 이들에게는 여권이 발급되지 않았기 때문에 중국인들의 도움을 받은 김규식만이 프랑스에 제때 도착할 수 있었습니다. 그럼에도 국내에서는 이들 대표단의 활동에 힘입어 세계 열강이 마치 우리의 독립을 승인한 것처럼 알려지기 시작했습니다. 경기도의 한 조선인 군수는 격문이나 소문에 놀라 총독부에 전화를 걸어서 "조선이 독립했다고 하는데 사실입니까?"라고 문의할 정도로 유언비어는 강력한 힘을 발휘했던 것입니다.[78] 이 때문에 3.1운동 중에는 면사무소나 헌병대에 난입한 군중들이 이제 우리나라가 독립했으니 너희는 경찰권, 행정권을 우리에게 인도하라 윽박지르는 광경이 생깁니다. 만세를 외쳤던 군중들 중에는 실제 우리가 독립한

---

[78] 「紙製急造の韓國旗で萬歲, 獨立したかお伺, 秋山大將副官談」, 大阪朝日新聞, 1919년 3월 8일자 7면.

것으로 알고 만세를 불렀다고 하는 이들도 적지 않았습니다.[79]

　민족자결에 대한 이해의 문제는 더욱 심각합니다. 당시 글 깨나 읽었다던 지식인들도 국제 정세에 대한 기본 개념 자체가 없었기 때문에 그 의미를 제대로 알지 못했습니다. 그뿐 아니라 일부 식자층 중에는 민족자결(self-determination)을 민족자살(suicide)의 뜻으로 오해하여 고종의 인산일 직후에 목숨을 끊는 일도 있었습니다. 전남 장흥군의 백성흠, 충북 보은의 류신영, 전남 곡성의 김기순 등 몇몇 선비들은 실제로 자살을 하거나 시도한 사례입니다.[80] 인간의 목숨이 이렇게 가벼운 것인지 솔직히 회의가 들 지경입니다. 얼마나 독립이 절실했으면 그랬을까 이해 못할 바는 아니지만, 한 사람 한 사람 힘을 모아 자력으로 독립할 생각을 해야지, 남의 말만 듣고 생명을 끊는 짓은 아무런 가치 없는 어리석은 행위에 불과합니다.

　민족자결주의는 결과적으로 미국이라는 나라에 막연한 동경까지 불러일으켰습니다. 세간에는 미국이 군대를 보내 우리를 독립시켜 줄 것이라는 소문이 파다했습니다. 예컨대 미국 비행기가 폭탄을 가득 싣고 와서 일본군을 물리칠 것이라는 소문, 한국의 독립을 돕기 위해 윌슨이 비행기를 타고 북한산으로 올 것이라는 소문 등이 그런 사례라고 볼 수 있습니다. 소문의 위력은 대단해서, 어떤 이는 일도 제쳐두고 아침부터 북한산 위 하늘만 바라보고 있는가 하면, 어떤 이는 어디가 북한산인지 알리기 위해 산 위로 올라가 불을 지피기도 했습니다.[81] 이렇게 밑도 끝도 없는 유언비어는

---

[79] 辛基益, 金大寬, 李漢榮, 趙在玉 신문조서, 안봉하(安鳳河) 등 71인의 경성복심법원 판결문, 1920년 11월 22일 (大正 9年), 형공(刑控) 제528·529·530호.
[80] 김지훈, 「3.1운동의 성격과 의의 재고찰 : 민족 담론의 형성과 재생산」, 서울대학교 대학원, 2013년, 98쪽.
[81] 김지훈, 앞의 논문 98쪽에서 재인용.

일제 당국이 우리 민족을 무지몽매하다 여기고 깔보는 요인이 되었을 것입니다.

다른 한편으로는 그만큼 독립이 간절했기 때문에 괴소문조차도 사실로 받아들여졌을 것으로 생각합니다. 다만, 지도층이든 기층 민중이든 타국의 힘을 빌어 민족의 존망을 맡기려는 의존적 태도는 결코 긍정적으로 평가되어서는 안 되는 부분입니다. 이미 구한말에 러시아와 청국, 일본에 의지하려다 각종 이권을 빼앗기고 제국주의의 각축장이 된 경험을 하고서도 같은 과오를 반복하자는 것과 다를 바 없기 때문입니다.

윤치호는 3.1운동이 헛된 희망에 불과함을 지적하면서 '순진한 청년들이 애국심이라는 미명 아래 불을 보듯 훤한 위험을 향해 자진해서 달려가는 모습을 보니 눈물이 났다'[82]고 한 점이나, '만세운동에 관해서 말하자면, 윌슨 대통령의 은혜로 파리강화회의에서 조선의 독립을 선언할 때까지 만세를 부른다. 이것이 바로 시위자들이 순진한 조선인들에게 선전하고 있는 내용의 골자이다. 이 문제가 그렇게 심각한 것만 아니었다면, 너무도 웃긴 이야기였을 것이다'[83] 라고 한 점은 만세운동이 외세의 구원에 의존한 비합리적, 맹목적 선동에 불과함을 지적한 것입니다.

YMCA 이사와 기독신문 주필을 지낸 김창제는 독립운동이 아무리 애국적이라고 해도 ①투기, ②미신, ③허황된 말, ④음모에 기초하고 있기 때문에 동조할 수 없었다고 합니다. 그러면서 "어떤 사람들은 다수의 목소리

---

82 국역 윤치호 영문일기 제6권, 1919년 3월1일, 국사편찬위원회, 2016년, 267쪽.
83 국역 윤치호 영문일기 제6권, 1919년 3월27일, 국사편찬위원회, 2016년, 287쪽.

가 곧 주님의 목소리라고 생각하고 있습니다. 하지만 언제나 다수의 목소리가 주님의 목소리인 것은 아닙니다. 예수님을 십자가에 못 박게 한 것도 다수의 요구였습니다. 또 천도교와 기독교의 연합이 하나님의 뜻을 나타낸다는 것도 사실이 아닙니다. 주님의 아들에게 사형을 선고한 것은 바리새인들과 헤롯의 연합이었습니다. 나는 이번 독립 운동에서 기독교 목사들이 천도교 인사들과 유대관계를 맺은 것이 죄악이라고 믿고 있습니다"라고 통렬한 비판을 하고 있습니다.[84]

애초에 우상을 숭배하는 무리들과 연합해서 궁색하게도 그들로부터 돈을 빌려 쓰고, '억만대의 조상님들의 신령이 보이지 않는 가운데 우리를 돕는다'고 한 기미독립선언서에 기독교 신자로서 이름을 올렸습니다. 소위 하나님을 믿는 인사들의 이런 행위들이 과연 성경적인지 묻지 않을 수 없습니다. 정말 민족의 안위가 걱정되었다면 당초에 결심한 대로 신앙적인 범위 안에서 해결을 했어야 했습니다. 그럼에도 오늘날 이들의 행위를 애국적인 것으로 옹호하며 기리고 있는 교회나 관련 인사들이 얼마나 많습니까? 그들에게 진정 나라는 어디에 있고, 민족은 어디에 있을까요? 참으로 한심한 일이 아닐 수 없습니다.

1910년 합방 이후 일제는 조선인을 통치하는 데 서툴렀습니다. 기존의 관습과 상충하는 근대 시스템은 작동되지 않았으며, 이로 인해 민중들 사이에 불만이 누중되었음은 부정할 수 없습니다. 이를 힘으로 억누르고 있었기 때문에 어떤 식으로든 폭발의 가능성이 상존한 점도 인정합니다.

---

[84] 국역 윤치호 영문일기 제6권, 1919년 5월3일, 국사편찬위원회, 2016년, 311~312쪽.

하지만 그 발화점은 엉뚱한 괴소문에 있었습니다. 일부 식자들과 종교지도자들이 잘 알지도 못하는 민족자결주의를 난독해서 마치 독립이 기정사실화된 것처럼 민중을 오도했다는 점, 이들의 목적이 순수했다기보다 독립국가 이후의 새로운 권력을 선점하려는 매명(賣名)의 야심에서 비롯되었다는 점, 이들의 무책임한 선동으로 인해 다수의 무고한 사람들이 희생당했다는 사실들로 미루어 볼 때, 3.1운동이 과연 헌법 전문에 못박아 두고 자손대대로 긍지를 느껴야 할 정도로 위대한 사건이었는지 의문을 갖게 됩니다. 우리는 3.1운동에 대한 맹목적인 찬양에 앞서 이런 점들을 다시금 생각해보지 않을 수 없습니다.

의도했든 아니든 두 달 동안 전국을 전쟁터로 만들어 놓은 소위 민족대표 33인들의 형량은 생각보다 관대했습니다. 사실상 3.1 시위가 이들의 독립선언에 의해 촉발되었음을 감안하면 의외의 결과였던 것입니다. 그들은 독립선언서를 작성했지만, 일촉즉발의 험악해진 당시의 분위기 때문에 사실상 낭독을 포기하고 요리집에서 약소한 퍼포먼스로 때웠습니다. "당신들 여기서 무엇 하느냐? 파고다공원으로 당장 튀어나오라"는 청년들의 외침도 무시했습니다. 그리고 총독부 정무총감 야마가타(山縣伊三郎)에게 전화를 걸어 자진 투항하고 말았습니다. 투항이라고 하면 너무 자존심 상하는 일일까요? 그러면 자수라고 해 둡시다.

3.1 운동 직후 기소된 사람들 중 5년 이상의 중형에 처해진 사람은 모두 69명이었습니다. 반면 민족대표 33인의 최고형은 3년형으로 모두 7명에 불과합니다. 가담 정도가 낮은 백용성과 정춘수는 1년 6개월이며, 그 외

2년형이 가장 많습니다. 길선주는 증거불충분으로 무죄를 선고받았고, 김병조는 체포 전 상해로 망명했으니 열외가 되었습니다. 형량이 낮게 나온 이유는 그들에게는 소요죄의 책임을 묻지 않았기 때문입니다. 3.1운동에서 소요죄를 제외하면 무엇이 남을까요? 정작 당사자들은 만세시위를 하지 않았으니 답은 정해진 것 같습니다. 민중을 구렁텅이로 몰아넣고, 정작 본인들은 제 살길을 찾겠다는데 손가락질하고 싶은 마음은 없습니다. 역사는 지금도 그때도 반복되는 것 같습니다.

2장
돈을 사랑했던
선교사,
헐버트

1.
암군(暗君)의 총애를 받은
미국 선교사들

조선은 쇄국정책을 고수한 채 버티다가 아무런 준비도 없이 개항했습니다. 어디 뜯어먹을 게 없나 혈안이 된 열강들 앞에 우리는 너무 무기력했고 그 대가는 컸습니다. 별로 친하지도 않은데 소고기를 사주는 사람이 있으면 경계하는 것이 마땅함에도 우리의 위대한 개혁군주께서는 그러지 않았습니다.

고종은 귀가 얇은 사람이라 팔랑귀로 치자면 역대 으뜸인데, 유약하고 배짱이 없었던 탓에 외세에 얹혀 가기를 좋아했습니다. 민란이 생기거나 정변이 발생하면 외국 군대를 끌어들이는 데 주저하지 않았습니다. 그러다 정치적 위기를 맞으면 또다른 외국 공사에 의탁해 그들의 보호를 받았습니다. 민비 시해 사건 이후에는 궁중을 지키는 우리 군대나 주변의 인물도 믿지 못해 미국 선교사들이 총을 차고 불침번을 서야 했습니다. 어디서 총성만 들려도 "외국인들은 어디 있느냐, 외국인들을 불러라" 흐느껴 울며 소리쳤고, 밤새 선교사들의 손을 꼭 쥐고 떨었다고 합니다. 언더우드는

'하도 옥체를 바들바들 떠시기에 성상(聖上)께서 감기가 심하신 줄 알았다'고 합니다.[85]

그만큼 고종은 미국과 미국인을 신뢰했습니다. 당시 선교사들은 포교의 자유를 얻지 못했기 때문에 고종의 환심을 사야 하는 입장이었습니다. 그런 까닭에 선교 편지나 출판물에서 공식적으로 고종을 비판한 미국 선교사는 거의 없었습니다. 그들에게 고종은 현명한 군주였고, 민비는 자애롭고 똑똑한 여자였습니다. 그들은 위기 시 제물포항에 정박 중인 미국 해병대를 동원할 수 있다며 고종에게 끊임없이 부도수표를 날리고 신뢰를 얻었습니다. 고종은 어리석게도 이들의 허언을 철석같이 믿었습니다. 알렌에 따르면 그는 서울의 전차 운전기사는 물론 개인 경호원도 미국인으로 교체하고 싶어했다고 합니다.

고종은 민비시해사건, 춘생문사건, 아관파천을 연이어 겪으면서 서양 외국인에 대한 의존도와 강박증이 병적으로 심해졌습니다. 알렌이 미국 국무부에 보낸 보고서에 따르면 고종은 미국인 선교사들이 자신의 궁궐 주변을 '빙 둘러싸고 살도록(live all around)' 했으면 좋겠다는 부탁을 했다고 합니다.[86] 이는 심각한 안전상의 곤란에 직면했을 경우, 언제든지 미국인들에게 보호받기 위함이었을 겁니다. 민비의 시의였던 릴리어스 언더우드도 "고종이 미국 국기와 미국인들이 가까이에 있는 것을 좋아했다"고 합니다. 나라가 이미 정상이 아니었던 것입니다.

---

[85] Lillias H. Underwood, 「Underwood of Korea」, Fleming H. Revell Company, 1918, p.150
[86] 류대영, 『개화기 조선과 미국 선교사』, 한국기독교역사연구소, 2004년, 340쪽에서 재인용.

[그림] 고종은 소원대로 외국 공관에 빙 둘러싸인 정동의 덕수궁으로 이어(移御)했다.
사진에서 보이는 대안문(大安門) 주변의 신식건물들은 모두 외국 공사관이며,
전면(前面)의 기와집들은 선교사들이 학교나 교회 또는 사택으로 매입한 건물들이다.

　미국의 엉덩이 밑에 숨고 싶어했던 고종은 아관파천 후 환궁하자마자 마침내 이어(移御)하기로 결심합니다. 미국 공사관과 미국 선교사들이 모여 살고 있는 정동 인근의 경운궁(**현재의 덕수궁**)을 본궁으로 정하고 아예 옮겨 살기로 한 것입니다. 서울시청 앞 덕수궁은 그렇게 탄생한 것입니다. 관광객들에게 수문장 교대식 같은 유치한 쇼를 보여줄 게 아니라, 이곳은 나라의 왕이 타국에 의지하여 몸을 송두리째 맡긴 부끄러움의 상징이라고 알리는 것이 역사를 대하는 바른 자세입니다.

　고종은 이처럼 미국에 온 몸을 의탁했으면서도, 무슨 몽니인지 기독

교 선교 활동은 쉽게 허용해주지 않았습니다. 자신의 안위를 위해 필요한 것을 그때 그때 챙기려 했을 뿐, 미국식 합리주의나 자본주의, 근대문명, 기술을 받아들이는 데는 한없이 소극적이었습니다. 운산금광이나 철도부설권 등은 미국 회사에서 막대한 커미션을 뒤로 챙겨 주니 허용해준 것이지, 미국인들이 이뻐서 내준 것이 아닙니다.

고종은 이렇게 눈 앞의 이익을 취하는 데 머리가 잘 굴러가던 사람이었습니다. 소위 말하는 통빡이라는 것입니다. 사람이 이렇게 통빡을 굴리면 상대방은 언젠가는 눈치를 까고 그에 맞는 처신을 하게 됩니다. 미국은 을사보호조약으로 우리가 외교권을 상실하자 제일 먼저 조선을 떠나 버리는 '현명한' 결정을 내립니다. 고종은 주변의 열강들에게 이리저리 손을 벌리고 다니며 마음에도 없는 허언을 남발했습니다. 신뢰를 잃은 왕에게 돌아온 것은 청구서와 부도어음뿐이었으며, 망국의 위기에 처해 있을 때 그어느 나라도 돕지 않았습니다.

미국인을 만난 자리에서는 우리가 가장 신뢰하는 친구가 미국이라 말하고, 영국인을 만나면 영국이 가장 친한 친구라고 말해 줍니다. 그런가 하면 프랑스 주교에게는 왕과 조정이 프랑스를 진정한 친구로 여기고 있다면서 도와줄 것을 부탁했던 것입니다. 이런 줏대 없는 행동은 하루이틀의 문제가 아니었습니다.

러시아 고문을 가까이 두고 아관파천 당시 외교적 지원까지 받았던 사람이 러일전쟁이 끝나자마자 일본의 승전을 축하하기 위해 외교 사절을

1. 암군(暗君)의 총애를 받은 미국 선교사들

보냈습니다. 이를 지켜본 러시아의 심정은 어땠을까요? 을사조약 직후 조약의 부당성을 세계만방에 알리고자 했다면서, 그 조약을 성사시킨 주역 이토 히로부미는 자신의 곁에 두고 중용하고 싶어했습니다.[87] 자주 독립국임을 대외에 천명한답시고 대한제국으로 칭제건원했으나, 미국 등 외국 공사관에 자신의 안위를 구걸하고 다녔습니다. 민비가 비명에 죽고 상중인데, 민비를 폐하고 오래전 궁 밖으로 축출된 엄상궁을 다시 불러들여 귀빈으로 삼았습니다. 그러고 보면 정신세계가 참 희한한 인물이 아닐 수 없습니다. 국내에서는 탈원전 노래를 부르면서도 해외로 원전을 수출하고 싶어했던 어떤 분을 괜히 고종에 빗대었겠습니까?

우리 교과서에서는 제국주의 세력들이 총칼을 앞세워 우리의 자원과 경제를 일방적으로 침탈해 간 것처럼 설명하고 있지만, 사실은 그렇지 않습니다. 세상 물정에 무지했던 고종과 주변의 간신들이 자진해서 나라의 곳간을 털어먹고, 그 대가로 커미션을 챙겼던 것입니다. 개항 후에 벌어진 외국과의 경제적 조약들을 막연히 '불평등조약', '침탈'로 규정하고 그 책임을 오롯이 남에게 전가한다는 것은 창피한 일입니다.

당시 일본을 비롯한 열강들의 한반도 진출은 전근대적 질서에 갇혀 있던 우리 민족에 큰 영향을 끼쳤습니다. 지식인들은 개화사상에 눈뜨는 계기가 되어 갑신정변과 같은 개혁의 몸부림을 마다하지 않았습니다. 서양의 과학과 기술들이 유입됨으로써 많은 사람들이 문명의 이기를 접하게 되

---

[87] 「韓國奉使記錄(上)」 二. 復命書: 第八號 1905年 11月 28日 伊藤大使 內謁見 始末」, 駐韓日本公使館 記錄 27권, 국사편찬위원회(1992년), 60쪽 참조. 이토가 을사보호조약 체결을 성공리에 완수하고 출국하기 전 고종을 하직 인사차 알현했을 때 고종은 이토의 출국을 만류하며, 그대가 반백(半白)이 될 때까지 일본에 봉사하였으니 이제는 후임에게 넘겨주고, 그대는 여기 남아 나머지 수염이 상백(霜白)이 될 때까지 자신을 보필해달라 간청했다. 을사보호조약이 체결되고 불과 10일 만의 일이었다.

었습니다. 그리하여 우물 안 개구리 같던 사고에서 벗어나 좀 더 넓은 세상을 바라보게 된 것입니다. 어쩌면 우리는 그들에게 값비싼 수업료를 지불했던 셈입니다.

2.
착한 침략자와
나쁜 침략자

구한말 미국 선교사들은 우리에게 어떤 존재였을까요? 초기 미국 선교사들은 대부분 중산층 출신들로 착실하게 교육받고 비교적 순탄한 청년기를 보낸 사람들입니다. 선교의 부름에 응하여 막상 이역만리의 조선 땅에 건너와서 보니 상상했던 이상으로 여건이 열악했습니다. 주거환경은 불결하기 짝이 없었으며, 음식은 도저히 인간이 먹을 만한 수준이 아니었습니다. 기본적인 생활을 영위하고자 해도 사회적 인프라가 너무 형편없었기 때문에, 선교라는 본래의 목적보다는 생존하는 데 더 신경을 써야 했습니다. 더구나 이들 중에는 가족을 데려온 사람들도 있었고, 선교 활동 중에 결혼한 이들도 있었습니다.

우리는 이들이 '한국인보다 더 한국을 사랑했다'고 배웠는데, 과연 사실일까요? 그들이 조선인에 대한 연민과 애정이 있어서 교육과 의료사업에 헌신적이었고, 한국의 독립을 지지했고, 일제의 침탈에 함께 분노하고 아파했다 합니다. 그러나 그건 후대에 창작된 얘기입니다. 그런 선입견은 이제 버려도 될 것 같습니다. 구글링으로 선교사들의 이름을 검색해보면 하나같이 조선인들을 위해 희생과 봉사, 헌신을 다했다는 얘기로 빼곡합니다. 물론 그분들이 근대화 이전의 척박한 이 땅에 와서 학교를 세우고 의료 기관을 만들려고 노력한 점은 사실입니다.

하지만 그러한 사실들이 반드시 우리 민족에 대한 애정의 발로에서 이루어진 것이라고 볼 수만은 없습니다. 당시에는 기독교 선교 자체가 금지된 상태였기 때문에, 그분들은 교사나 의사로 자신의 신분을 위장해야 했습니다. 예를 들어 알렌은 공사관 소속 무급 의사로, 언더우드는 제중원 교사의 신분으로 활동해야 했던 것이죠. 이분들이 주도한 당시의 학교나 병원들은 그런 연유로 세워진 것입니다. 한국인들에게 어떤 인간적인 연민 또는 근대 문명의 전파를 위해 선의로 시도된 것이 아니라, 합법적인 선교 활동을 하기 위한 전초적 기지로써 학교와 병원을 운영했을 뿐입니다.

이런 부분들은 세세히 사정을 들여다보지 않고 한마디로 정의하기에는 쉽지 않은 측면이 있습니다. 미국의 외교정책 가이드 라인을 준수해야 했던 해외 선교부의 입장은 선교와 자선의 경계가 명확하지 않았고, 선교사들마다 생각이 다 달랐습니다. 특히 의료 사역이나 교육 활동을 선교의 본질과 무관하다고 생각한 사람들이 많았습니다. 조선 정부가 언제 선교의 자유를 허락할지 알 수 없는 상태에서 마냥 기다리고만 있을 수는 없다고 생각한 것이죠. 예를 들어, 윌리엄 스크랜튼은 광혜원 의사로 복무해달라는 미국 공사관의 요청을 한때 거부하기도 했습니다.

타자의 시선으로 바라본 우리의 현실은 그렇게 우호적이지도 동정적이지도 않았습니다. 중산층 가정에서 고생 모르고 곱게 자란 사람들이 어느 날 머리와 옷에 이가 득실거리고 전염병이 있는 이방인들을 접촉하거나 상대한다는 것은 쉬운 일이 아니었을 것입니다. 그들이 드러냈을 너무도 인간적인 반응에 대해 우리는 있는 그대로의 사실을 받아들여야지, '한국인보다 한국을 더 사랑했다'는 식으로 천사의 이미지를 대입하는 것은 올바른 이해 방법이 아닙니다.

미국인 호러스 알렌(Horace Newton Allen)은 조선에 도착한 지 한 달여 만에 끔찍한 장면을 목격해야 했습니다. 갑신정변의 피바람이 휩쓸고 간 도성 안은 역적들의 머리가 츄파춥스마냥 장대에 꽂혀 매달려 있었고, 거리에는 허기진 개들이 몰려다니며 처형된 자들의 시체를 뜯어먹고 있었습니다. 먹을 것이 귀했던 조선사람들은 그 개들을 다시 잡아 식용했으므로, 결국 이들은 누군가의 시체를 먹고 있는 셈이나 다름없었습니다. 조선의 음식문화를 존중해 개장국 먹기를 마다 않던 알렌은 그 이후로 개고기를 먹지 않았습니다.

공개 처형된 시체는 가족일지라도 수습이 금지되었으므로 그대로 거리에 방치되었습니다. 아이들은 목이 잘린 시체 사이를 뛰어 다니며 놀았고, 때로는 배추 쓰레기 따위를 시체에 내던지며 희롱하듯 웃곤 했습니다. 이사벨라 비숍(Isabella Bird Bishop)에 따르면, 이러한 야만적인 광경이 일주일 내내 지속되었다고 합니다.[88]

---

[88] I.B. 비숍, 신복룡 역주, 『조선과 그 이웃나라들』, 집문당, 2013년, 260~261쪽.

능지처참형의 경우 그 잔인함은 극에 달했습니다. 예전에는 소의 달구지를 이용하여 사지를 찢는 거열형이었으나, 후대로 오면서 번거로운 절차를 생략하고 깔끔하게 참수한 뒤 사지를 절단하는 방식을 사용했습니다. 홍영식을 비롯 갑신정변의 주역들은 마치 짐승이 도축되듯 비참한 죽음을 당해야 했습니다.

이 끔찍한 처형 방식은 산 사람과 죽은 사람을 동일시하는 그릇된 내세관에서 행해진 것입니다. 죽어서도 혼백이 정상의 모습을 갖추지 않고 사지가 모두 분리된 채 구천을 떠도는 원귀의 고통을 이어가라는 것이죠. 야만적인 처형 방식에 안팎의 논란이 끊이지 않자, 고종은 조칙을 내려 이를 폐지하고 교수형으로 대체했습니다.[89] 이때가 1894년이며, 갑신정변이 일어난 지 꼭 10년이 되던 해입니다.

개화되지 못한 나라의 수도 한복판에서 벌어지는 이런 장면은 서양인들에게 매우 큰 충격이었습니다. 당시 조선을 방문한 서양인들은 거리와 주거환경의 불결함, 악취, 무지와 미신, 지배층의 부패에 대해 혐오의 감정을 노골적으로 드러냈습니다. 캐나다 출신 선교사 제임스 게일은 자신의 소설 『선구자(The Vanguard)』를 통해 이렇게 우회적으로 비꼬았습니다.

> "여보게, 윌리스. 자네는 이 험한 짐승들(wild beasts)이 예수를 믿으리라고 보는가? 그 짐승들을 축사에 가두어 놓아야 할 걸세. 그렇지 않으면 올가미로 묶어 놓아야 할 거고. 나하고 같이 가서 장사나 하세."[90]

---

[89] 1894년(고종 31년) 12월 27일 칙령 제30호. "법무아문의 형벌은 교수형만 적용하고 군율에 의한 것은 총살만 적용하라." (凡大辟之處斬凌遲等刑律, 自今廢止法務行刑, 只用絞, 軍律行刑, 只用砲)
[90] James S. Gale, 『Vanguard』, p. 17. 류대영, 『초기 미국 선교사 연구(1884~1910)』, 한국기독교역사연구소, 2001년, 184~185쪽에서 재인용.

조선 땅에 가장 먼저 발을 들여놓았던 호러스 알렌 역시 '이곳은 인간으로서 살아보려고 노력한 나라 중 제일 성질 나는 곳'이라고 그의 일기에 썼을 정도였습니다.[91] 무엇보다 그들은 한국인을 동등한 인격체로 보지 않았습니다. 우선 한국 사람들이 매우 불결했으므로 병균이 옮을까 염려하여 선교나 업무상 이유 외에는 가급적이면 접촉하지 않았습니다. 그들은 한국인들과 철저히 분리된 공간에서 사적인 삶을 영위하고, 그들만의 커뮤니티를 꾸려갔습니다.

필요하다면 언제든 조선인을 헐값에 하인으로 부려먹을 수 있었으며, 맘에 들지 않으면 가차 없이 자르고 새로 구할 수도 있었습니다. 심지어 사사로운 일로 하인들을 때리거나 함부로 대하여 물의를 일으킨 선교사들도 있었습니다. 언더우드의 부인은 신혼여행을 북부지방으로 다녔는데, 온돌방에서 자는 것을 싫어한 탓에 하인들이 침대를 지고 다녔다고 합니다. 적어도 이곳에서 그녀는 중세의 귀족 못지 않은 특권을 누렸던 셈입니다.

특히 이들은 자신들 명의로 부동산을 소유할 수 없었기 때문에 조선인 신자나 하인의 명의로 매입하는 일이 관행처럼 잦았습니다. 초기에는 교회를 세우기 위해 가옥을 사들였으나, 점차 사적인 이유에서 재산 증식의 방편으로 삼기 시작했습니다. 그 대표적인 인물이 호머 헐버트입니다. 그렇습니다. 한국인보다 더 한국을 사랑했다고 알려진 분이죠. 한국인이 아니라 한국의 부동산을 더 사랑하셨는지도 모르겠습니다. 어쨌든 이런 편법적인 매매가 문제가 되어 명의를 빌려준 사람들이 관아에 잡혀가거나,

---

[91] 『Horace Newton Allen's Diary』, March 11. 1885. 류대영, 앞의 책 172쪽에서 재인용.

[그림] 선교사 언더우드와 애비슨이 소유한 서울 근교 한강 뷰의 럭셔리한 별장들(1894-1906)[92]

법적 분쟁에 휘말리기도 했습니다.[93]

　　일부 미국 선교사들의 사적 이익추구는 캘비니즘 차원에서 옹호될 여지는 있습니다. 하지만 분명 선교의 영역을 벗어난 것이었습니다. 언더우드는 '백만장자 선교사'라는 별명이 붙었고, 헐버트는 '부동산계의 큰손'이었습니다. 빈튼은 교회 사무실 한쪽에서 서양식 벽지를 팔았고, 벙커는 벽지 수익금의 일부를 나누어 가지는 조건으로 묵인해 주었습니다. 한국 이름까지 있는 유진 벨은 벡위드(Beckwith)사의 난로 수입 중개인을 자청했으며, 평양 제중병원 설립에 기여한 공로로 추앙받는 웰즈는 알렌과 결탁해 운산금광 개발에 깊숙이 관여한 의심을 받고 있습니다. 벙커는 선교사

---

[92] Moffett Korea Collection, Princeton Theological Seminary Library.
[93] 류대영, 앞의 책, 262~270쪽 및 이승일, 「대한제국기 외국인의 부동산 전당 및 매매와 민사 분쟁」, 법사학연구 제49호, 한국법사학회, 2014년 4월, 100~108쪽 참조.

를 사직하고 금광 회사에 취직하는가 하면, 어떤 선교사는 사사로이 하숙을 쳤고, 어떤 선교사는 무허가 벌목사업을, 어떤 선교사는 과수원을 경영해서 다른 이들로부터 지탄을 받기도 했습니다.

선교사들이 기업들과 결탁할 수밖에 없는 이유는 너무도 당연한데, 미국 내 각 교파들의 선교회는 대부분 부유한 기업가들을 이사로 두면서, 그들의 후원을 받고 있었기 때문입니다. 언더우드는 미국에서 농기구와 농사용 물품, 의약품, 석유, 석탄을 수입한 후 자신이 운영하던 '그리스도 신문국'을 통해 직접 조선인들에게 판매하기도 했습니다. 그런데 어찌나 적극적이었는지 한국에 진출한 미국 기업의 에이전트들로부터 민원이 쏟아질 정도였습니다. 언더우드는 교역상의 편의를 위해 중국 상해에 별도의 은행계좌를 만드는 등 전문 장사꾼 못지 않았습니다. 영국 언론인 해밀턴(Angus Hamilton)은 선교사들이 한국인의 구매욕을 자극해 상업 행위에 몰두하고 있다고 지적하면서, 이들은 미국의 주요 수출 상사와 밀접한 관계를 맺고 있다고 비난했습니다.

그렇다고 해서 그분들이 우리의 독립을 지지하거나 일제에 의미 있는 저항을 했던 것도 아닙니다. 선교사들은 일찌감치 합병 전부터 조선이란 나라가 장차 존속되기 힘들 것으로 전망했습니다. 더 나아가 기왕이면 일본에 합병되는 것이 선교적인 측면에서도 유리할 것으로 판단하기도 했습니다. 그 대표적인 예가 바로 연세대학교의 아버지라 존경받는 언더우드입니다.[94]

---

[94] '현재 상황을 보면, 일본에서 정세를 장악하게 될 것 같습니다. … (중략) … 일본이 주도권을 잡게 되면 한국에서의 우리 형편이 분명히 더 나아질 겁니다. 우리는 어떤 식으로든 일본이 그곳 [한국]에서 세력을 장악하는 데 방해가 되는 행동은 하고 싶지 않습니다.' - 이향순, 「미국 선교사들의 오리엔탈리즘과 제국주의적 확장」, 선교와 신학 제12집, 장로회신학대학교 세계선교연구원, 2003년, 250쪽에서 Underwood가 1901년 12월 21일에 Ellinwood박사에게 보낸 편지의 일부를 인용.

선교사들 중 일부가 한국인을 동정해 도우려 했다거나 우리의 독립을 지지했다고 알려져 있지만, 이는 대단히 부풀려진 얘기들입니다. 심지어 거의 유일무이하게 한국의 독립을 지지하고 일제의 침략에 저항한 것으로 알려진 헐버트조차도 애매합니다. 그는 헤이그 사건 이후 일본 관료들과 만나 자신에 대한 오해를 거두어 달라고 합니다. 그런가 하면 일제의 통치에 대해 직접 맞서 싸우기보다는 신앙의 힘으로 이를 극복할 것을 주문하는 등 다소 모호한 입장으로 바뀝니다. 우리가 관심이 적어서 모르고 있을 뿐이지 대다수의 미국 선교사들은 일제의 한반도 통치에 순응했으며, 오히려 환영하는 입장이었습니다. 여기서 선교사들의 친일 행각이나 발언들을 다 거론할 필요는 없어 보입니다. 이것은 어느 정도 규명된 이야기들입니다.

적어도 당시의 제국주의적 사조에서 보자면 미국이나 일본이나 한 통속일 뿐입니다. 결과적으로 일본이 우리를 최종 합병했기 때문에 그들에게 비난이 집중되고 있을 뿐이지, 미국이나 러시아 등의 책임도 결코 가벼운 것은 아니었습니다. 우리를 도운 것으로 알려진 외국인들은 사실 자국의 이익에 복무했거나 정보 당국에 포섭된 자들로서 사실상의 간첩이나 마찬가지였습니다. 예컨대 고종의 측근 손탁 여사라든가 외교 고문 묄렌도르프, 언론인 베델이 그런 경우였습니다.

우리가 끔찍이 사랑하는 헐버트나 언더우드는 미국 기업을 끌어들이기 위해 선교 잡지에 조선의 금광에 관한 기사를 꾸준히 투고한 바 있습니다. 미국 기업들은 마침내 조선에 진출하여 기대 이상의 성과를 냈고, 해당 기업에 투자했던 선교사들은 짭짤한 배당수익을 챙겼습니다. 재테크는 이렇게 하는 것입니다. 그뿐일까요? 그들은 조국인 미국이 쿠바와 필리핀을 침공하자 적극 지지하고 환영했습니다. 자국의 약소국 침탈은 환영하면서 일제의 조선 침탈은 반대하고 독립을 지지했다는 것은 왠지 앞뒤가 맞지 않는 이야기 같군요. 이게 논리적인 사고인지는 각자의 판단에 맡기도록 하겠습니다.

그분들이 이 척박한 땅에 건너와 어려운 여건 속에서 복음을 전하고 교회를 개척한 업적은 인정하지 않을 수 없습니다. 그렇다 해도 신앙적인 차원을 넘어 그들의 사회적, 정치적 활동이나 인품까지 일방 찬양하는 일은 매우 신중해야 합니다. 미국 선교사들이 자국의 외교정책과 일본의 통치 논리에 적극 협조하면서 10년 만에 괄목할 만한 교세의 확장을 이룬 것은 명백한 사실이며, 이에 대한 평가는 각자의 몫이기 때문입니다.

3.
한국인보다 한국을 사랑했다는 희대의 거짓말

미국 선교사 헐버트는 '한국인보다 더 한국을 사랑했다'고 알려져 있습니다. 앞에서 계속 이 부분을 언급하고 있는 이유는 이러한 우리만의 착각이 너무도 어처구니없기 때문입니다. 고향 땅에서는 별 볼 일 없던 평범한 인사가 자신을 영웅 대접해주는 나라에 애정을 갖는 것은 당연한 일입니다. 죽어서 한국 땅에 묻히기를 바랄 정도로 각별한 애정이 있었다고 합니다만, 내한 초기부터 일관적인 생각이었는지 아니면 말년에 문득 든 생각이었는지 확인할 길은 없습니다. 다만 그가 가족들에게 남긴 편지들을 읽어보면, 체류하는 동안 한국을 하루빨리 떠나고 싶어했다는 것을 알 수 있습니다.

한국인 교육에 열성적이었으며, 한글의 연구와 보급을 위해 노력했고, 아리랑을 채보하는 등 한국 문화에 관심이 깊었다는 점, 고종의 특사로서 한국의 독립을 위해 일했고, 일본의 불법적 침탈을 해외의 언론에 고발한 점, 그 외에도 수많은 업적들이 한국을 사랑했던 증거 아니냐고 따지는 분들이 분명 있을 것으로 보입니다. 그런 피상적인 정보들을 다 내려놓고 생각해보기로 합니다.

한국 교육에 열성적이었던 것은 선교사가 아닌 교사로서 내한했기 때문입니다. 한글 연구와 보급을 위해 노력한 것은 성경 번역 등 선교의 일환이었거나, 동양 문화에 대한 호기심에서 시도된 것이죠. 그가 남긴 편지를 보면 한국어로 번역된 성경책을 장차 몇 권이나 더 팔 수 있는지 고민한 얘기들이 있습니다. 한국의 역사나 문화도 그런 식이었습니다. 중국과 미국에서 출판 계약을 맺었는데 꽤 잘 팔리고 있다는 진술이 보입니다. 신앙적 노력과 학문적 호기심이 책 판매로 이어지면 물론 금상첨화입니다. 하지만 대놓고 돈 얘기를 했다는 것은 참으로 의외입니다.

고종의 특사로서 한국의 독립을 위해 일했다는데, 그 실체는 모호합니다. 활동 내용을 보자면 고종으로부터 막대한 비자금을 타내서 여기저기 돌아다닌 것 같은데 하등의 성과가 없었다는 게 문제입니다. 일제의 동향 보고서를 보면 미국 정부 관계자를 만나긴 했으나 대통령에게 친서가 전달되지 않았고, 이에 대한 피드백조차 받지 못했습니다. 편지가 전달되지 않았으면 의회에 로비라도 좀 하든가, 대통령 측근을 통해 편지의 내용을 전달하든가 하는 노력을 했어야 하는데, 초인종만 누르고 나온 셈입니다. 헐버트를 철석같이 믿고 끊임없이 자금을 댔던 고종은 정녕 호구였던 것일까요?

그가 한 일이라고는 고작해야 신문사 기자 접촉이나 대중 연설 그리고 인터뷰 몇 번 한 것이 전부입니다. 전권특사로 파견되었다는 헤이그에서는 며칠 머물지도 않았고, 일본의 감시가 삼엄했던 탓에 인상적인 활동을 남기지도 못했습니다. 물론 그가 헤이그에서 일본이 한국을 불법적으로 찬탈한 것을 두고 비난하는 연설을 한 것은 사실입니다. 다만, 그 내용이란 게 '만약 너희들이 계속 이런 현실을 외면한다면 한국에서의 이권을 일본이 모두 독차지하게 될 거야'라는 취지였습니다. 이것이 무슨 의미인지는 생각하기 나름이겠습니다만, 우리 민족의 장래를 그렇게 진정으로 염려한 발언 같아 보이지는 않습니다.

전모가 확실하지도 않은 그런 인사에게 1950년 건국공로훈장 태극장을, 2014년에는 한글 보급과 연구에 힘쓴 공로로 금관문화훈장을 추서한 바 있습니다. 건국 후 불과 1년 남짓한 동안 얼마나 객관적이고 심도 있는 심사를 할 수 있었는지는 모르겠습니다. 그러나 독립운동가 대부분이 인우보증이나 독립운동지혈사 같은 황당무계한 자료들에 근거했음을 생각해보면, 이런 식의 부실한 검증을 거친 서훈이 무슨 의미가 있는지 모르겠습니다.

어느 정도 공훈 심사 체계가 잡힌 2014년도의 서훈도 사정은 비슷합니다. 사실 한글 번역과 연구는 영국인 존 로스(John Ross)를 비롯한 선구적인 외국인 연구자들이 많습니다. 이 분들은 정밀한 발음기호 분석을 토대로 소략하나마 사전류를 편찬했을 정도로 실력이 있었으며, 성경을 번역하는 데 큰 공로가 있습니다. 이런 분들을 제외하고 사민필지(士民必知) 하나 남긴 헐버트가 한글 연구에 공헌했다는 이유로 훈장을 받습니다. 심지어 한글의 띄어쓰기를 최초로 도입했다며 있지도 않은 사실로 왜곡하기도 합니다. '최초'가 아니었기 때문에 문제라는 것입니다.

언급한 김에 하는 말이지만, 선교사들에 의한 한글 보급은 매우 제한적이었습니다. 윤치호의 일기에도 언급되듯이 선교사들이 세운 학교에서는 한글을 가르치는 곳이 거의 없었습니다. 오히려 한일합방 후 총독부 관료들이 초등학교(**당시 보통학교**) 때부터 한글 교육을 실시한 것이 더 체계적이고 효과적이었습니다. 하지만 이런 사실을 말하는 분들은 보기 힘듭니다. 감히 그런 주장을 한다면 누구든 매스컴에서 논란이 되고 즉각 사회에서 매장되기 때문입니다.

앞에서도 언급했다시피 헐버트는 조국인 미국의 제국주의를 비판한 적이 한 번도 없습니다. 그는 1898년 미국이 스페인을 패퇴시키고 식민지인 필리핀, 괌, 푸에르토리코, 쿠바를 미국 영토로 편입하자 이를 매우 자랑스럽게 생각했습니다. 1899년부터 1902년까지 필리핀에서 미국에 저항하다 학살과 기근으로 사망한 민간인은 20만 명 이상으로, 3.1운동 당시 희생자 수와 비교도 되지 않을 만큼 참혹했습니다. 1899년 미국-필리핀 전쟁 직전에 헐버트는 그의 부모에게 보낸 편지에 이렇게 적고 있습니다.

"우리는 쿠바 부근에서 미국이 스페인을 함락하였다는 소식을 듣고 기뻤습니다. 듀이(Dewey)와 샘슨(Sampson) 제독은 이제 누구나 아는 이름이 되었습니다. 전쟁은 대충 끝난 듯하지만 한가지 의문은 우리의 전리품(식민지) 처리에 대해 유럽 열강들이 뭐라 할지 궁금하다는 것입니다. 저는 미국이 필리핀을 우리 것으로 만드는 데 난관이 있거나, 다른 쪽에 넘겨줄까 두렵습니다. 만약 (필리핀 사수가) 결과적으로 미국의 좁은 외교정책을 버리고, 앵글로색슨 간의 대연합을 완성하는 계기가 된다면 기쁘기 한량이 없을 것입니다. 제 생각에 미국은 필리핀을 지키고 있어야 합니다." [95]

---

[95] 헐버트가 부모에게 보내는 서신, 1898년 7월 10일. 한국독립운동정보시스템. 이 번역은 오역이 많아 원문을 보며 번역을 일부 수정하였다.

자, 그렇죠? 미국은 어떠한 일이 있어도 필리핀을 식민지로 삼는 데 주저함이 없어야 한다는 게 그의 생각입니다. 일본이 다른 나라를 식민지 삼는 것은 불법인데, 미국의 영토 확장은 자랑스럽다는 그분에게서 인류애나 어떤 보편적인 상식을 읽을 수 있나요? 과연 우리 아이들이 본받을 만한 사람일까요? 그렇다고 생각하는 분들은 아마 거의 없을 겁니다. 자료의 편향성이라는 것은 이렇게 무서운 것입니다. 좋은 것만 보여주면서 위대한 인물로 둔갑시키는 것은 교회나 관련 단체라면 몰라도, 국가가 앞장서서 미화하고 훈포장을 남발하는 것은 매우 경솔한 짓입니다.

헐버트는 선교사였지만 육영공원 교사의 신분으로 내한했습니다. 하지만 부임 후 5년 만인 1891년에 정부와의 갈등 끝에 사직하고 한국을 떠납니다. 학생 수 감소, 수업시간 단축, 급여 문제 등 현실적인 부분에서 서로 생각의 차이가 컸던 탓이죠. 그가 가족에게 쓴 편지를 보면 속사정이 그대로 드러납니다.

몇 가지 예를 들자면 급여 인상 문제, 잦은 임금 체불[96], 사택을 독일 영사에게 넘겨주어야 하는 등 여러가지 불만이 누적되었던 것으로 보입니다. 물론 성직이든 교직이든 땅 파먹고 살 수는 없는 노릇이라 적정 수준의 급여와 근무조건이 보장되어야 하는 것은 맞습니다. 하지만 헐버트가 근무조건 문제로 정부와 갈등을 빚다 사직을 한 것을 ①학생들이 학업에 열성을 보이지 않아서 ②수업시간 단축 등 정부의 운영방침에 항의해서 ③정부가 육영공원을 축소(**또는 폐쇄**)해서 사직한 것처럼 다른 사유를 갖다 붙이는 것은 본질을

---

[96] 당시 미국인 교사의 임금은 해관(海關) 수입에서 지급하는 것으로 규정되어 있었다. 그러나 당시 조선의 해관 수입은 정부 대외차관의 원리금을 상환하는 데 주로 사용되었으므로, 육영공원 교사들의 임금 지불은 자주 체불되었다. - 출처「육영공원[育英公院] - 신지식으로 무장한 관리를 양성하다」, 국사편찬위원회 우리역사넷 온라인 자료.

호도하는 것이며, 그의 선의(善意)를 강조하기 위한 핑계에 불과합니다.

헐버트는 육영공원을 떠나면서 "여기를 그만두게 되어 기쁘다. 나 없어도 여긴 잘 돌아갈 거다. 벙커가 계속 남아 있긴 하지만 그는 친구도 없고 한국어를 전혀 못하기 때문에, 학생들을 잘 가르치진 못할 거다. 이곳에 남기로 한 그가 전혀 부럽지 않다" 따위의 '망해라' 수준의 악담을 하고 떠납니다.[97] 학교를 관두기 이미 2년 전부터 자신은 이 열악한 환경에서 계속 근무할 생각이 없으며, 한국 정부가 봉급을 올려주지 않는 한 더 이상 머무르지 않겠다는 의지를 피력한 상태였습니다. 서울에서는 생활비가 너무 많이 드는 데다, 물자 공급이 생각 외로 더디었기 때문에 살기 불편한 이유도 한몫했습니다.

> 왕은 우리 학교(육영공원)를 계속 운영하고 싶어해서, 이 문제를 한국인 관리에게 맡겨 처리하려는 모양이다. 미국인 목사가 자문을 해 줄 것이고, 계속 질질 끌던 이 문제는 조정될 것이다. 나는 열악한 이곳 환경에서 머무를 생각이 없으니 그들이 봉급을 괜찮게 주지 않는 한 머물지 않으려 한다. 왜냐하면 동양에서 사는 것은 너무나도 비용이 많이 들기 때문이다. … (중략) … 그러니 이 곳에서 3천 달러의 봉급이 고향에서 1500달러를 받는 것만 못하다.[98]

> 한국에서의 삶은 저에게 결코 더 가치 있는 삶이 아닙니다. 그리고 그 때가 오지 않는 이상, 한국에서 산다는 것은 떠나고 싶은 마음을 억지로 누르며 버티는 것과 마찬가지 기분일 것입니다(like pulling eye teeth). 짐작하셨겠지만, 저는 내년 여름이 어

---

[97] 헐버트가 Henry Hulbert에게 보낸 편지, 1891년 12월 17일, 「독립운동가자료 헐버트 서신류」, 한국독립운동정보시스템.
[98] 헐버트가 여동생 Anne Hulbert에게 보낸 편지, 날짜 불명(1889년 3월경 추정), 한국독립운동정보시스템.

서 왔으면 좋겠습니다.[99]

이처럼 자신과 가족의 생존 문제에 급급했던 그가 과연 한국인보다 더 한국을 사랑했을까 하는 합리적 의심이 듭니다. 몇 마디의 립 서비스로 우리에게 감동을 주었을지는 몰라도, 실제로는 본인 손해를 감수하면서까지 희생하려 들지 않았기 때문에 그의 진정성은 한계가 있을 수밖에 없습니다. 그에게서 느껴왔던 위대함은 단지 우리의 일방적인 집착이 빚어낸 환상일 뿐이죠.

만약 그가 우리에게 일말의 연민이 있었다면 떠난 이후 학교에 남은 학생들을 걱정해야 했고, 학교가 파행적으로 운영되는 것을 막기 위해 다른 선교사들을 설득해서 교육이 계속 이어지도록 했어야 맞습니다. 그러나 그는 그렇지 않았습니다. 좋게 말하자면 매우 합리적인 사람이었고, 다른 한편으로는 매우 계산적인 사람이었던 것입니다. 그는 떠나는 순간까지 이사 비용 계산을 두고 공사관과 씨름했습니다. 가재 도구는 동료 선교사들에게 비싸게 되팔았으며, 어디 받아야 할 돈은 없는지 한 푼 한 푼 챙기고 있었습니다. 그것을 나쁘다고 할 수는 없지만 그의 진면목이 드러나는 부분이 아닐 수 없습니다.

그가 육영공원 교사로서 봉급도 밀려가며 개고생을 하는 동안, 수완이 좋은 다른 선교사들은 은밀히 각종 수익사업을 통해 짭짤한 재미를 보고 있었습니다. 하지만 헐버트는 가지고 온 돈이 없었으므로 일을 벌이기는커녕 당장 먹고 사는 일, 주택을 수리하는 일도 버거운 처지였습니다. 게

---

[99] 헐버트가 부모에게 보낸 편지, 1902년 10월 26일, 한국독립운동정보시스템.

다가 그는 미국의 가족들에게도 적지 않은 돈을 송금했습니다. 급여가 자주 밀렸기 때문에 여기저기서 연 30~60퍼센트의 고리돈을 빌려 썼습니다. 당장 필요한 살림살이 구입과 생활비도 겨우 해결하는 상황이었으므로 사는 게 몹시 빠듯했던 모양입니다.

그렇게 내핍을 견디며 고생한 그는 정상적인 봉급으로는 돈을 모으기 힘들다는 것을 깨닫게 됩니다. 고생만 하고 별다른 소득을 얻지 못한 채 한국을 원망하며 떠났던 그는 1893년 선교사의 신분으로 2년 만에 다시 입국했습니다. 하지만 이전처럼 쓸데없는 곳에 에너지를 소비하지 않고 모든 활동을 비즈니스의 연장선으로 간주하게 됩니다. 그리고 이러한 노력으로 상당한 재산을 모았습니다.

예컨대 역사책을 출판하는 경우 어디서 몇 부를 팔 수 있고, 인세는 얼마인지, 판권의 소유는 어디로 할 것인지를 먼저 계획하고 실행에 옮기는 것입니다. 또한 한국의 문화재나 정신문화, 풍습 등의 연구는 한국을 사랑해서가 아니라 장차 미국으로 돌아갔을 때 관련 학위 취득이나 전문 연구자로서 커리어를 쌓기 위한 방편으로 여겼습니다. 즉, 오로지 자기 자신의 장래를 챙기기 위한 투자였을 뿐입니다.

그가 참여한 삼문출판사의 경우 거기서 종교 서적이나 선교 잡지만 찍어낸 것이 아니라 조선 관리들의 명함이나 유료 잡지, 신문, 전단지도 찍어 댔습니다. 이것이 짭짤한 수입원이 되었습니다. 또한 정부와 독점 계약하여 수만 권의 책을 움직였기 때문에, 출판사로 흘러 들어오는 돈이 해외 선교부의 자금보다 크다고 헐버트 스스로 흡족해하기도 했습니다. '그럴 리가 있나?' 하고 호통을 치는 분들은 다음의 편지들을 보시기 바랍니다. 헐버트가 가족들에게 보낸 편지입니다.

> 저의 책들은 시장에 내놓게 되면 상당한 액수가 남게 될 것입니다. 저의 중국어로 된 한국 역사책은 작년 동안의 투자로 100%의 순익을 올렸고 매년 그렇게 될 것입니다. 지금은 가을 학기 개강을 위한 책들에 투자하고 있습니다. … (중략) … 저는 이곳에서 다양한 사람들을 위한 교과서를 출판하는 일을 하려고 합니다. … (중략) … 저는 출판사업에 자금을 조달하여 이윤을 창출할 것입니다. 대부분의 경우에 한국인들은 어떤 로열티도 요구하지 않고 다만 그들의 책들이 인쇄되어 어떻게 사용되는지 그것만 관심이 있습니다. 저는 최소한의 생활을 위한 소득을 창출할 수 있도록 이 책들에 투자함으로써 기초를 다질 것이고, 이곳의 사람들은 그것이 매우 유용하게 될 것이라 생각하기 때문에 모든 방면에서 저를 도와줄 것입니다. 만약 제가 재산의 일부를 판다면 저는 이 교과서 사업에 많은 돈을 투자할 것입니다.[100]

> 나는 내 조선어 책을 막 끝내고 있지만, 그것을 출판하고 나면 여전히 문법을 완성해야 하고, 이는 족히 1년 이상은 걸릴 것이다. 내 생각은, 매달 250달러에 4년간 계약을 하고, 정치경제학과나 아마도 영문학 교수직에 적합할 수 있도록 스스로에게 많은 시간을 투자하는 것이며, 아울러 대중 앞에 내가 합당한 지위를 얻거나 그에 걸맞은 사람이라는 것을 보여줄 수 있도록 잡지사에 글을 기고하는 것이다. 지금은 내가 어떤 인정을 받기에는 너무 젊고, 만일 고향에 되돌아가 무언가 좀 더 나은 일을 준비할 수 있도록 이곳에서 나 자신에게 여가 시간도 활용하면서 돈벌이가 되는 직책

---

[100] 헐버트의 부모님께 보낸 편지, 1900년 10월 26일, 한국독립운동정보시스템.

을 유지할 수 있다면, 나에게 최선이라고 생각한다.[101]

저는 지금 제가 마음먹은 일을 하기 위해서 얻어야 할 지위에 도달하기 위해 가시적인 무언가를 성취할 수 있을 만큼 오랫동안 이곳에 머물고 싶습니다. 저 자신이 조선인들에게 아주 가치 있는 사람이 되어 그들이 저를 떠나도록 놔둘 수 없게 할 것입니다. 제가 맡은 문법 관련 작업이 현재의 계약기간 끝까지 저의 나머지 시간을 모두 차지할 것이지만, 저는 종교적인 작품들은 언급하지 않고 역사, 지리학, 정치경제학, 국제법 같은 다양한 작품들을 계속 조선어로 번역하고 싶습니다.[102]

하지만 이런 일들은 헐버트 개인 재산을 늘려주지 못했습니다. 그는 부임한 지 4년 만에 삼문출판사를 사직하고 부동산 투자에 집중하기 시작했습니다. 당시에는 외국인이 개항장 밖에서 부동산을 소유하는 것을 금지했기 때문에, 조선인 명의로 차명 투자하는 것이 관행이었습니다. 헐버트의 경우 예를 들어 낡고 헌 집을 사들여 서양식으로 개조한 후 프리미엄을 붙여 되파는 방식으로 이익을 챙긴 것으로 보입니다. 일제의 자료에 따르면 헐버트는 무일푼으로 건너와 십 수만 원에 이르는 재산을 일구었다고 합니다.[103] 그가 얼마나 많은 부동산을 소유했는지 알 수 있는 자료는 없으나, 일제의 보고서를 보면 그가 여러 채의 부동산을 거래하고 있으며 남산 일대에 병원 건물을 소유하고 있었습니다.[104] 또한 경성 시내 중심가에 약 3~4천 평에 달하는 토지를 보유하고 있었습니다.[105] 이는 그의 재산 중 극

---

101 헐버트가 Henry Hulbert에게 보낸 편지, 1890년 12월경 추정, 한국독립운동정보시스템.
102 헐버트가 부모에게 보낸 편지, 1889년 1월 27일, 한국독립운동정보시스템.
103 「米國人「ハルバート」歸國ニ關スル件」, 機密統發 제51호, 1907년 5월 9일, 국사편찬위원회.
104 南山町 1-8번지 池田病院은 헐버트 소유로 보인다. 「"ハルバート"ニ關スル件」, 憲機第1725號
105 「朴勝來와의 親分이 있는 '어빙'에 관한 件」, 來電 794號, 統監府文書 4권, 46쪽.

히 일부에 불과했습니다.

　일본의 조선 침탈이 노골화되면서, 조선인들은 혹시라도 재산을 빼앗길까 봐 외국인인 헐버트에게 명의를 이전했다고 합니다. 동전 한 푼에 땅을 매매한 것처럼 계약을 맺고 헐버트에 위탁한 것입니다. 계약서상으로는 매도자가 물건을 인도하지 않은 채 계속 점유할 수 있고, 또는 원한다면 원래의 매도 가격 그대로 재매수할 수 있도록 해놓았죠. 하지만 가장(假裝) 매매로 인해 송사가 끊이지 않았으며, 때로는 헐버트 자신이 원고로 참여하기도 했습니다. 이런 허위 통정매매에 성직자가 가담하고 있었다는 것은 아무리 선의로 한 일이라고 하지만 성경의 가르침에 충실한 것인지 의문입니다. 더욱 심각한 것은 일제의 통치가 길어지면서 이때 취득한 부동산을 원소유자들에게 모두 돌려주었는지도 불분명하다는 것입니다.

　한 자료에 따르면 헐버트는 한 부셸(bushel)의 통을 채울 수 있을 만큼 많은 땅 문서를 가지고 있으며, 알렌은 헐버트가 '부동산 투기에 어느 정도 빠져 있는 사람'으로 적고 있습니다.[106] 부셸이라는 것은 미국과 영국에서 오래전에 사용한 일종의 부피를 재는 단위인데, 대략 35리터 정도 됩니다. 즉, 2리터짜리 생수병을 아홉 개씩 두 줄로 늘어놓은 크기에 해당합니다. 궁지에 몰린 사람들에게 헛된 희망을 주고 돈을 쓸어 담는 경우는 많이 보아왔는데, 헐버트는 어떻게 이 짧은 기간 동안 한국인들의 땅문서를 쓸어 담을 수 있었는지, 그 능력 한 수 배우고 싶습니다.

---

[106] 헐버트의 소문과 관련하여서는 류대영, 『초기 미국 선교사 연구(1884~1910)』, 한국기독교역사연구소, 2001년, 239쪽 참조.

[그림] 호머 헐버트의 호화로운 저택 아래로 빈천한 조선인 여성들이 빨래를 하고 있는 모습이 대조적이다. 이 주택은 한국 정부에서 미국 공사로 부임한 윌리엄 샌즈(William Franklin Sands)를 위하여 1만 2,000달러에 매수했다. 헐버트는 부인 메이에게 편지를 써서 좋은 가격에 팔았다며 기뻐했다고 한다.

    헐버트 옹호론자들은 한국민이 맡긴 땅문서를 보관하고 있었을 뿐이라고 합니다. 하지만 헐버트는 부동산 관련 분쟁이 잦았으며, 미국 공사관이 개입한 것만 해도 한두 번이 아니었습니다. 그가 한국에서 완전히 떠난 1907년에도, 심지어 1909년에도 대리인 벙커 선교사를 내세워 부동산 관련 송사는 지속되었습니다. 그런데 문제의 부동산들은 모두 차명거래였으며, 명의인과 실제 소유자가 다르고 저당권까지 설정된 복잡한 물건들이어서 쉽게 결론이 나지 않았습니다.[107]

---

[107] 1909년 일본인 하타(畑彌右衛門)와의 소송이 그 대표적 예이다. 그 외에도 토지매매와 관련하여 한인들과의 분쟁이 한두 건 있었던 것으로 보인다. 「注意人物 (海牙密使事件) 米國人 'ハルバート'」 憲機第1703號, 統監府文書 6卷, 국사편찬위원회(1999년), 349쪽.

그뿐 아니라 헐버트는 이렇게 부동산 거래로 벌어들인 자금원으로 조선인과 일본인들에게 고리의 사채를 빌려주거나 이를 중개한 사실이 몇몇 자료에서 확인됩니다.[108] 그가 부인 메이에게 쓴 편지를 보면 이자놀이로 재산을 증식해 온 것과, 채무를 이행하지 못한 사람들에게는 그가 농민이든 고위 관리이든 소송과 강제집행을 통해 회수했다는 사실을 알 수 있습니다. 심지어 그 중에는 절친했던 동료 선교사 빈튼도 포함되어 있습니다. 빈튼이 자신에게 갚기로 한 돈을 상환하지 못하고 귀국하자 헐버트는 빈튼의 남은 재산을 추적한 후 차압하고, 이를 임의 처분하는 방식으로 변제에 충당했다는 내용도 보입니다. 그 정도로 헐버트는 돈에 관해서는 유대인 샤일록을 연상케 할 정도로 철두철미한 처세를 보여줍니다.

> 나에게 7백 엔을 빌렸던 밀러(Millers) 부부와 김씨를 만났고 지금은 그 빚의 합산이 8백 엔을 넘는다오. 그는 요즘 일이 잘 풀려간다고 했고 내 돈을 10월 10일까지 갚을 수 있다고 했소. 남문 안쪽에 있는 집에 묶여 있는 6백 엔은 안전하고 내가 원하면 바로 얻을 수도 있다오. 김씨와 오하라(O´Hara)가 지방에서 논에 (150엔 상당의) 수리를 마치자 마자 내게 전화를 해서 보고했소. 그 논들은 7백 달러 정도의 가치가 있는데, 지금 당장 현금화할 수는 없다오. 한두 해 정도 가지고 있는 것이 훨씬 나을 것이오. 그 동안에 7천 엔의 12%인 850엔 정도의 수익을 낼 것이오.… (중략) … 하타(Hata)가 양도 한 내 부동산을 확인해보니 흥미로운 사실이 있었소. 약 20채의 집이 들어선 뒤쪽으로 갈 수 있는 유일한 출구는 내 땅을 통할 수 밖에 없다오. 30일

---

[108] 헐버트는 미국 총영사대리 쿠르드를 통하여 종1품 민영주(閔泳柱)에게 대여한 4,000원의 변제를 독촉했던 사실이 있다. 변제가 불가능하자 경성지방재판소에 민사소송을 제기했다. 「駐韓美國總領事代理와 '헐버트'와의 關係 探知報告」, 憲機第2017號, 統監府文書 6卷, 국사편찬위원회(1999년), 404쪽.

날 즉시 그 승인을 받을 것이오.[109]

오늘은 피어터스(Pieters) 댁에 갔었는데 피어터(Pieter) 씨가 빈튼(Vinton) 씨 소유의 약 4백엔을 가지고 있다는 것을 알게 되었소. 웸볼드(Wambold) 여사가 그 중에 2백 엔을 요구하고 있소. 53개 상자 분량의 벽지도 있고 많은 가구들도 있소. 오늘 영사관에 가서 빈튼(Vinton)이 나에게 빚진 1,200엔을 확보하기 위해서 그의 가구 위에 붙일 수 있는 차압영장을 발급받았소. 그보다 훨씬 많은 액수를 빚진 것일 수도 있지만 정확한 액수를 알아낼 방법이 보이지 않소. 1,200엔이 내가 확실히 알고 있는 액수인지라 차압영장을 그 액수로 적었소. 우선은 4백 엔을 차압하고 웸볼드(Wambold) 여사에게 그 중에서 2백 엔을 줘야겠소.[110]

나에게 빚진 다른 사람들은 모두 돈을 갚을 계획을 만드느라 바쁘니, 나는 빚진 돈을 거의 받을 수 있을 거라는 확신이 드오. 나는 빈튼(Vinton)의 재산을 악착같이 받아낼 생각이기 때문에, 최소한 그가 가지고 간 1,200달러의 일부라도 받으려고 하오. 그리고 머지않아 그 중 800달러를 가질 수 있소.[111]

헐버트가 처음부터 일본에 반감을 가졌던 것은 아닙니다. 그는 러일전쟁 당시만 해도 러시아의 남하를 막아야 한다고 봤으며, 일본의 승리를 내심 바랐습니다.[112] 미국의 입장에서 보자면 러시아보다는 일본과의 거래에서 좀 더 많은 기회를 가질 수 있을 것이라 본 것이지요. 이렇게 돈에 집

---

[109] 헐버트가 아내 메이에게 보낸 편지, 1909년 8월 12일, 한국독립운동정보시스템.
[110] 헐버트가 아내 메이에게 보낸 편지, 1909년 9월 20일, 한국독립운동정보시스템.
[111] 헐버트가 아내 메이에게 보낸 편지, 1909년 9월 27일, 한국독립운동정보시스템.
[112] 헐버트의 러일전쟁 발언에 대한 자세한 서지 사항은 류대영, 『개화기 조선과 미국 선교사』, 한국기독교역사연구소, 2004년, 427쪽 참조. // 언더우드 역시 헐버트와 같은 생각이었던 것으로 보인다. 그는 러일전쟁이 장애가 되기보다는 이익이 되도록 할 방도를 찾아야 하고, 또 미국이 중국과 러시아 사이의 문제에 개입해 러시아를 만주에서 철수시켰듯이 미국이 이제 이 동양의 모든 문제에 (계속)

착했던 헐버트가 갑자기 일본에 반감을 가지기 시작한 이유는 무엇일까요? 단순히 우리 역사학자들의 주장처럼 그의 불타는 정의감 내지 약소국에 대한 동정심 때문이었을까요? 천만의 말씀입니다. 위에서 살펴보았듯이 헐버트는 조국인 미국의 약소국 침탈이나 영토 확장에 매우 자부심을 느꼈던 사람으로서 이런 선입견은 아무런 의미가 없습니다.

그렇다면 한국과 오랜 인연 때문에, 혹시라도 한국만큼은 다른 약소국과 달리 동정심이 작용했을 가능성도 고려해 볼 수 있겠죠. 그런데 과연 그럴까요? 미국 기업들이 월 3달러 정도의 형편없는 저임금으로 한국인 노동자들을 부려먹으며[113] 우리 광산 자원을 열심히 털고 있을 때, 이 기회를 가장 노렸던 사람이 헐버트였습니다.

그는 자신의 저서 《The passing of Korea》를 통해 한국에서의 금 채굴 방식을 소개하고, 후진적 채굴 방식으로 인해 비용이 많이 든다는 점을 기술하기도 했습니다. 그가 관여했던 선교잡지 《The Korea Review》나 그 전신인 《The Korean Repository》에는 한국의 자원개발에 대한 미국 기업의 관심을 촉구하는가 하면, 건강하고 다루기 쉬운 한국인 광부들을 저렴한 비용으로 고용할 수 있다는 기사들이 게재되기도 했습니다.[114] 그러던

책임있는 자세를 가져줄 것을 매우 희망한다면서 미국의 개입을 바랐다. 이에 관해서는 언더우드가 1903년 11월 26일 엘린우드(Frank F. Ellinwood)에게 보낸 편지 참조. 이향순, 앞의 논문, 250쪽.
[113] 이 시기 운산금광에는 한국인 광부들이 3,000여 명 고용되어 있었는데, 이들에게 1년간 지불하는 비용은 10만 달러밖에 안 되는 저임금이었다. 이는 1인당 월 3달러 수준의 저임금이었으며, 日本人 임금의 1/2~1/3, 서양인의 1/18에 그치는 낮은 수준이었다. -이혜경, 「구한말 개신교 선교사의 경제활동」, 한성대학사학회, 漢城史學5권, 1988년, 72쪽.
[114] 이에 대해서는 이혜경, 앞의 논문 67~69쪽 및 72쪽 각주 참조.

중 미국 공사였던 알렌의 노력으로 마침내 미국 기업들이 한국 광산 채굴권을 얻어내는 데 성공합니다. 을사보호조약 당시 자결하는 바람에 일약 우국지사가 된 민영환에게 뒷돈을 먹여 고종에게 로비를 했으며, 그 결과 알짜 금광을 차지한 것이죠. 일제는 헐버트 개인에 대한 정탐보고서를 통해 그가 반일감정을 갖게 된 연유를 다음과 같이 분석하고 있습니다.

> 위 헐버트라는 자는 당초 무일푼으로 한국에 건너와 경성에 거주하기를 20여 년, 그간 교사로서 또는 신문 사업에 관여하여 토지의 매매, 기타 각종 방법으로 십 수만 원의 재산을 마련하였습니다. 러일전쟁 후 한국이 불운에 빠지게 되자 같은 나라 사람인 콜브란과 보스트윅 등이 운영하는 기업이 불리한 상황 처한 것에 분개하여 궁정 요인과 전술한 미국인 2명 등의 의견(內意)을 듣고 일본을 비난하는 데 힘을 쏟은 바, 그가 유럽에 있든지 미국으로 돌아가든지 상관없이 여전히 일본에 불리한 언동을 감행하는 것은 필연적이라고 생각됩니다. 위를 참고 삼아 말씀드립니다.[115]

우리는 이 부분을 눈여겨봐야 할 필요가 있습니다. 콜브란, 보스트윅, 모오스 등 미국 사업가들이 한국에 진출하여 전기·수도·광산·전철·가스 등 각종 이권사업을 따내고 우리나라를 털어먹고 있을 때, 헐버트는 이 사람들이 관계한 기업의 주식을 사들였고 배당 수익을 챙겨왔습니다. 이 사람들은 미국 공사대리였던 알렌의 주선과 개입으로 주변국의 눈을 피해가며, 뒷거래와 커미션으로 얽힌 난잡한 계약이 빌미가 되어 뒷감당을 해야 하는 처지가 됩니다. 여기서 한성전기회사나 운산금광 등 이들의 거래 내용을 소상히 거론하는 것은 어려울 것 같습니다만, 중요한 것은 한국인보다 한

---

115 「米國人 'ハルバート' 歸國ニ關スル件」, 機密統發第五一號, , 統監府文書 2卷, 국사편찬위원회 (1999년), 106쪽.

국을 더 사랑했던 헐버트가 이들에 편승하여 재산적 이득을 취했고, 이들 기업의 경제적 침탈 행위에 적극 가담했다는 사실입니다.

한국의 정세가 지속적으로 악화되면서 마침내 일본이 외교 및 시정 전반을 섭정하는 바람에 헐버트의 계획은 차질을 빚게 된 것입니다. 일본의 간섭과 방해로 한국에 투자했던 미국 기업들은 입지가 크게 위축되었으며, 향후 한국에서의 사업 전망은 매우 불투명해졌습니다. 헐버트가 일본에 반감을 가지게 된 주된 이유는 여기서 시작되었다고 봐야 합니다. 혹자는 너무 지나친 비약 아니냐며 냉소할지도 모릅니다. 하지만 헐버트가 가족들에게 보낸 편지에는 자신이 금광에 투자하고 있으며, 향후 수익에 대한 낙관적인 전망을 전하고 있었다는 점에서 전혀 근거가 없다고 할 수는 없습니다.

> 저는 한국에서 금광에 투자했는데, 그 일과 관련된 좋은 소식을 들었고, 머지않아 그로 인해 수익이 들어올 것 같군요. 여하튼, 저는 제가 할 수 있는 최선을 다 하고 있습니다.[116]

> 금광이 잘되고 있다는 최상의 보고를 받았고 우리가 한 투자가, 비록 작기는 하지만 꽤 좋은 수입을 벌어 줄 것을 확신합니다. 원하기만 한다면 내 2천 달러 상당의 주가를 7천 달러에 팔 수 있지만 난 그러지 않을 것입니다.[117]

> 갑산(甲山)의 구리 탄광은 좋은 상황에 있고 그 주권의 일부는 내가 가질 수 있을 것으로 보이오. 주권 발급 신청을 해 줬았소.[118]

---

[116] 헐버트가 부모에게 보낸 편지, 1910년 3월 20일, 한국독립운동정보시스템.
[117] 헐버트가 아내 메이에게 보낸 편지, 1909년 8월 31일, 한국독립운동정보시스템.
[118] 헐버트가 아내 메이에게 보낸 편지, 1909년 8월 5일, 한국독립운동정보시스템.

구한말 개항 이후 미국에 의한 경제적 침탈 수준은 러시아나 일본, 독일에 비하면 심각한 정도는 아니었습니다. 하지만 이들이 철수하면서 대부분의 사업체를 일본에 매각하고 갔기 때문에, 결과적으로는 우리에게 큰 피해를 입힌 셈입니다. 헐버트는 한국에 대한 애정이 지나쳐서 미국의 경제적 식민지가 되는 수준까지 바랐던 것일까요?

헐버트는 자신이 발행하던 잡지의 기고문을 통해 이렇게 말합니다. '이 위대한 산업체는 이 북부지역(**평양**)에 물질적 풍요를 이루는 데 큰 영향을 미쳤다. 자금은 풍부해졌고, 각계각층의 노력도 효과적이었다. 이 사업들이 만약 양허(**讓許**)되지 않았더라면, 이 모든 것을 잃어버렸을 것이다.'[119] 즉, 미국에 의한 금광 개발이 결과적으로는 지역민들에게 큰 혜택을 베푼 것으로 생각하고 있었던 모양입니다. 그랬던 그가 무슨 문제의식을 가지고 있었을까요? 일본이 하면 안 되는데, 미국이 하면 괜찮았던 모양입니다.

헐버트는 아무런 능력도 없으면서 고종에게 접근하여 호감을 샀습니다. 망국의 위기에 처한 왕에게 썩은 동아줄이 되어준 것은 감사하지만, 막대한 비자금을 활동비로 받아쓰고 이렇다 할 성과를 보여주지 못했습니다. 그가 신심(**信心**)으로써 최선을 다했지만 결과가 안 좋았던 것일까요? 아니면, 고종은 외양이 번드르르한 외국인에게 농락당한 것이었을까요?

백 번 양보해서 그의 애정에 진정성이 있었다 해도 헤이그밀사사건 이후 일본이 우리를 보호국화하는 단계에서는 사실상 한국에 관심을 거의 끊다시피 했으며, 국내에 남겨진 자기 재산 정리에 바빴다는 것을 우리는

---

119 「The New Century...'Pyung-yang'」, The Korea Review , Vol. 1, 1901. Jan, p.59. 이혜경, 앞의 논문 74쪽에서 재인용.

냉정하게 평가해야 할 필요가 있습니다. 요약하자면 헐버트는 한국인보다 한국을 더 사랑한 적 없습니다. 다만, 그는 자신의 안위와 먹고 살 일을 더 걱정했으며, 매사 돈벌이에 몰두했던 사람으로서 우리가 그토록 추앙하거나 존경을 바쳐야 할 인물인지 다시 한번 생각해 보셨으면 합니다.

3장
러시아 간첩과 내통한 언론인 베델

1.
한국의 불행을
재기의 기회로 삼았던 언론사업가

이번 챕터에서는 항일 언론인으로 널리 알려진 어니스트 베델(Ernest Bethell)에 대해 알아보기로 합니다. 네이버 웹사전에서 이 분에 대해 검색해 보면 '일제 침략에 맞서 싸운 영국 언론인'으로 요약되어 있으며, '나는 죽을지라도 **(대한매일)**신보는 영생(永生)케 하여 한국민족을 구하라', '언론을 통해 항일의 목소리를 높인 영국인', '1883년 이후 오늘까지 130여 년간 한국인들에게 가장 깊은 신뢰와 존경을 받은 영국인' 등등 왠지 가슴이 웅장해지는 찬사들로 빼곡합니다. 북한과 중국에서나 볼 법한 이런 식의 인물 추앙은 이제 식상할 때도 되지 않았습니까? 단지 일본에 각을 세운 것 말고 존경받을 만한 인품의 소유자였는지, 그 외 다른 업적이 있는지 미처 궁금해하기도 전에 닥치고 찬양하라는 식의 강요를 당하는 기분입니다. 어쩌면 인물에 대한 평가가 이렇게 단순하고 천편일률적일 수가 있을까 싶습니다. 몇 가지 사실로 책 한 권을 뚝딱 만들어내는 이 나라의 학자들에게 새삼 존경심을 느낍니다.

베델은 아버지를 따라 일본에 와서 무려 16년간 일본 거류지에서 살았었죠. 인생의 절반을 일본에서 산 셈입니다. 1904년도까지만 해도 일본 고베에서 러그 생산 공장을 9개나 돌리며 사업을 하던 분이었고, 일본에서 사교클럽까지 운영하는 등 고베 지역의 명사로 잘 먹고 잘 살다가 러일전쟁 이후 갑자기 돌변하여 항일투사가 된 분이기도 합니다.

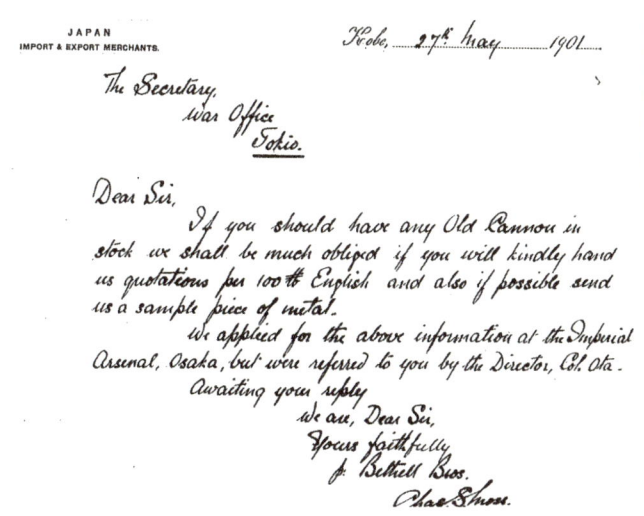

[그림] 일본 육군성으로부터 구형포 5톤을 매입하고자 했던 베델 회사의 견적의뢰서

즉, 일본에서 사업을 말아먹고 한국으로 도망치듯 건너온 뒤 불과 5년 만에 우리 역사의 한 페이지를 장식하는 입지전적인 인물이 된 것입니다. 뭔가 이상하지 않습니까? 앞에서 살펴본 헐버트도 그렇지만, 우리와 쥐뿔도 상관없는 외국인들이 어느 날 갑자기 제3자인 타국을 위해 몸을 던지며 희생하고 투사가 되었다면 그 동기와 진정성을 의심해 보는 것이 순서인 것 같습니다. 그런데 우리는 그렇게 하지 않죠. 우리 학자들은 일본과 싸운 사람이면 아무런 고민 없이 영웅이나 위인 대접을 해줍니다. 그 사람

이 누구든 상관없이, 공산주의자이든 마적이든, 강도나 사기꾼이든 중요하지 않은 것 같습니다.

'나는 죽을지라도 신보는 영생케 하여 한국 민족을 구하라'는 이 비장한 말은 베델이 죽기 전에 남긴 유언으로 널리 알려져 있습니다.[120] 베델을 평가하는 언론 기사나 책들을 보면 이 문구가 반드시 들어가 있습니다. '봐라. 죽어가는 그 순간까지 얼마나 우리 민족의 장래를 걱정했고 헌신했던 위인인가'를 웅변적으로 말하고 싶었을까요? 하지만 베델은 당시 심장병이 악화되어 중태였던 상태로 KBS 대하사극 엔딩 장면에서나 볼 법한 이런 신파조의 유언을 남겼는지는 확실치 않습니다. 이 유언은 베델이 사망하고 5일째 되는 날, 양기탁이 마치 그런 유언을 직접 들은 것처럼 대한매일신보에 기사로 썼는데, 사실상 그 유언의 존재는 오직 양기탁 한 사람의 주장 외에는 확인할 길이 없습니다.

본래 유언이라는 것은 고인의 온전한 정신이 남아 있을 때 가족들에게 먼저 하는 법이고, 주변인들에게는 자신의 신변정리와 뒤처리를 부탁하는 것이 보통입니다. 그런데 그런 과정 없이 뜬금없이 양기탁에게 신문사를 유지할 것과 한국 민족을 구하라고 했다는 것은 생뚱맞기 짝이 없습니다. 베델은 부정하게 유용된 국채보상운동기금을 즉시 반환하라는 우리 측 인사들의 요구를 묵살할 정도로 뻔뻔하고 타산적인 인물이었기 때문에 죽는 순간까지 그렇게 각별하게 우리 민족의 장래를 걱정했을지는 매우 회의적입니다. 실제로 그는 2차 재판이 있기 직전, 신문사 대표직을 영국인 만

---

[120] 양기탁은 대한매일신보 1909년 5월 5일 〈론설〉에서 당일 날 베델이 자신의 손을 붙잡고 유언을 남겼다고 하였으나, 1909년 5월 8일 〈배설공의 행장(續), 공의 유언〉에는 사망 전날 유언을 남겼다고 하여 유언을 남긴 일자가 다르다.

함에게 넘겨 버렸는데, 이것은 본인이 추방될 것을 대비해서 자신의 재산을 정리하려는 시도였습니다. 이때 신문사는 사실상 거의 껍데기만 남은 상태였는데도 말입니다.

늘 생활이 곤란했던 만함은 베델이 사망한 후 1년 만에 이 신문사를 700파운드를 받고 일본 측에 넘겨 버립니다. '신보를 영생케 하라'는 베델의 유언이 정말 사실이라면, 그의 유지를 받들어야 할 사장 만함이나 양기탁, 그리고 베델의 가족들은 신문사가 일본으로 넘어가는 것을 필사적으로 막았어야 했습니다. 그런데 아무도 그러지 않았죠. 일제의 기밀문서에는 베델이 사망하기 전날 신문사 관계자 3명(**만함, 양기탁, 변영현**)을 불러 양과 변 두 사람을 증인으로 하고, 만함에게 국채보상운동 관련 모금액을 본래 목적에 사용하거나, 이것이 불가능한 경우 학교 기금으로 사용할 것을 부탁했다는 풍설이 있었다고 합니다.[121] 만약 이 풍설이 사실이라면 양기탁은 증인으로서 그 자리에 있었을 뿐, 유언은 사장인 만함에게 남겼을 것이므로 양기탁은 있지도 않은 유언의 내용을 창작한 셈입니다. 더욱이 양기탁은 베델이 서대문 밖 자택에서 사망한 것으로 기사를 썼지만, 베델은 정동 인근에 있던 애스터 하우스라는 호텔에서 사망했습니다. 그리고 시신을 홍파동 자택으로 옮겨 안치했을 뿐이므로, 임종 직전에 그와 함께 한 것이 맞는지조차도 의심스럽습니다.

양기탁은 과거 베델과 공모하여 이준 열사의 할복 자결 소식을 거짓 보도한 이래 상습적으로 날조 기사를 일삼아 온 사람이기도 합니다. 적어도

---

[121] 集報「베델 死亡後의 大韓每日申報 運營에 대한 情報 등 報告」, 警秘第89號, 統監府文書 9권, 국사편찬위원회(1999년), 169쪽.

이런 유언을 남긴 것을 기정사실화하고 애들 보는 교과서나 위인전에 치트키로 쓸 정도면 1차 사료 확인이나 교차 검증 정도는 하고 인용하는 게 맞지 않습니까? 우리 학자들의 양심은 대체 어디로 간 것인지 모르겠습니다.

베델이 남긴 가슴을 울리는 명언 중에는 이런 말도 있습니다. '내가 한국을 위해 싸우는 것은 하나님의 소명이다.' 아, 네. 그렇습니까? 실제로 그가 이런 말을 했는지 여부는 출전을 확인할 길이 없지만, 어쨌든 그는 독실한 신자가 아닐뿐더러, 독한 술을 좋아하고 오락을 즐기는 세속적 인물에 가까웠습니다. 단순히 그의 집안을 보더라도 모친이 전도사 가정에서 성장한 것 말고는 특정 종단에 소속되거나, 신앙적인 신념을 가질 만한 배경도 없었습니다.

베델과 달리 당시 한국에 와 선교 사업에 몸바쳤던 수많은 외국 선교사들 중 그 누구도 종교적인 이유로 한국을 위해 일본에 맞선 사람이 없었습니다. 그가 정말 언론을 통해 일본과 싸우는 것이 우리 민족을 위한 길이었고 하나님의 소명이라고 생각했다면, 한국에서 벌어들인 재산을 모두 신보에 출연하고 갔어야 했습니다. 그런데 그는 그렇게 하지 않았습니다. 그의 사후 영자신문(KDN)의 잔여 재산은 부인과 딸의 명의로 모두 가져갔으며, 장례식조차 한국인들의 모금으로 치렀습니다.

따라서 그의 반일적 감정은 어떤 신념이나 순수한 동기가 아닌, 개인적 원한과 사감(私感)에서 비롯된 것이 아닌지 의심해 볼 만합니다. 자신의 욕심을 채우기 위해 한국인들의 민족감정을 이용했으며, 한국인들을 자극할수록 신문사업은 더욱 호황을 이루었고, 자기 자신은 영국인이라는 치외법권을 이용해 신변의 안전을 도모하고자 했습니다.

　　베델은 한국에 오기 전부터 일본인에 대한 감정이 좋지 않았습니다. 일본 고베에서 사업을 크게 벌였다가 망했기 때문이죠. 베델은 이 모든 게 일본인들의 시기와 방해 때문이라고 생각했습니다. 인력거꾼과 사사로운 언쟁으로 주먹다짐을 하기도 했고, 경쟁업체들과 거액의 송사를 몇 차례 벌이기도 했습니다. 심지어 자신이 데리고 있던 가정부로부터도 소송을 당했습니다. 남 탓 하기에 앞서, 사실 문제의 근원은 베델 자신이었습니다. 그는 매우 다혈질이며, 참을성이 없었고, 자기 기분 내키는 대로 사업을 하려 했기 때문에 동업한 형제들과도 사이가 좋지 않았습니다. 술을 좋아해서 정시에 출근한 날이 거의 없고, 일본인들과 늘 다투었습니다. 그렇기 때문에 그의 주변에는 늘 적이 많았습니다. 그러다가 결국 동업한 형제들로부터 배척당하기에 이르렀습니다. 그가 사직하자마자 그의 형제들은 베델의 해고 소식을 신문광고에 실을 정도였습니다.

　　그는 이제 일본이라면 아주 넌더리가 나서, 다른 곳에서 새로운 일을 해보고 싶었습니다. 그러던 찰나 영국 '데일리 클로니클'이라는 신문사에 일종의 특파원으로 채용됩니다. 당시 한국은 러일전쟁의 암운이 짙던 시기여서 세간의 관심이 전쟁 관련 소식에 집중되던 때였습니다. 그런데 베델은 특별통신원으로서 기사 작성에 열성을 보이지 않았기 때문에, 결국 신문사로부터 해촉됩니다. 베델은 후일 자신이 해고당한 사유에 대해 일본인들의 입맛에 맞지 않은 기사를 썼기 때문이라 변명하지만, 그건 본인 주장일 뿐입니다. 당시 영국은 일본과 그 정도로 각별한 외교 관계는 아니었기 때문입니다. 러일전쟁이 발발하면서 각 신문사의 통신원 규모도 덩달아 늘어났는데, 한 달 동안 기사 한 꼭지 작성하는 불성실한 기자를 신문사에서 그냥 두고 볼 리가 없죠. 그는 아니꼽고 더러워서 그냥 내가 하나 차리고 만다 하고 시작한 게 대한매일신보였습니다. 이 신문은 영문 신문과 국한문 신문 두 가지 버전으로 처음에 시작합니다.

그가 창간한 대한매일신보는 처음부터 반일적 색채가 강했던 것은 아니었습니다. 그는 신문을 창간할 당시 한국과 중국, 일본, 러시아 등 가능한 한 각처에서 자금을 지원받고자 했었습니다. 데일리 클로니클처럼 아시아 전문 언론사가 되는 것이 목표였죠. 그러다가 황무지 개간 사건을 보도하면서 일본의 반감을 샀기 때문에, 그때부터 일본과 사이가 틀어졌습니다. 한국 정부는 그 시점에 대한매일신보에 자금을 지원하기 시작했고, 러시아에서도 러일전쟁 직후까지 매월 500엔씩 지원을 했습니다. 베델은 각국의 이해관계가 첨예하게 대립하는 한반도 정세상 모든 국가를 만족시킬 수 없다는 점을 깨닫습니다. 기왕에 물 건너간 일본을 손절하고 한국 정부와 러시아의 입맛에 맞는 기사를 쓰기 시작합니다. 러일전쟁이 한창이던 시기 영문판 '코리아 데일리 뉴스(KDN)'는 친러적인 기사가 쏟아졌는데, 한글판 대한매일신보는 반일적 색채를 강하게 띠기 시작합니다. 이에 대중들은 열광했고 구독자들은 늘어만 갔습니다. 베델의 사업적 수완은 이렇게 빛을 발하여 신문 판매부수로는 타의 추종을 불허할 정도로 급성장하게 됩니다. 베델은 한국인의 민족 정서를 자극할수록 돈이 된다는 것을 깨닫고 뭔가 크게 한탕 할 궁리를 해보는데, 그 대표적인 사례가 국채보상운동 모금액 횡령 사건입니다.

2.
횡령과 추문으로 얼룩진 국채보상운동

여러분은 국채보상운동에 대해서 한 번쯤 들어 보셨을 겁니다. 3.1운동과 더불어 우리 국뽕 역사에 판타지를 갖게 하는 좋은 소재이기도 하죠. 그런데 많은 사람들이 이 운동의 서론만 알지 결말에 대해서는 관심이 없습니다. 즉, '국채를 갚기 위해 전국민이 자발적으로 돈과 패물을 모은 사건' 정도로만 알고 있을 뿐입니다. 어떻게 결말이 났는지, 왜 파토가 났는지에 대해서 끝까지 아는 사람은 별로 없습니다.

1997년 IMF 사태 당시를 상기해 보면 역사는 반복된다는 말을 실감할 수 있습니다. 국가가 무능하여 초래한 위기의 뒷감당을 국민에게 전가했다는 점에서도 그렇지만, 십시일반 모은 성금을 온데간데없이 탕진했으면서 제2의 국채보상운동으로 미화하기 급급합니다. 그 뻔뻔함의 배경은 어디에서 온 것인지 궁금하기 짝이 없습니다. 역사를 잘못 배우게 되면, 이렇게 국민을 선동하여 특정 세력의 뒷배를 채우는 수단으로 악용될 수 있다는 점을 망각하고 사는 것 같습니다.

물론 온 국민이 애국적 동기에 의해 십시일반 모아서 나라의 위기를 타개해 보겠다는데 그걸 가지고 트집잡는 사람은 없을 것입니다. 문제는 '국채보상운동'이든 '금모으기운동'이든 위기의 원인과 본질에는 관심이 없고, 감성적인 프로파간다만 난무했다는 데 있습니다. 무엇보다 운동을 주도한 사람들이 근대적 교육을 이수한 관료 출신이거나 엘리트들이 아니었기 때문에 국제 정세에 대한 이해나 재정에 대한 안목이 너무 없었습니다. 게다가 지도부가 운동을 빌미로 매명(賣名)의 야심을 채우는 데 급급했으므로 이미 그 실패는 예견된 상태였습니다. 윤치호는 그의 일기에서 이렇게 말합니다.

> 15년 전쯤 대구에 사는 서상돈이라는 부자가 국채보상운동을 시작했다. 그는 금연으로 돈을 모아 1,300만 환가량의 나라 빚을 갚자고 제안했다. 이 운동은 들불처럼 번져 나갔고, 우리 민족이 이성적이라기보다는 감성적이라는 사실을 다시 한번 증명했다. …(중략)… 1,300만 환이라는 액수를 모금하는 것이 엄청난 일이라는 사실을 사람들이 깨닫게 되면서 운동 열기는 점차 식어갔고, 성금도 점차 기대에 못 미치게 되었다.[122]

　　윤치호가 이 나라 국민들이 감성적이라고 한탄했던 것도 이유가 다른 데 있지 않습니다. 담뱃값을 아껴서 정말 1,300만 원이라는 거금을 모을 수 있을지, 어느 정도의 기간이 소요될 것인지, 기금은 어떤 방법으로 모금하고 어떻게 관리하고, 이렇게 모인 돈은 최종적으로 어떤 절차를 거쳐 처리할 것인지, 이 모든 것을 추진하고 책임지고 감시할 조직은 누가 담당할 것인지 아무런 계획과 생각도 없이 일을 저지르고 본 것입니다.

---

[122] 윤치호, 「국역 윤치호 영문 일기7」, 1921년 2월 4일, 국사편찬위원회, 227쪽.

국채보상운동 당시 취지서를 보면 '지금 나라 빚 1,300만 원은 바로 우리 대한제국의 존망에 관계된 일로 이것을 갚으면 나라가 존재하고, 갚지 못하면 나라가 망할 것은 필연적인 이치'라는 절절한 호소는 있는데, 이 빚이 왜 생겼으며, 어디에 사용되었고, 누가 들여왔는지 그런 얘기들은 전혀 없습니다. 빚을 못 갚으면 나라가 망하니 돈부터 내고 보라는 식의 주장만 있었던 것이죠.

당연하게도 담뱃값을 아껴 국채를 갚겠다는 이 순진한 생각은 애초부터 달성이 불가능한 목표였습니다. 기금에 대한 관리 규정이나 감독할 조직이 부실한 상태였으므로 모금 관계자들의 견물생심은 당연했고, 기금의 횡령 논란은 충분히 예견된 일이었습니다. 그럼에도 들불처럼 전국에서 호응했던 이 운동이 흐지부지되고 만 이유에 대해 학교에서는 제대로 가르치지 않습니다. 교훈이란 항상 실패에서 찾는 것이고, 문제의 원인을 분석하는 데서 시작하는 것입니다. 잠시의 화려했던 열기만 집중적으로 반복재생하면서 '우리 민족이 얼마나 대단했는가?'만 강조하는 그런 공부는 왜 필요한 것인가요?

국채는 말 그대로 나라가 외국에 진 빚입니다. 흔히 차관이나 채권을 발행하는 형태로 이루어지죠. 구한말 시기에는 정부의 재정이라는 것이 극히 부실했습니다. 그도 그럴 것이 세입, 세출에 대한 개념이 없었고 외채에 대한 이해도 부족했습니다.

당시 대한제국의 재정 현황을 대략 살펴보면, 조세 수입이라고는 지세(地稅) 수입이 대부분이었습니다. 그나마도 외획(外方直劃의 줄임말)이라 해서 지방관이 국가에 납부하지 않고 직접 처리하는 경우도 있었기 때문에, 실질적인 정부 수입은 과세액의 40~50퍼센트 수준에 불과했습니다. 여기에서 황실비로 국고의 10퍼센트 정도가 지출되었는데, 점차 높아져 많을 때는 29퍼센트에 달할 때도 있었습니다.[123] 상황이 이 지경이니 나중에는 나라에 돈이 없어 황실의 내장원에서 빌려 쓰는 기형적인 지출 행태가 반복됩니다.[124]

그렇다면 국가 재정을 거덜내면서까지 막대한 수입을 가져간 황실은 도대체 돈을 어디다 썼을까요? 김윤희의 연구에 의하면 내장원(內藏院) 재정의 77.2퍼센트가 황제의 개인 수중으로 들어가고 있었다고 합니다. 그중 궁내부에서 지출한 내역의 52퍼센트가 제사 비용과 연회비로 사용되고 있었고, 왕릉과 전각 개수 사업 등으로는 100만 원이 넘는 돈이 매년 지출되었다고 합니다.[125] 참으로 한심한 일이 아닐 수 없습니다.

이런 상황에서 국가가 무슨 국책사업이나 인프라에 투자하고 싶어도 돈이 없었으며, 심지어 외국인 고문과 교사들은 물론 군인들에게 지급할 봉급조차도 부족했던 상황이었습니다. 고종은 이것을 만회하기 위해 개항 직후부터 여기저기서 차관 형식의 돈을 빌려왔습니다. 그리고 그 담보로 지하자원, 산림벌채권, 도서개발권, 어업권, 철도부설권, 관세수입을 담보로 잡히거나 헐값에 팔아 넘겼습니다. 나라 꼴이 이 지경에 이른 것은 우

---

[123] 김재호, 「근대적 재정국가의 수립과 재정능력, 1894-1910」, 경제사학 vol.57 (2014년), 11쪽, 원자료는 『韓國財政整理報告』 제1회, 1905년 12월.
[124] 양상현, 「대한제국의 군제 개편과 군사 예산 운영」, 역사와경계 vol.61, 2004년, 부산경남사학회, 206~207쪽.
[125] 김윤희, 「대한제국기 皇室財政運營과 그 성격」, 한국사연구 90권 (1995년 9월호), 한국사연구회, 89~107쪽.

리 스스로 자초한 것이지 주변 제국주의 열강이나 일본을 탓한다고 될 일이 아닙니다.

국채보상운동의 원인이 된 일본 차관 1,300만 원도 마찬가지입니다. 우리 역사가들은 이 일본 차관을 마치 우리 경제를 예속시키기 위해서 일본이 강제로 빌려준 것처럼 설명합니다. 이 무슨 턱도 없는 변명인지 모르겠습니다. 당시 시정개선협의회 회의록을 읽어보면, 우리 정부 관료들이 일본의 차관을 들여오기 위해 그들에게 얼마나 매달렸는지 확인할 수 있습니다. 1차 시정개선협의회 당시 탁지부 대신 민영기는 이렇게 말하고 있습니다.

> 본인이 직접 재정의 국면에 부딪히고 있으므로 지난날 소에다 슈이치(添田壽一) 흥업은행 총재와 회담했을 때에도 자금 차입에 대해 담화했소. 동 총재의 말에 의하면 지출 방법만 확실하다면 1,000만 원 이상 수천만 원의 융통도 어렵지 않다는 말이었기 때문에 본관은 이번 일을 메가타(目賀田) 고문에게도 이야기했소. 지금 우리나라에 자금이 필요한 것은 명백하므로 작년 大觀亭에서 이토 통감 각하와 회담 했을 때에도 1,000만 원 이상의 자금이 필요하다고 진술했소. 어떠한 시설을 하더라도 앞서는 것은 자금이오. 당시 초미의 긴급이라 할 수 있는 금융 절박을 구제하기 위해 통감 각하의 진력을 번거롭게 하고 귀국하신 후에도 여러 가지로 배려해 주신 결과, 황공하게도 150만 원의 융통을 받았기 때문에 다소 회복의 징후가 나타났지만 아직 완전히 평상으로 돌아갔다고는 말할 수 없소. 때문에 이번에 또 진력해 주셔서 차관을 얻을 수 있게 된다면 아주 다행일 것이오.[126]

---

[126] 「韓國施政改善ニ關スル協議會 第一回 會議錄」, 1906년(明治 39) 3월 13일, 統監府文書 1卷, 국사편찬위원회(1999년), 138~148쪽.

위 자료를 보면 시정을 개선하고 싶어도 나라에 돈이 없었으므로, 우리 쪽에서 먼저 차관 제공을 희망했던 것으로 나옵니다. 이토 히로부미의 차관 제안이 있자마자 우리 측 대신들이 쌍수 들고 환영했음은 물론입니다. 차관 조건도 과거의 사례에 비해 크게 나쁘다고 볼 수도 없습니다. 1905~1906년 사이에 들여온 일본 차관들은 대부분 연리 6~7퍼센트 사이에서 10년 이상 장기 상환인 반면, 담보는 관세 수입이었습니다. 그런데 이 담보들은 이미 다른 차관에 저당이 잡혀 있었기 때문에 담보 가치가 거의 없는 견질담보에 불과했습니다. 연리 6~7퍼센트가 당시 관행에서 저렴하다 볼 수는 없겠지만, 사실상 국가의 신용상태가 바닥인 부도 직전의 국가에 담보도 없이 아주 후한 조건으로 빌려준 셈입니다.

그렇다면 다른 국가들의 차관은 어땠을까요? 우리가 제일 먼저 교섭했던 국가는 청나라였는데, 여기서 들여온 차관들을 봅시다. 1882년 군사유학생 경비로 빌린 돈은 이자가 월 6~7퍼센트였습니다. 잘 보세요. 연이자가 아니고 월이자입니다. 그 뒤 조청상민수륙무역장정조약 직전에 빌려온 은(銀) 50만 냥과 1893년 20만 냥의 차관은 연 8퍼센트에 빌려왔습니다. 벼룩의 간을 내어먹으려던 국가는 우리를 속방(屬邦) 취급하던 청나라만이 아니라 다른 나라들도 사정은 마찬가지였습니다. 독일의 경우 세창양행(Heinrich Constantin Edward Meyer & Co.)과 최초로 차관 계약을 맺었습니다. 이 회사는 묄렌도르프의 지원을 받은 민간회사에 불과했습니다. 우리 정부는 이 회사로부터 은 10만 냥을 빌리면서 연 10퍼센트를 지급했는데, 차관의 대가로 정부미 해상운송을 독점할 수 있는 특혜까지 줬습니다.

운남광산 개발 당시에는 신디케이트 차관 500만 원에 연리 5.5퍼센트와 은행 커미션 10퍼센트를, 1903년 프랑스의 롱동(Rondon)플레장(Plaisant) 상회에서 200만 엔의 차관을 빌려 올 때에는 연리 8퍼센트를, 프랑스와 벨기에의 연합 컨소시엄인 동양국제회사(Compagnie International d'Orient)에서 500만 원의 차관을 도입할 당시에는 연리 6퍼센트를 지급하는 조건이었습니다. 게다가 이런 차관들은 막대한 고금리와 더불어 각종 이권과 특혜를 제공하는 대가로 교섭한 사례들입니다. 사정이 이러함에도 유독 일본에서 들여온 차관만 문제이고, 악성이며, 경제주권을 말살시키려는 음모였다는 식으로 말합니다. 당시 우리 정부가 외국으로부터 정상적인 차관을 들여올 능력이나 신용이 있다고 생각하는 것일까요?

위의 사례에서 보듯 당시에는 고종의 최측근 이용익을 통해 일본뿐 아니라 주변국 정부에서 차관을 빌리기 위해 광분하던 시기였습니다. 러시아와 프랑스는 물론, 민간기업이든 외국 정부이든 가리지 않고 돈만 빌려주면 어디든 가서 영혼을 파는 일을 서슴지 않았습니다. 미국의 경우 알렌 공사를 통하여 차관 교섭을 했는데, 알렌은 어떻게 하든 금광사업권을 따내야 했으므로 상당히 적극적이었습니다. 이것도 거의 성사단계까지 갔다가 주변국과의 마찰을 우려해서 흐지부지되고 말았는데요, 차관을 받기 위해 얼마나 필사적으로 매달렸는가 하면, 알렌은 기생 두 명을 대표단 일행의 부인이라고 속여 워싱턴 정가와 사교계에 소개하는 파렴치한 짓을 벌이기도 했습니다.[127]

그런데 거액의 차관 교섭은 경제적 이권을 패키지로 제공해야 했으므

---

[127] 『데니 文書』, Owen N. Denny 著 ; 申福龍·崔水根 共譯, 평민사, 1987, 95~96쪽.

로, 주변의 이해당사국들로부터 항의를 받는 경우가 많았습니다. 결국 이런 수많은 차관 교섭 가운데 제대로 성공한 것이 거의 없고, 통감부가 섭정한 이래 일본이 가장 많은 차관을 제공했던 것입니다. 1905년 1월부터 1906년 2월 사이에 모두 4회에 걸쳐 일본 차관이 들어왔는데, 국채보상운동에서 말하는 국채 1,300만 원은 이때의 원금과 이자를 합한 금액입니다. 이 돈은 화폐개혁, 교통, 가스, 위생, 의료, 교육 등 국책사업과 근대적 인프라 구축에 투자하기 위한 용도로 들여온 것입니다. 그럼에도 덮어놓고 이 차관을 단지 일제가 우리를 경제적으로 예속시키기 위한 미끼 자금이라 날조하는 것은 학자들이 그만큼 연구의 객관성을 결여하고 있음을 보여주는 단면이기도 합니다. 이자도 받지 말고 담보도 없이 공짜로 선심 쓰듯 빌려줬어야 했나요?

국채보상운동이 실패한 원인 역시 마찬가지입니다. 국사편찬위원회의 〈우리역사넷〉이나 연구 논저들을 찾아 읽어보면 하나같이 남 탓을 하고 있습니다. 일제가 이 운동을 집요하게 방해했고, 관계자들이 거액을 횡령한 것처럼 날조하여 여론을 악화시켰다는 것입니다. 하지만 횡령 맞습니다. 기금의 모금 총액을 정확하게 알리지 않았고, 개인이 마음대로 빼서 주식투자하고, 사채 돌려서 이자 받고, 임의로 쓰고 다녔다면 그게 횡령이 아니면 무엇입니까? 이렇게 염치없는 생각을 하는 사람들이 교과서를 쓰고, 우리를 가르치고 있습니다. 슬픈 현실입니다.

거창한 명분으로 국민들에게 돈을 모아서 한 번도 제대로 쓴 적이 없고, 그나마 처리 과정도 뒤가 구린 역사가 요즘도 반복되고 있는 것은 결코 우연이 아닐 것입니다. 20년 넘게 위안부 할머니들 이름을 팔아 모금한 성금을 장부에 기록도 하지 않고 슈킹해서 착복해도 당당하고 뻔뻔합니다. 목적이 좋으면 수단이야 어쨌든 아무렇지도 않다는 것일가요? 이런 의식세계를 가진 사람들이 우리의 사고를 지배하고 있는 한 상식이 망가져 버린 세상은 결코 회복되기 힘들 것 같습니다.

일제는 초기부터 이 운동이 오래가지 않을 것이며 일시적인 호응에 불과할 뿐으로 그 실패를 이미 예견하고 있었습니다. 가만 놔두어도 실패하고 말 프로젝트를 구태여 행정력을 낭비하면서까지 건드릴 필요가 있을까요?

대구에서 유지자들이 서로 모여 무슨 금연회(禁煙會)를 만드는 모양인데, 회원 한 사람이 (담배를 끊고) 금 1원씩을 갹출하여, 이런 방식을 2천만 동포에게 퍼뜨리면 1,300만 원의 국채를 상환하기는 어렵지 않을 것이라고 창도한 것이 일반의 이목을 움직이게 하여 이 거사의 시작이 된 것 같다. 이것은 오로지 일시적인 정열에 광분한 무리들의 경거망동으로 이와 같은 상황이 오래 계속되리라고는 생각지 않는다.[128]

일제가 국채보상운동을 '국권 회복을 뜻하는 일종의 배일운동'으로 규정하고 눈여겨본 것은 사실이지만, 별다른 조치를 하고 있지 않았습니다. 그러다가 국채보상연합회의소의 총무였던 이동휘를 비롯하여 정영택, 이성호 등 3명이 모금 횡령 여부를 조사해달라 청원한 것이 원인이 되었습니다. 일제가 이 전국적인 운동을 주저앉히기 위해 강압적으로 개입한 것이 아니라, 우리 쪽 인사들의 운동기금에 대한 주도권 경쟁과 내분이 발생하

---

[128] 「國債償還期成會 발족에 관한 件」, 出張中接受電信控 第48號, 統監府文書 2卷, 국사편찬위원회 (1998년), 255쪽.

면서[129] 의혹 제기가 잇따랐죠. 이에 몇몇 인사들이 일제 당국에 횡령 여부를 조사해 주십사 탄원한 것[130]이 발단이 되었습니다. 윤치호도 그의 일기에서 베델이 모금액을 사사로이 유용한 사실을 적고 있습니다.[131] 당시 문서와 자료가 다 있음에도 원인을 엉뚱한 데서 찾고 남 탓하는 게 바로 역사왜곡입니다.

어쨌든 우리나라 사람들 특유의 냄비 기질은 이때에도 유감없이 발휘되었나 봅니다. 일제의 예측대로 국채보상운동의 열기는 날이 갈수록 식어 모금액이 급격하게 줄어들었습니다. 무엇보다 국내 재력가들의 참여가 적었기 때문에, 서민들이 비녀나 가락지를 팔고 머리카락을 팔아 보태는 수준으로는 당초 목표했던 금액의 100분의 1에도 미치지 못하였다고 합니다.[132]

당시 모금액은 주로 신문사 앞으로 답지되었는데, 규모가 커지자 황성신문이나 대한매일신보처럼 신문사에서 별도의 기구를 만들어 기금을 관리하기도 했습니다. 일제의 헌병대사령부에서 조사한 자료에 따르면, 황성신문과 대한매일신보 및 산하 기구에서 관리한 기금 합계가 전체 모금액의 85퍼센트에 달할 정도로 이 두 신문사에 집중 모금되었습니다.[133] 그런데 황성신문은 몇 가지 집계 오류 등 자잘한 문제를 빼면 큰 사고가 없었습니다. 만약 일제가 국채보상운동 전반을 탄압하려 들었다면, 대형 집금처

---

[129] 「國債報償金費消事件」, 警秘第二六八號, 統監府文書 5卷, 국사편찬위원회(1999년), 207쪽.
[130] 「國債報償金費消事件」, 앞의 문서.
[131] 윤치호, 「국역 윤치호 영문 일기7」, 1921년 2월 4일, 국사편찬위원회, 227쪽.
[132] 松宮春一郎, 「韓國時報」, 『外交時報』 제131호, 外交時報社, 1908년, 501쪽. 정진석, 『네 건의 역사드라마』, 소명출판, 2022년, 313쪽에서 재인용.
[133] 「國報償會의 募金에 대한 '베델'의 立場에 관한 件」, 往電第四六五·第四六六號 別紙 문서 憲機第四〇號의 조사표 「國債報償金募金狀況報告書寫本」, 統監府文書 4卷, 국사편찬위원회(1999년), 354~355쪽.

2. 횡령과 추문으로 얼룩진 국채보상운동   153

인 황성신문도 어떻게 하든 트집거리를 만들어 문제를 삼았을 것입니다.

　이와 달리 대한매일신보는 베델 한 사람에 의한 기금 전용이 확인되면서 국채보상운동 전반에 큰 타격을 줍니다. 원래부터 모금 열기가 시들해진 시점이기도 했지만, 기금 횡령 논란으로 파장이 커지자 십시일반 참여했던 국민들은 적지 않은 배신감을 느꼈을 것입니다. 당국은 외국인인 베델을 구속하는 데 큰 부담을 느꼈기 때문에 만만했던 양기탁을 횡령 혐의로 기소하게 됩니다. 하지만 양기탁은 기금을 모집하기만 했지 이것을 처분하는 데 관여하지 않았고, 예금 입출금 현황 전반에 관해 아는 바가 극히 적었기 때문에 결국 무죄로 풀려났습니다.

　학계에서는 이를 두고 일제가 횡령 사건을 날조한 것이라 성급한 결론을 내리지만, 실은 그렇지 않죠. 부디 이성을 찾으시기 바랍니다. 이 재판 결과는 양기탁이 횡령과 무관하다는 것이지, 주범인 베델의 혐의에 대해 결백함을 확인해 준 건 아닙니다. 물론 베델은 재판에 참고인으로 출석하여 시종일관 기금은 아무 문제가 없음을 주장했습니다. 신문사로 입금된 돈은 자신에게 입금된 것이므로 입출금 처분도 자신의 권한이라고 주장한 것이죠.[134] 이런 베델의 논리는 참으로 궁색하게 느껴집니다. 그렇다면 총합소로 이전된 예금은 엄연히 공적 자금인데 왜 마음대로 빼내 사용한 것일까요?

　베델이 독단적으로 기금을 유용한 과정을 설명하자면 구구절절한 부분이 있기 때문에 일단 아래의 도표로 정리해보았습니다. 표에서 보다시피

---

[134] 정진석, 앞의 책, 379쪽, 제2부 양기탁 재판, 당시 증인으로 출석한 베델에게 재판장의 신문 내용 참조.

그는 모금된 금액의 무려 73퍼센트에 해당하는 돈을 빼돌려 애스터 하우스 호텔 사장이자 친구인 마르탱에게 빌려주고, 나머지는 수안금광개발회사의 주식에 투자했습니다.

[표] 베델의 국채보상운동기금 유용 금액

구분/모금처	대한매일신보	총합소*	비고
모금총액	61,042	10,560	
총합소 이체	▲32,300	32,300	수표로 전환 후 총합소 계좌에 예금
금광투자		▲25,000	서울광업회사 주식 매입
사적대차	▲22,500	▲5,000	프랑스 인 마르텡에게 대여
잔액	6,432	12,978	예금 잔액
횡령 금액	22,500	30,000	총 71,602원 중 52,500원 (73%)

* 총합소는 대한매일신보에서 별도로 설립한 기금관리 기구 '국채보상지원금총합소'의 약칭이다

베델의 소명을 들어보면 개인적으로 유용한 이 부분에 대해서는 아무런 문제의식이 없는 것으로 여겨집니다. 즉, 이런 개인간의 사채 대부, 주식투자는 원금을 증식하기 위한 선의의 행위라는 취지입니다. 그런데 주식이라는 것은 항상 수익이 보장되는 것이 아닌 데다, 마르탱에게 빌려준 돈의 일부는 무담보 대출이었습니다. 만약에 잘못되면 이 돈은 어디에 가서 회수할 것이며, 누가 책임져야 하는 것일까요? 이런 행위는 요즘의 기준이라면 당연히 배임, 횡령으로 처벌되어야 할 중대 범죄입니다.

이러한 점은 그 당시의 기준으로 보아도 문제라고 판단하는 사람들이

많았습니다. 상해에서 개정된 명예훼손 사건 재판부가 베델과 마르탱에게 돈을 빌려줄 때 담보가 무엇이었는지 끈질기게 추궁한 점, 총합소의 진상조사시 임시평의원회 의장 한석진(韓錫振)이 베델의 면전에서 "기금을 가지고 이자 수익을 노린 것은 취지에 반하는 것이니 현금을 즉시 반납하라"고 비판한 사례가 있었죠.

하지만 베델은 기금의 반환 문제를 추궁받자 "새로운 이사진이 선임된 이후에 고려해보겠다"며 사실상 이를 거부합니다. 총합소의 임시평의원회는 베델에 대해 어떠한 조치를 취하거나 강제로 조사할 권한이 없었으므로 지루한 입씨름만 반복할 뿐 결론이 나지 않았습니다. 학계에서는 이 날 회의를 일진회 출신인 평의원장 한석진이 주도했다며 평가절하하지만, 평의원 중 절반이 베델 측에 우호적인 인사들이었다는 것을 감안하면 이는 쓸데없는 시비에 불과합니다.

수안금광개발에 투자한 자금은 서울광업회사 사장인 헨리 콜브란의 증언과 주식 매수를 입증할 서류를 보내왔으므로 이를 회수하는 것이 불가능하지 않았습니다. 문제는 마르탱에게 빌려주었다고 하는 그 대출금입니다. 재판부에 제시한 증거 자료에 따르면 마르탱에게는 연 9퍼센트의 이자율로 5,000원을 빌려준 뒤, 다시 2만 2,500원을 추가로 빌려줬습니다. 이 돈은 각각 상환조건과 담보를 달리했기 때문에 재판부도 무척 헷갈려 했는데요, 마르탱은 이렇게 고리의 이자를 주고 돈을 빌려 어디에 사용했던 것일까요?

마르탱은 이미 서울 서대문 부근에 룸 25개짜리 호텔과 1,200평이 넘는 대지를 소유하고 있었습니다. 이런 담보라면 은행에서 정상적으로 대출 받는 것이 어렵지 않았을 것입니다. 그럼에도 그는 베델을 통해 고리의 이자를 지급하고 18개월 동안 분할상환하는 불리한 조건으로 대출을 받았습니다. 재판에서 참고인으로 출석한 마르탱은 이 호텔의 일부를 공연장으로 용도를 변경하고, 목욕탕과 난방시설을 리모델링하는 용도로 사용했다고 합니다. 마르탱이 빌린 2만 7,500원은 리모델링 비용치고는 너무 많은 금액입니다. 요즘 돈으로 약 20억 원에 가까운 금액인데, 비슷한 규모의 손탁 호텔이 1917년 이화학당에 2만 3,000달러에 매각된 사례를 볼 때, 마르탱의 대출금은 다른 용도로 사용했을 가능성이 큽니다. 그가 재판부에 제출한 차용증이나 약속어음은 두 사람이 공모하고 허위로 작성할 수도 있으므로 증거능력을 인정하기 어렵습니다.

[그림] 마르탱 소유의 애스터 하우스 전경

마르탱은 재판에서 진술하기를 이미 베델에게 원금의 일부를 500원씩 두 차례 상환했으며, 그 외에도 합계 300~400원에 달하는 이자를 수시로 분할 지급했다고 했지만, 이 상환 원금과 이자가 다시 국채보상기금 계좌로 입금되지는 않았습니다. 어디로 갔는지 행방이 묘연합니다. 베델은 원금을 두 번 상환 받은 것은 확인해주었으면서도 이자는 받은 적 없다고 해,[135] 두 사람의 진술이 또 불일치합니다. 어쨌든 마르탱에게 빌려준 이 돈은 베델이 사망한 뒤에도 회수되지 않았습니다. 윤치호는 베델의 횡령 문제와 마르탱의 대출금 의혹에 대해 이렇게 비판하고 있습니다.

> 선친께서는 곤경에 처하셨다. 베델은 아무런 허가 절차도 밟지 않고 조선인들이 맡긴 거액의 돈을 빼돌렸던 것이다. 선친을 그런 식으로 속이다니 베델은 정말 비열한 작자였다. 투기 목적으로 모금하지 않은 돈으로 주식을 산 이유가 무엇인지, 그리고 수안금광회사가 망할 경우 어쩔 셈이었는지 물어보았다. "어쨌든 그 돈으로 조선인 일꾼들을 먹이고 입혔을 것 아닙니까?" 이것이 조선의 친구라는 인간의 뻔뻔한 대답이었다. 나는 그 돈을 갚느라 상당한 곤욕을 치렀다. 천만다행으로 수안금광회사가 프리미엄이 붙은 채 팔렸다. 콜브란은 6퍼센트의 이자를 붙여서 그 돈을 되돌려주었다. 내가 알고 있는 한 그 프랑스 인은 돈을 갚지 않았다.
>
> 아무튼 1909년 겨울에 여러 단체가 이 돈을 차지하려고 안달했다. 각기 꿍꿍이속은 달랐지만, 모두가 그럴듯한 공공사업을 명분으로 내걸었다. 그 중에서도 주식을 사서 돈을 불려주겠다고 선친을 설득한 베델이 가장 뻔뻔하고 야비한 시도를 했다. 선친께서 베델의 정직과 공평무사함을 과신한 나머지 큰 위험에 빠졌던 일, 그리고 내가 그 2만 환을 갚기 위해 온갖 모욕을 감수해야 했던 일을 생각하면, 베델의 비열함과 뻔뻔함에 입을 다물 수가 없다. 결국 일본인 당국자들이 그 돈을 가져갔다. 그 돈

---

[135] 정진석, 앞의 책, 383쪽. 제2부 양기탁 재판, 당시 증인으로 출석한 베델에게 재판장의 신문 내용 참조.

이 어떻게 되었는지 아무도 모른다. 조선인은 그 돈으로 뭘 얻었나? 그들은 더 가난해졌고 더 서글퍼졌다. 그러나 더 현명해지지는 않았다.[136]

국채보상운동으로 우리는 아무것도 얻은 게 없고 오히려 더 가난해지고 더 슬퍼진 반면, 더 현명해지지 않았다는 윤치호의 한탄은 왠지 심금을 울립니다. 엄청난 돈을 허공 중에 날렸음에도 누구도 책임지지 않았으며, 유야무야 끝나고 말았기 때문이죠. 그렇게 당하고서도 사람들은 깨닫지 못하고 또 같은 수법에 선동되고, 홍분해 부화뇌동하고, 수많은 희생과 피해를 낳고, 진정되는 일을 계속해서 반복해야 하는 이유가 무엇일까요?

이것을 단순히 의거로만 평가하고, 그 과정에서 일어난 과오에 대해 뼈저리게 성찰하지 않는 한 우리는 계속해서 같은 전철을 밟아야 할지도 모릅니다. 왜냐하면 이미 이런 일들은 지금도 여전하기 때문이죠. 거창한 명분을 만들어 국민들로부터 돈을 뜯어내고 자신들을 위해 치부했던 사람들이 이리저리 들통난 뒤에도 반성하는 것을 본 적이 있나요?

1909년 5월 1일 베델이 갑작스럽게 사망했기 때문에, 마르탱에게 빌려준 돈은 미궁 속으로 빠지게 됩니다. 마르탱이 고의로 갚지 않은 것인지, 아니면 갚을 방법이 없었던 건지 확실치 않지만 어쨌든 마르탱은 1910년 7월 전후에 호텔을 처분하고 한국을 떠났습니다. 도저히 이해할 수 없는 점은 여기에 있습니다. 대출금이 상당한 거액이었음에도 불구하고 그 누구도 마르탱에게 돈을 반환하라 요구하지 않았다는 것입니다.

---

[136] 윤치호, 「국역 윤치호 영문 일기7」, 1921년 2월 8일, 국사편찬위원회, 229쪽.

일제의 첩보 자료에 따르면 베델은 사망하기 하루 전날, 대한매일신보 관계자들을 불러 기금의 처분에 대해 유언했다고 합니다. 그렇다면 이때 마르탱에 대한 대여금 문제도 같이 언급했어야 했습니다. 하지만 그렇게 하지 않았죠. 즉, 애초에 이 돈은 베델이 마르탱에게 빌려준 적이 없었던 것입니다. 이를 좀 더 살펴본 결과 재미있는 사실이 하나 발견됩니다. 자금의 흐름이 복잡한 만큼 잘 들으셔야 합니다.

고종이 재임하고 있었을 당시 에른스트 크뢰벨(Ernst Kroebel)라는 독일인에게 사기를 당한 적이 있습니다. 이 자는 독일 해군 대위 출신으로 중국 청도에서 사업체를 운영하던 사람이었습니다. 그의 부인 엠마가 손탁의 후임으로 천거되면서 그때부터 궁중에 드나들게 되었던 것입니다. 이 사건은 다른 외국인들의 경우와 마찬가지로, 서양인이라면 절대적으로 신뢰하는 고종의 맹점을 이용한 케이스라 할 수 있겠습니다. 고종을 등쳐먹으려던 사람들이 주변에 이렇게 널려 있었다는 사실은 그리 놀라운 일이 아닙니다.

고종을 알현한 그는 "일본이 장차 한국을 점령하게 되면 폐하께서는 중국으로 망명하셔야 하는데, 그때 거처하실 집을 미리 구해 두시는 게 좋지 않겠습니까? 중국 청도(靑島)에 소인이 소유한 적당한 가옥이 있으니, 폐하께서는 그것을 매수하십시오. 아시다시피 청도는 독일의 조차지입니다. 지금 독일 황제께서는 일본을 미워하고 계시므로 유사시 독일 황제께 보호를 요청하실 수 있습니다" 하고 꼬드겼습니다. 이에 고종이 좋은 생각이라 극찬하고 예식관 김조현을 통해 가옥의 구매를 추진했습니다. 매입대금은 6만원이었습니다.

그런데 사실 이 주택의 소유자는 크뢰벨이 아닌 독일인 로베르트 카플러(Robert Kappler)라는 사람이었습니다. 크뢰벨은 이 주택의 대지 중 공터의 일부를 사들여 자신의 명의로 소유권을 변경했을 뿐입니다. 부동산 거래에 무지했던 김조현은 크뢰벨이 적법한 소유자인지 제대로 확인도 하지 않고 매매대금의 절반인 3만 원을 계약금으로 선뜻 건네준 것입니다.

[그림] 고종이 독일인 크뢰벨에게 사기 당한 중국 청도 교주만 소재의 가옥 모습
李 明, 『安娜墅代的日常』, 島出版社, 2016년, 유순선, 「고종황제의 산동성 칭다오 가옥 매입과 관련한 의문」, 2024년, 281쪽 및 https://zh.wikipedia.org/에서 재인용

손탁은 뒤늦게 이 사실을 알고 크뢰벨에게 명의이전을 촉구했으나, 그는 서류의 진정성을 문제삼으며 차일피일 문제의 해결을 미루다 결국 1년을 넘긴 1907년 10월 14일에 자신의 명의로 소유권 등기를 해버렸습니

다. 그리고 1909년 2월 16일 이 집을 다시 민영환의 이복동생 민영찬에게 37,000달러에 매각했습니다. 계약금 3만 원은 그렇게 사기를 당하고, 잔금 3만 원 역시 행방불명이 되었기 때문에 고종은 결국 6만 원을 모두 허무하게 날리고 만 셈입니다.

　　이 사실을 모르고 있던 고종은 황제에서 물러난 뒤 1906년 3월경 생활고에 시달리고 있던 은퇴 관리 조정구(趙鼎九)에게 그 집을 하사하는데, 매매시 거래 편의를 고려해 그의 아들인 조남승의 명의로 하사해 줄 것을 요청 받았습니다. 고종은 마지못해 응해 주었지만 하사서(下賜書)를 정식으로 써준 것은 아니었습니다. 즉, 법적 증빙은 없었던 셈입니다. 그리하여 이 주택은 실제 소유자, 횡령 및 사기 취득에 의한 불법 소유자, 수증자, 무권(無權) 대리인의 공문서 위조까지 겹쳐 소유권 관계가 아주 복잡해지게 됩니다.

　　당시 조남승은 고종을 가까이서 보필하던 승후관(承候官)이었습니다. 조남승은 아무짝에도 쓸모없는 외국의 저택 보다 당장 돈이 필요했습니다. 그는 고종의 어새와 필적, 화압(花押, 수결과 함자)을 정교하게 위조해 하사서를 만든 후 이것을 멋대로 외부인에게 팔아 버렸습니다. 누구에게 팔았을까요? 바로 문제의 프랑스인 마르탱입니다. 네, 베델의 친구 마르탱 맞습니다. 거기서 끝난 게 아니고, 마르탱은 이 집을 다시 베델에게 팔았습니다. 독일 영사관의 영사대리였던 벤트슈흐(Fritz Wendschuch)는 이 매매계약서를 보았다고 증언합니다.[137]

---

[137] 「膠州灣所在家屋ニ關スル件」, 李王職機發第一二號, 統監府文書 5卷, 국사편찬위원회(1999년), 125~128쪽.

이 놀라운 그들만의 위장거래는 베델과 마르탱 사이에 오간 대여금의 실체를 규명하기에 충분한 것으로 보입니다. 국채보상기금에서 횡령한 2만 7,500원은 마르탱에게 주택구입 자금의 명목으로 지급된 것입니다. 마르탱은 재판 당시 베델이 제공한 담보가 무엇이었느냐는 재판부의 질문에 그저 합당한 담보를 제공했을 뿐이니, 자세한 것은 베델에게 물어보라며 밝히기를 거부했습니다.[138]

그런가 하면 베델은 1908년 12월 상해에서 개정된 재판에서 그 담보가 무엇이었는지 계속된 검사의 추궁 끝에 마지못해 부동산이라고 실토합니다. 구체적으로 어떤 부동산을 제공했는지에 대해서는 끝내 답변하지 않죠.[139] 두 사람은 이렇게 서로 말을 맞춘 것입니다. 하지만 그들이 발뺌했던 그 부동산은 이제 윤곽이 드러난 셈입니다.

조남승은 2010년 애족장에 추서된 독립운동가로 알려진 인물입니다. 황제를 가까이서 보필하던 일종의 비서실장으로서 고종의 밀명을 수행하고, 대내외의 기밀과 황제의 인장을 다루던 사람이었죠. 그는 이런 자신의 지위를 이용해서 위조된 칙서를 발행하는 수법으로 사사로이 축재를 하거나, 황제의 뜻을 왜곡해 정치적 목적을 도모하는 등 문제가 많은 사람이었습니다.

이 자는 1910년 고종이 한미전기회사에 출자한 지분을 회수하는 과정에서 칙서를 위조해 중간에서 착복한 혐의로 체포되어 조사를 받게 됩니

---

[138] 정진석, 『네 건의 역사드라마』, 소명출판, 2022년, 390쪽.
[139] 정진석, 앞의 책, 477~478쪽.

다. 이 과정에서 고종의 재임시 프랑스 성당에 은닉했던 비밀 외교문서가 대거 발각되고 말았습니다. 그 바람에 일본 당국의 관심이 그쪽으로 쏠리게 되어, 결국 조남승은 무죄 방면되고 이 사건은 흐지부지 종결되어 버렸습니다. 이를 두고 세간에서는 조남승이 통감부와 거래했다는 얘기가 파다했습니다.

이때 압수되었던 서류 목록을 읽어보면, '베델과 박용규 등이 5,000원을 사취하려 한 사건'이라는 파일이 존재함을 확인할 수 있습니다.[140] 이 문서는 목록만 존재하고 있기 때문에, 이 5,000원이 국채보상기금의 일부인지는 분명하지 않습니다. 다만, 기금을 관리하던 사람들이 이렇게 돈 관련 추문이 많았다는 점은 일본 당국이 아닌 우리 쪽에서도 어느 정도 파악하고 있었던 것으로 보입니다.

[그림] 베델과 박용규 등이 돈 5천원을 사취하려 했던 사건명 목록

---

[140] 外務省外交史料館, アジア歴史資料センター, Ref. B030417129000, 1910년 6월.

조남승과 마르탱, 베델 이 세 사람 간의 커넥션은 연구 대상입니다만, 이 사람들 얘기로 지면을 다 채울 수는 없기 때문에 향후의 과제로 삼아야 할 것 같습니다. 역사는 이래서 뭐라고 단언을 못 합니다. 항상 새로운 증거가 나오기 때문이죠. 만약 이것이 사실이면, 베델은 애국자가 아니라 우리 민족에 큰 해악을 끼친 인물로 다시 기록되어야 할 것입니다.

3.
러시아 정보기관에 포섭된
항일 언론인

구한말 시기에 한국의 독립을 도운 것으로 알려진 외국인들은 사실 제대로 알고 보면 멀쩡한 사람이 아무도 없습니다. 우리나라 사람들은 인물적 담론을 좋아하고, 이상적인 존재를 통해 자신의 부족함을 보상받으려는 경향이 있습니다. 그렇기 때문에 현실상 존재하기 어려운 완벽한 영웅들이 가공되고, 이들이 무의식 중에 우리들의 정서를 지배하게 되었습니다. 이런 허황된 정서에 기댈수록 돈이 되기 때문에, 학계는 여기에 부화뇌동하기 위한 이론과 근거를 양산할 뿐입니다.

예컨대 영국의 신문기자였던 프레데릭 맥켄지(Frederick A. Mackenzie)의 경우를 봅니다. 이 사람은 구한말 의병들의 결연한 모습을 사진으로 남겨 유명해진 케이스입니다. 인상적인 작품을 남긴 것까지는 이해하겠는데, 이 사진 하나로 그는 우리에게 영웅 대우를 받습니다. 그는 한국과 관련된 몇 권의 저서를 남겼는데요, 우리 학자나 언론들은 그 중 몇몇 문장만을 편취(騙取)해 마치 그가 우리 민족의 아픔을 대변하고 일제의 부당한 침략을 세계만방에 알린 것처럼 설명하는 경우가 많습니다.

[그림] 프레데릭 맥켄지(Frederick Arthur McKenzie)의 저서
『The Tragedy of Korea』에 실린 1907년 의병들의 모습

그런데 그의 저서를 끝까지 잘 읽어보면 '이토 히로부미(伊藤博文)가 한국의 초대 통감이 된 것은 한국인들에게 더할 나위 없이 다행스러운 일'이라고 한 점이나, '한국인들은 일제의 통치에 복종해야 하며, 무장독립운동은 무의미한 일이니 자녀 교육에나 힘쓰라'고 한 내용도 나옵니다.[141] 우리 지식인들 중 아무도 이런 부분이 있다는 얘기는 하지 않습니다. 오로지 악마 같은 일본을 비판했다는 것만 밑줄 쳐 가면서 강조할 뿐입니다. 제3자적 시각에서 보자면 맥켄지의 충고는 매우 현실적이고 합리적인 견해일 것입니다. 하지만 봉오동전투나 의열단의 액션에 미쳐 있는 우리 국민들에게

---

[141] Frederick Arthur McKenzie, 「Korea's Fight for Freedom」, Fleming H. Revell Company, 1920년, 104쪽, 211쪽 참조.

는 망언이나 다름없습니다. 만약 현직 교수가 강단에서 이런 발언을 했다면 하루아침에 매장당하고도 남았을 것입니다.

이처럼 편향적인 자료 해석으로 인물의 평가를 왜곡한 사례는 손탁, 묄렌도르프, 마르텔(Emile Martel, 馬太乙)의 경우도 마찬가지입니다. 이 자들은 고종의 측근으로 있으면서 국내외의 민감한 군사·외교 정보를 러시아에 넘겨 우리 정부를 더욱 외세에 의존하도록 했을 뿐 아니라, 실세들과 공모하여 고종을 막후 조종함으로써 자국의 이익에 복무했던 사람들입니다. 사실상의 간첩들이나 다름없었죠. 그럼에도 우리는 이 사람들을 어떻게 평가하고 있나요? 고종을 도와 러시아 정부에 밀서를 전달하고, 독립운동자금을 측면에서 지원한 '파란 눈의 애국자'들로 미화되어 있습니다. 어처구니없는 일이죠. 일본에 맞서 싸운 사람이면 러시아 간첩이든, 공산당이든, 마적이든 상관없이 다 영웅 취급을 해주어야 한다는 것일까요? 어쨌든 지금은 이 사람들에 대해 다루는 주제가 아닌 만큼 자세한 이야기는 일단 넘어가기로 합니다.

구한말 개항 당시 한반도를 둘러싸고 열강들이 각축을 벌였지만, 그 중에서도 지정학적으로 얻을 게 많았던 러시아와 일본이 가장 공을 들였습니다. 특히 러시아는 우리의 정치적, 군사적 후견인을 자처하고 내각도 친러파가 득세하던 상황이었습니다. 그러다가 삼국간섭 이후 일본과 대립이 점차 격화하면서 결국 전쟁 상황으로 치닫게 됩니다. 양국은 일촉즉발의 위기 속에 상호간의 정보전에 돈을 쏟아붓고 있었습니다. 일본 본토는 물론 한국, 중국 어디든 러시아 첩자들이 사방에 쫙 깔려 있었죠. 이 사람들은 동아시아에 주둔하고 있던 일본군의 배치나 이동 현황 같은 군사 정보를 얻어내는 임무도 수행했지만, 그 외에도 지역 내 주요 언론을 장악하거나 민심을 선동하는 일에도 진력했습니다.

언론 관계자들을 매수해서 러시아에 우호적인 여론을 조성하고, 각국에서 반일 투쟁을 일으켜 일본의 주의를 분산시키려 했던 것입니다. 이를 위해 러시아에서는 러일전쟁 개전 직후에 기존의 방첩기관이었던 '군정보국(РУГШ)' 외에도 '상하이 정보국'이라는 조직을 만듭니다. 상하이 정보국은 주한 러시아공사 출신 파블로프가 주도하여 창설한 비밀 기구였습니다. 러시아의 해외 공작을 외곽 지원하는 데 주력했던 이 기구는 주로 언론인 포섭, 내부 간첩 육성과 관리를 담당했습니다.

러일전쟁 무렵 프랑스는 러시아와 밀월관계에 있었으므로 많은 프랑스 인들이 민관을 막론하고 러시아 정보당국의 협력자로 활동하고 있었습니다. 프랑스 공사, 뤼리스트라시옹과 르 피가로지 신문기자, 철도 관리 책임자, 교사, 신부 등 많은 인물들이 모두 러시아와 한통속이었습니다. 특히 이들 가운데에는 고종의 측근으로서 일종의 외교특보와 같은 임무를 수행했던 에밀 마르텔이라는 사람이 있었습니다. 그는 프랑스 공사대리였던 르페브르(G. Lefevres)의 추천으로 채용된 관립 학교 교사였으나, 점차 고종의 신임을 얻어 궁중에 드나들기 시작했습니다. 고종은 일본의 군사적 위협이 점차 심각해지자 이를 타개할 방편으로 러시아에 무력 개입을 간청하던 상황이었기 때문에, 이들과 소통이 원활했던 마르텔을 매우 중용했던 것입니다.

하지만 마르텔은 러시아의 상하이 정보국에 포섭된 자였습니다. 고종과 러시아 사이를 오가며 한국을 러시아에 외교적으로 종속되도록 부추기는 한편, 왕실과 일본 영사관의 동향 정보를 러시아에 넘겨주었습니다. 마르텔을 고종에게 교사로 천거한 르페브르 역시 러시아 정보 당국에 부역하던 인물이었으므로[142], 애초에 고종은 이런 사람들에게 포위되어 더욱더 러시아에 의존할 수밖에 없었습니다. 이렇게 간첩질을 하던 마르텔도 훗날 죽어서 양화진에 묻혔는데요, 양화진에 묻히면 다 애국자 취급하는 그런 선입견은 이제 버리는 게 좋겠습니다.

[그림] 러시아 간첩이었던 고종의 측근, 에밀 마르텔(Emile Martel, 馬太乙)

---

[142] 조르쥬 르페브르(G. Lefevres)는 주한 프랑스 공사관 서기관 출신으로 대리공사를 역임한 후 한국 북부철도 감독관으로 재임하면서 러시아의 파블로프에게 일본 주차군의 현황, 한국 철도부설 공사와 관련한 중요 정보를 전달했다. Dmitri B. Pavlov, 『The Russian 'Shanghai Service' in Korea, 1904-05』, EURASIAN REVIEW, Volume 4, November 2011, p.7

그렇다면 이 마르텔과 베델이 무슨 관계인지 본론으로 들어가보겠습니다. 상하이 정보국은 비밀리에 한국과 중국에서 발행되는 신문들을 지원함으로써 이들에 의한 반일 여론을 고양시키고 친러적인 기사가 게재되도록 공작했습니다. 베델이 발행하던 대한매일신보도 이들로부터 재정 지원을 받았다는 것은 이미 알려진 사실입니다. 러시아 정보당국으로부터 은밀히 재정 지원을 받은 언론사는 상하이에서만 모두 4개 신문사였는데,[143] 그 외에도 파블로프는 대한매일신문(Korea Daily News)에 매달 500엔을 지급했으며 다비도프(Davydov) 역시 〈Chefoo Daily News〉를 지원했습니다.[144]

대한매일신보의 영문판을 분석한 연구에 의하면, 신보의 논조가 대체적으로 친러적인 경향을 보여왔다고 합니다.[145] 예컨대 대한매일신보는 1904년 논설의 대부분이 러일전쟁 관련 기사들로 채워졌습니다. 81개의 정치 관계 논설기사 가운데 무려 51개가 러일전쟁에 관한 기사였는데, 노골적으로 러시아 편을 드는 경우가 많았습니다. 이를테면 만일 일본이 승리하더라도 러시아 군대가 다시 대오를 정비하고 보급을 새로 받게 된다면, 결국 전쟁은 러시아가 승리할 것으로 전망하는 식입니다.[146] 이런 논조는 확실히 황성신문 등 여타 국내 신문과는 대조적인 것이었습니다.

---

[143] 중국어 신문 1종, 영자 신문 China Gazette, Shanghai Times, 불어 신문 L'Echo de Chine을 의미한다.

[144] Павпов Дмитрий, 『КитАй, 1904-1905: РУССКО-ЯПОНСКОЕ ИДЕЙНОПРОПАГАНДИСТСКОЕ ПРОТИВОСТОЯНИЕ』, Астл SLAVICA lAPONICA, Tomus 22, 2005, p. 70

[145] 유재천, 「대한매일신보의 논설분석」, 이광린 편, 『대한매일신보연구』, 서강대학교출판부, 1986년, 93~95쪽.

[146] 이배용, 「대한제국시기 언론의 시대전환인식」, 한국사연구회 편, 『한국사 전환기의 문제들』, 지식산업사, 1993년, 227쪽.

상하이 정보국에서 극동지역 언론을 마사지하기 위해 지출된 예산이 1905년 8만 루블에 달했습니다. 그러나 포츠머스조약 체결 후 이 분야에 대한 관심이 급속히 냉각되면서, 몇몇 신문사를 제외하고는 대부분의 언론사에 지원을 중단했던 것으로 보입니다. 대한매일신보가 자금난으로 발간이 중단된 시기와 또 교묘하게 맞아떨어집니다. 과연 우연이었을까요? 네, 우연이라고 칩시다.

타국의 정보당국에서 아무런 이유없이 언론사 경영주에게 금전적 지원을 베풀어 주지는 않았을 겁니다. 반드시 반대급부가 따르기 마련이고, 이를 충실히 이행하는지 정보당국에서는 사람을 붙여 감시하기도 합니다. 파블로프 역시 대한매일신보에 자금을 지원하면서 베델의 활동을 배후에서 감시하도록 했는데, 이 임무를 담당한 사람이 바로 위에 언급한 마르텔입니다.[147] 참, 대단한 사람이죠? 이런 빼박 증거로 인해 베델과 러시아의 관계는 이제 명백해졌습니다.

물론 베델은 한국 황실이나 러시아로부터 금전적 지원을 받은 사실을 단호히 부정했습니다. 오직 자신의 자본 1,000엔으로 신문사를 창간했다는 것인데요, 아무리 인쇄시설을 구비하지 않은 상태에서 시작했다 하더라도 비슷한 시기에 창간한 여타 신문들의 사례를 보면 결코 수긍할 수 없는 주장입니다.[148] 예컨대 황성신문은 5,000원, 독립신문은 4,400원, 제국신문 역시 비슷한 규모의 초기자금으로 창간되었음에도 자금난으로 수차례

---

[147] Dmitri B. Pavlov, 『The Russian 'Shanghai Service' in Korea, 1904-05』, EURASIAN REVIEW, Volume 4, November 2011, 7쪽에 의하면 마르텔은 파블로프에 의해 'a concealed supervisor of the Bethell's Korea Daily News'로 임명되었다고 한다.
[148] 정진석, 『네 건의 역사드라마』, 소명출판, 2022년, 제2부 상하이 고등법원 재판(1908) 검사 월킨슨(H.P. Wilkinson)의 베델 신문 자료 169쪽 참조.

의 정간 위기를 맞고, 고종의 내탕금 보조와 독자들의 성금으로 겨우 명맥을 이어 갔습니다. 이승만이 작성한 신문사 창간 계획의 소요 예산을 보면 약 6,000원의 초기 자금이 필요했으며, 이 중 직원 월급으로만 매월 786원이 필요했습니다.[149]

즉, 오병이어의 기적이 일어나지 않는 한 외부 지원 없이 개인이 단독으로 신문사를 창간한다는 것은 거의 불가능에 가깝다고 봐야죠. 일본 측의 자료를 확인해보면 대한매일신보의 창간은 당시 친러 내각에서 기획한 작품일 가능성이 큽니다. 즉, 베델이 자신의 언론관이나 사업적 목적을 가지고 이 신문을 창간한 것이 아니라 처음부터 반일 언론을 육성하고자 했던 황실 쪽에서 이를 주도했고, 그 적임자로서 치외법권을 갖고 있던 외국인 베델이 낙점된 것이죠. 자료에 따르면 황실은 처음에는 베델보다 저술가이자 신문기자로서 역량이 뛰어났던 코웬과 접촉했던 것으로 보입니다.

코웬은 당시 재팬타임즈(Japan Times) 기자였으며, 언론 경력이 풍부한 사람이었습니다. 그러나 그는 일본에 적대적인 인물이 아니었고, 현직 언론인이었기 때문에 그다지 의욕적이지 않았습니다. 반면에 베델은 당시 돈이 궁했을 뿐 아니라 다혈질에 저돌적인 사람이었으므로 궁중의 의도에 완벽히 부합했을 것으로 보입니다. 더구나 그는 일본인들의 견제와 방해로 사업이 순탄하지 않았던 데다 여러 차례 송사에 시달렸으므로 일본인에 대한 감정이 매우 좋지 않았습니다. 코웬이 즈모토에게 보낸 비밀편지는 왕

---

[149] 孫世一의 비교 評傳「이승만과 김구(8) - 李承晩, 日刊紙시대를 열다」, 월간조선, 2002년 3월호.

실이 반일 언론을 육성할 목적으로 《Korea Times》를 창간할 계획이 있었다는 것을 말해 줍니다. 또한 그 주필로서 자신을 섭외하고 있었다는 사실과, 만일 자신이 이를 거부하면 어떻게 하든 또다른 자(=베델)를 내세워 이 신문의 창간을 강행할 것이라며 경고하고 있습니다. 이 편지의 작성일은 대한매일신보의 창간 시점과 거의 일치합니다.

(전략) 본인은 또한 이곳에서 한국의 궁정에서 많은 지원을 받게 될 것인데, 《Korea Times》라는 명칭의 신문을 발간해 달라는 큰 주문을 받고 있습니다. 그 신문은 '한국인을 위한 한국'과 '일본인에 대한 반대'를 정책으로 합니다. 귀하도 알다시피 본인의 사고방식은 그런 것이 아닌데 오히려 반대되는 정책을 따라야 하는 계략에 빠져 버렸습니다. 그리고 본인은 지금 궁중의 음모가들은 본인이 있건 없건 그 계략을 추진하리라고 생각합니다. 그러므로 만일 본인이 지금 편집자의 지위를 거부하더라도 다른 어떤 인사가 대신 들어갈 것입니다.

…(중략)… 궁정 음모가들은 이토(伊藤) 후작께서도 잘 아는 독일계 러시아 여인 손탁 양에 의해 관리되고 있는 궁중의 비공식 자금에서 《Korea Times》에 보조금을 지출하도록 제의할 것입니다. 그 여인은 일본 당국이 알지 못하도록 그런 일을 처리합니다. 그러니 만일 그 같은 지출을 어떡하든 저지할 수 있으면 反日 음모는 모두 실패할 것입니다. 한편 그 자금을 얻게 되면 어떻게든 그것을 사용할 것입니다.

본인이 그 자금과 관련되기를 거부하면 그들은 본인 없이 일을 처리할 것입니다. 그러나 그것은 본인에게는 크게 문제가 되지 않습니다. 왜냐하면 본인은 이미 여러 신문을 위해 쓰고 있는 통신문에 관한 책의 집필에 매우 바쁩니다. 그러나 그렇게 되면 다른 사람들에게는 문제가 될 수도 있으므로 그 때문에 본인이 귀하에게 전하는 것

입니다. …(후략)…[150]

이 편지에서 주목해야 할 것은 대한매일신보의 창간 목적과 자금의 출처 부분입니다. 실제로 자금 지원이 실행되었는지 확실하지는 않지만, 정상적인 비용 지출 과정을 거치지 않고 손탁에 의해 관리되는 비자금에서 처리되고 있으며, 일본 당국이 파악할 수 없는 경로로 자금이 유통되고 있고 있었습니다. 신문사를 창간하거나 지원하는 일이 그렇게 비밀스럽게 처리될 일인지 모르겠습니다. 위에서도 언급했지만 손탁은 러시아의 지령대로 친러 내각을 사실상 배후에서 조종한 혐의가 있는 인물입니다. 반일 여론 조성과 의병 활동을 지원하려 했던 러시아의 의도와 황실의 이해관계는 어느 정도 맞아떨어지고 있다고 보아야 합니다. 이런 가설은 다음 일본의 공문서를 추적해 보면 보다 더 선명해집니다.

《대한매일신보》는 즈푸(芝罘)의 《Daily Mail》(영자신문)의 지사이며 이 본사와 지사, 극동의 《하얼빈신문》 등 3개 신문은 러시아 정부의 기관지입니다. 때문에 《대한매일신보》의 재정은 러시아 정부로부터 지출되며, 그리고 한국 황실로부터도 매월 500엔을 보조받고 있다고 합니다. 大韓每日申報는 매일 약 3,000매를 발행하고 있다고 합니다. 사장은 영국인 베델이고 미국인 조지 팍싱이라는 자가 간혹 대리인이 되었으며 한국인 사원은 다음과 같습니다. (후략)[151]

즈푸(芝罘)는 오늘날 옌타이에 해당하는 곳으로 산동반도 부근의 지명

---

[150] 「韓國宮廷ニ於テ機關新聞發行ノ計劃ニ關スル件」, 機密送第八四號, 駐韓日本公使館記錄 22卷, 국사편찬위원회(1997년), 488쪽.
[151] 「大韓每日申報所載記事 取消對策에 관한 件」, 往電第一三號 別紙 丁號 秘第四九號 「大韓每日申報ニ關スル件」, 統監府文書 2卷, 97~98쪽.

이죠. '연태 고량주'로 유명한 곳이기도 합니다. 즈푸에는 당시 영자 신문인 《Chefoo Daily News》가 있었습니다. 이 신문은 앞에서 언급했다시피 러시아에 매수된 언론사 중 하나라는 점을 다시 상기해 주시기 바랍니다. 위 일본의 보고서에 보이는 신문명《Chefoo Daily Mail》은《Chefoo Daily News》의 오기로 보입니다. 정진석은 이것 하나만 보고 위 보고서가 오류라고 단정하지만[152], 제호가 조금 차이 나는 점을 빼면 러시아 자료와 일치합니다. 따라서 이 자료를 덮어놓고 부정할 필요는 없습니다. 우연의 일치인지는 모르겠지만《Chefoo Daily News》의 제호도 한국의《Korea Daily News》와 거의 유사합니다. 이 두 신문이 서로 본사와 지사와의 관계에 있는지를 규명하는 것은 여기서 판단할 일은 아니기 때문에 이 부분은 언급하지 않겠습니다.

분명한 점은 이 두 신문이 러시아로부터 지원금을 받았다는 것이고, 감시인이 붙었으며, 러시아의 의도대로 반일 친러적인 기사를 썼다는 것입니다. 물론 러시아의 개입 여부와 관계없이 반일정서가 만연했던 시기였던 만큼 언론들의 논조가 그 추이를 따라가는 것은 불가피한 현상일 수도 있습니다. 하지만 그렇다고 해서 굳이 러시아에 우호적일 필요는 없습니다. 다들 아시겠지만 러일전쟁 시기 일본의 승리를 바란 사람들이 많았습니다. 러일전쟁을 인종간의 전쟁으로 보았기 때문입니다. 안중근이나 강우규, 이준, 손병희 등 알 만한 사람들이 일본의 승리를 기원했죠. 그러나 유독 대한매일신보만은 러시아에 호의적이었습니다. 기왕이면 일본보다는 러시아에 편입되는 것이 낫다고 할 정도였습니다.[153]

---

[152] 정진석, 『대한매일신보와 배설 : 한국 문제에 대한 영일 외교』, 나남, 1987년, 108쪽.
[153] "Korea and the War", 「Korea Daily News(영문)」, 1904년 11월 2일자.

더구나 위 보고서에 따르면 대한매일신보가 황실로부터 매월 500엔의 보조를 받고 있다고 했는데, 이것은 러시아가 이 신문에 지원한 금액과 일치합니다. 그렇다면 이 돈은 우리 황실을 경유해서 베델에게 지급되었을 가능성도 배제할 수 없습니다. 물론 베델은 러시아의 자금 지원설을 재판정에서 부정했습니다. 본인이 발뺌한다고 그것이 곧 진실이 되지는 않죠.

어느 쪽에서 자금을 지원받았는지는 그렇게 중요한 문제가 아닙니다. 특정 국가로부터 지원을 받고 그들의 이익을 위해 복무했다는 점은 언론의 순수성을 의심케 하는 부분이 아닐 수 없습니다. 대한매일신보의 반일 논조들, 예컨대 전국 각지에서 봉기한 의병들에 대한 일본의 가혹한 탄압, 민간인 가옥 방화와 살상, 스티븐슨 저격 사건 등 일본 측을 지속적으로 자극했던 기사들은 오늘날 베델의 항일정신을 높이 평가하는 근거로 제시되고 있지만, 이런 기사들이 러시아의 사주를 받아 작성된 것이라면 얘기는 달라집니다.

중국의 경우 이미 많은 신문들이 일본에 의해 매수되었기 때문에 극동지역 여론전에서 우위를 선점하고 있었습니다. 반면, 한국은 신문사가 거의 전무하던 상황이었습니다. 러시아 입장에서는 기존의 신문사를 매수하는 것보다 신생 신문사를 밀어주는 것이 싸게 먹힌다고 생각했을 것입니다. 예를 들어 즈푸의 영자 신문 《Chefoo Daily News》의 경우 러시아가 이 신문을 매수하는데 연간 1만 멕시코달러가 소요되었습니다. 이 신문의 발행인은 미국인 맥더미드(McDermid, R. R)란 사람입니다. 그는 로이터(Reuters) Chefoo, AP통신 및 Chicago Daily News 뉴스로 구성된 연합통신의 공식 대표로서 지역 내 언론계의 거물이기도 했죠. 1904년 8월, 상하이 정보국의 지역 책임자였던 다비도프는 이 사람을 만나 비밀거래를 합니다. 그 효과는 확실했습니다. 거래가 성사된 지 반 년 만에 이 신문은 러시아의 기대에 부응하는 수백 편의 기사를 쏟아냅니다. 연합통신의 이점을 발휘하여 이 신문의 기사들은 유럽과 미국으로 신속히 전파되면서 러시아에 우호적인 여론을 이끌어내는 데 많은 기여를 했습니다. 이들의 협력관계는 1907년까지 계속되었다고 합니다.[154]

러시아가 대한매일신보를 언제까지 지원했는지는 현재로서는 불분명합니다. 다만, 포츠머스 조약 이후에는 러시아의 외교정책에 많은 변화가 있었으므로, 일부 신문사를 제외하고는 대부분 지원이 중단된 것으로 보입니다.[155] 대한매일신보도 이 시기에 자금부족에 시달려, 황실에서 특별히 손탁을 경유하여 지원금을 하사했다는 심우택의 증언이 있습니다. 그렇다고 해서 베델과 러시아의 관계가 완전히 청산된 것은 아니었습니다. 뒤에서 다시 말씀드리겠지만, 베델은 언론활동 외에도 러시아의 간첩들과 수시로 접촉했다는 기록이 보입니다.

러일전쟁 패전 후에도 러시아는 한국에 대한 미련을 버리지 못하고, 여전히 영향력을 행사하려 들었습니다. 헤이그 만국평화회담에 한국을 초대하여 일본의 섭정을 부정하고 한국이 여전히 독립된 국가임을 국제적으로 인정받으려 한 것이 대표적입니다. 이게 우리를 위해서 그런 것이 아님을 아셔야 하지만 불행히도 우리 학계는 그렇지 않은 것 같습니다. 아직도

---

[154] Павпов Дмитрий, 『КитАй, 1904-1905: РУССКО-ЯПОНСКОЕ ИДЕЙНОПРОПАГАНДИСТСКОЕ ПРОТИВОСТОЯНИЕ』, Астл SLAVICA lAPONICA, Tomus 22, 2005, p.66
[155] Павпов Дмитрий, 앞의 논문, p.70

고종이 헤이그에 우리 측 인사들을 참석시키려 노력한 것을 두고 독립운동의 일환으로 평가하려는 사람들이 차고 넘칩니다. 한심한 일입니다. 그렇게 나라의 독립을 염려한 사람이 외국의 보호에 기대어 이리저리 영혼을 팔고 다녔던 것입니까? 어차피 우리는 이미 외교권을 상실한 상태였고, 러일전쟁 뒤처리를 위해 개최된 그 회담의 성격상 우리의 처지를 동정하거나 일본에 무슨 영향력을 행사할 수 있는 그런 자리는 아니었습니다. 오히려 러시아에 부화뇌동한 결과 고종은 강제 퇴위 당하고, 군대는 해산되면서 망국의 수순으로 접어들게 된 것입니다.

어쨌든 러시아는 일본의 한국 지배를 인정하기 싫었습니다. 그래서 여전히 우리나라 국민들의 반일 저항이 계속되기를 바라면서 수많은 간첩들을 보내고 있었죠. 러시아 상하이 정보국이 한국의 의병들을 물밑에서 지원하려 했으며, 이를 위해 현상건 같은 친러 인사를 매개로 삼아 황실과 교섭했음은 여러 자료에서도 드러나고 있습니다. 일본 당국도 어느 정도 이를 파악하고 있었습니다. 파블로프가 축출된 이후 상하이 정보국의 수장이 되었던 고이예르는 러일 무력 충돌 시 한반도에서의 무장봉기를 위해 사전에 인력을 양성한다는 계획도 수립했는데, 실제로 10만 명에서 20만 명 규모의 전시동원 병력을 구상하고 있었다고 합니다.[156] 이 병력은 구한말 의병 숫자가 대충 그 정도 한다는 추정에 의해 산출된 숫자로서 실제로 이행되지는 않았습니다. 다만, 러시아가 당시 한국의 의병들을 빨치산 게릴라에 준해서 유사시 일본군과 대적할 수단으로 생각했다는 점은 인상적입니다.

---

[156] 최덕규, 「고종황제의 독립운동과 러시아 상하이 정보국(1904~1909)」, 한국민족운동사연구 제81집(2014년), 64쪽.

하지만 러시아의 외교정책이 일관되지 못하고 수시로 조변석개(朝變夕改)한 탓에 의병 지원 계획은 제대로 성사된 것이 하나도 없었습니다. 원래는 만주와 연해주를 통해 국내 의병들에게 무기를 공급한다는 계획까지 있었던 모양입니다. 결과적으로 러시아와 황실의 계획은 흐지부지되었지만, 이 계획을 실행하는 과정에서 수많은 러시아 한인 유학생들이 한국으로 파견되었고, 곳곳에 이들을 지원할 간첩들이 암약했던 것은 사실입니다.

이때 한국을 드나들던 러시아 간첩 중에는 러시아 참모본부의 육군 대위 출신 롯소프란 자가 있었습니다. 이 자는 수시로 신분과 이름을 바꿔가면서 군부대와 밀접한 고지(高地)의 땅을 매수하거나 군항, 군용철도 부지 주변을 배회하면서 일본군 지휘부에 접근하기도 하고, 주변 한인들을 통해 정보를 수집하는 활동을 했습니다. 그의 주변에는 그에게 협력하는 외국인들이 동행하고는 했는데 주로 세관 직원, 호텔 주인, 통역, 담배 상인으로 신분을 위장한 사람들이었습니다. 이 명단에는 문제의 인물인 영국인 베델의 이름도 보입니다.

실제로 베델이 이들과 어떤 활동을 했는지 밝혀줄 구체적인 자료는 없습니다. 다만 적어도 이들과 부화뇌동했던 것은 사실로 보입니다. 이 롯소프 대위와 원팀이었던 간첩들 중에는 무우르스라는 자가 있었는데, 이 사람은 담배 상인으로 위장해서 중국 즈푸와 한국을 오갑니다. 그는 러시아로부터 지령을 받고 내란 선동을 수행할 간첩들을 요소요소에 배치하는 임무를 수행하고 있었습니다. 일본의 자료상으로는 베델과 함께 특히 주의해야 할 요주의 인물로 찍혀 있던 것으로 볼 때, 베델은 적어도 이 자와 비

숱한 수준의 임무를 부여받았을 가능성이 있습니다.[157]

'대한매일신보를 영생케 하여 한민족을 구하라'고 했던 베델은 이처럼 국채보상기금에 손을 대 사복(私腹)을 채우려 들었고, 러시아와 결탁해서 뒷돈을 챙겼으며, 우리 민족의 운명을 외세의 손아귀에 넘기려던 외국인에 불과합니다. 그 외세가 일본이냐 러시아냐의 차이만 있었을 뿐, 우리가 그로 인해 덕을 볼 건 없었습니다. 일본의 한국 병탄이 코앞에 다가오자 국내에 만연했던 반일정서를 자양분 삼아 자기 사업과 돈벌이에 미쳐 있던 사람을 100년이 넘도록 너무 과분한 대접을 해드리고 있는 것은 아닐까요? 당시 고종에게 접근해 외세의 거간꾼 행세를 하며 내탕금을 뜯어내던 숱한 외국인들과 다를 바가 무엇인지 모르겠습니다.

통감부 외사국장을 지낸 고마쓰 미도리(小松綠)의 회고록에 따르면, 고종의 집사격인 손탁을 통해 돈을 받아쓴 주요한 인물들은 대한매일신보의 베델, 미국인 헐버트, 한미전기회사 사장 콜브란과 크뢰벨 부처 등 다수의 외국인들이 포함되어 있습니다.[158] 명목은 이런저런 운동비나 활동비를 구실로 삼았겠지요. 이 사람들이 고종이나 한국을 위해 일했겠습니까? 그런 순진한 생각을 하는 분들이 많겠지만, 천만의 말씀입니다.

주한 영국총영사 헨리 보나르(Henry Bonar)가 외상(外相) 에드워드 그레이(Edward Grey)에게 보낸 편지에 따르면, 고종은 퇴임 후 해마다 30만

---

[157] 「京城及仁川ニ於ケル露國陸軍大尉'ロツソフ'及同通譯ノ行動」, 韓駐參第634號 별지 문서, 駐韓日本公使館記錄 24권, 국사편찬위원회, 606~607쪽, 앞의 책 452쪽 來電第290號 중 朝鮮人煽動陰謀ニ關與人名 부분 참조.
[158] 小松綠, 「明治史實外交秘話」, 1927년, 381쪽 참조. 京城府에서 펴낸, 「京城府史」第1卷, 1934년, 651~654쪽에도 이와 유사한 내용이 보인다.

엔을 지급받고 있었습니다. 그런데 언제나 돈이 모자라 1만 엔씩, 2만 엔씩 추가 지출을 요구한다는 말을 듣고 어찌된 영문인지 당시 궁내부 차관이었던 고미야 미호마쓰(小宮三保松)에게 문의한 적이 있습니다. 그때 고미야 차관은 전 황제(고종)에게 운동비 명목으로 돈을 뜯어내는 외국인들이 많기 때문이라고 답합니다. 구체적으로 콜브란과 보스트윅은 170만 엔이나 받아 갔음에도 결과물이 없고, 프랑스인 마르탱(베델의 친구이자 에스터 하우스 호텔 사장)은 100만 엔이나 받아내었다고 합니다. 또한 한 독일인 장교(고종의 돈을 횡령한 크뢰벨)는 수천 엔을 받아갔으며, 신문 소유주(베델)도 얼마간 받아간 것으로 설명했습니다.[159]

이처럼 외국인 및 잡배들이 독립운동을 한답시고 궁중에 드나들면서 고종의 내탕금을 축내는 일이 많아지자 이토 통감은 1906년 7월 6일자로 궁금령(宮禁令)을 발동하고, 궁중에 드나드는 사람은 향후 일본의 경무고문관의 허가증을 얻어야 출입할 수 있도록 조치했습니다. 그러나 그 후에도 헐버트와 베델은 고종으로부터 월급을 받고 있는 것 같다고 영국 대사 맥도날드는 본국에 보고하고 있습니다.[160]

고종은 이처럼 사람을 볼 줄 몰랐고, 이런저런 감언이설에 속아 돈을 써댔기 때문에 늘 자금이 모자랐습니다. 심지어 황실 재산을 관리했던 손탁도 의료비 계산서를 위조해서 내탕금을 사사로이 썼다는 증언도 있습니

---

[159] Bonar to Grey, Memorandum of Conversation with Mr. Komiya, Vice-Minister of Corean Imperial Household ,1910년 1월 13일, 정진석, 『대한매일신보와 배설 : 한국 문제에 대한 영일 외교』, 나남, 1987, 116쪽에서 재인용.
[160] MacDonald to Grey, Paragraph 36, 1908년 2월 19일, 「Japan, Annual Report 1907」. 정진석, 앞의 책, 118쪽 재인용.

다.[161] 슬기로운 호구 생활을 즐기던 고종은 돈이 자주 떨어져 상해에 나가 있던 민영익에게 송금을 요청하거나, 해외에 은닉해 두었던 본인의 비자금을 회수하는 작업을 했던 것입니다.

외국인들이 아무 이유 없이 우리를 도운 적은 없습니다. 자신들이 추구하는 목적이 따로 있었고, 그 목적에 부합할 때 우리를 위해 일한 것처럼 보였을 뿐입니다. 그것이 종교적인 목적이든, 개인의 이익과 사업상의 목적이든 불문하고 우리는 그 내면에 숨겨진 본질과 동기에 대해서 냉정하게 판단하면 그만입니다.

결과적으로 베델이 횡령한 국채보상기금은 한 푼도 회수되지 못했음에도 우리는 그에게 훈장을 수여했습니다. 우리 안에는 고종과 같은 혼미(昏迷)함과 호구 근성이 유전적으로 내재하고 있는 것일까요? 공훈의 기준을 이렇게 오로지 반일의 선명성에 두다 보면 뒤로는 범죄를 저지르고, 표면적으로 항일의 외피를 둘러쓴 짝퉁 유공자를 가려낼 수 없습니다. 국민의 세금을 이런 사람들을 위해 쓴다면 이 얼마나 슬픈 일입니까!

---

[161] 분쉬는 손탁이 의료비 계산서를 위조하여 측근에게 1,000엔을 줄 것을 요청했다며 이를 비열한 짓이라고 비난했다. 리하르트 분쉬 《1903년 11월 22일 일기》 참조, 김종대 역, 『고종의 독일인 의사 분쉬』, 학고재, 1999년, 209쪽.

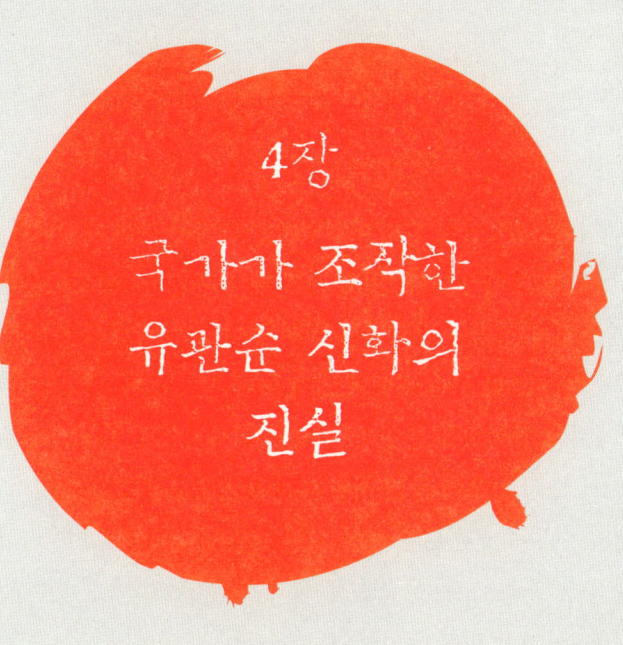

4장

국가가 조작한
유관순 신화의
진실

1.
유관순 신드롬은 누가 시작했나

해마다 3월 1일이 되면 어김없이 소환되는 분이 계십니다. 네, 그렇습니다. '유관순 누나'입니다. 일제 시기 내내 존재를 모르고 있다가, 해방 이후 갑작스럽게 조명을 받으면서 '국민 누나'로 등극하신 분이죠. 수많은 애국지사들과는 달리 무슨 뛰어난 업적을 남긴 것도 아니고, 3.1 운동 당시 단 한 번 시위에 참여했을 뿐인데, 이렇게 역사적으로 주목받게 된 계기는 무엇일까요? 병천 아우내 장터 시위를 사실상 주도한 것으로 알려진 김구응과 조인원의 경우 유관순보다 한참 뒤인 1990년대에 이르러서야 훈장이 추서되었습니다. 훈격도 두 사람 모두 아래 단계인 애국장, 애족장으로 결정되었습니다. 심지어 일반 국민들 중 그분들이 누구인지 아는 사람은 거의 없을 것입니다. 그분들의 애국심이 유관순보다 부족하다고 볼 근거가 없음에도 이런 푸대접은 참으로 불공정한 처사가 아닐 수 없습니다. 국립중앙도서관의 보유 도서를 검색해보면 유관순은 김구, 안중근, 안창호 다음으로 많이 조회되는 인물이며, 대부분 위인전 형태입니다. 자료도 부족하고 누군지도 모르면서 위인전을 이렇게 많이 쓸 수 있다는 게 신기할 따름입니다.

유관순은 평범한 집안 출신입니다. 그런 그가 만세운동 사건에 휘말린 뒤 일찍 요절한 탓에 공식적인 자료가 거의 없다시피 합니다. 지금 전해지고 있는 내용들은 대부분 주변 인물들의 증언에 기반한 것입니다. 증언이라는 것이 흔히 그렇듯이 오랜 기억에 의존하다 보면 사실관계가 불분명하거나 착오가 발생할 수 있으며, 자기 주관이 개입될 수도 있고, 사정에 따라서는 의도적으로 왜곡하는 경우도 적지 않습니다. 사실 서대문형무소의 수형자 카드가 발굴되기 전에는 우리는 유관순이 어떻게 생겼는지도 몰랐습니다. 주변 인물들의 목격담에 근거하여 초상을 그려 댔기 때문에 40대 중년 같은 을씨년스러운 이미지였습니다.

그런데 수형자 카드의 모습은 어찌 보면 약간 통통한 데다 조금 사나워 보이기조차 해서 우리가 상상하던 그런 친근한 누나의 이미지가 아니었습니다. 하지만 일본 간수로부터 얻어맞아 얼굴이 부은 것이라는 난데없는 추측들이 설득력을 얻으면서 지상파 방송들도 이에 동조하기 시작합니다. 기결수인 그녀를 도대체, 왜, 얼마나 두들겨 패야 얼굴이 이렇게 빵빵하게 부풀어오를 수 있다는 것일까요? 더욱 한심스러운 것은 본래의 모습을 찾는답시고 AI로 턱을 깎고 볼 살을 줄여 무슨 연예인처럼 만들어 놨다는 것입니다. 이 정도면 집착을 넘어 광기에 가까운 수준입니다. 하지만 아쉽게도 유관순은 우리가 상상하고 있는 것처럼 그렇게 청순 가련한 스타일은 아닙니다. 수형자 카드 기록에 의하면 당시 여성 키로서는 보기 드문 5척 6촌(170cm)에 달하는 장신인 데다, 일본 경찰의 멱살을 쥐고 흔들 정도의 괴력을 지닌 소녀였습니다.[162]

---

[162] "유관순은 소장이 입고 있던 제복에 혈흔(血痕)이 묻어 있음을 가리키며 군중에게 무엇인가 외치고 소장의 멱살을 쥐고 휘저었고…" 유관순 공주지법 판결문, 대정 8년 형공(刑控) 제513호.

유관순은 오늘날 한국의 잔다르크에 비견되는 인물로 널리 알려졌지만, 그것은 우리의 일방적인 희망사항일 뿐입니다. 일부 인사들의 증언처럼 유관순이 감옥에서 그렇게 영웅적인 투쟁을 전개하다 사망했다면, 일제의 공문서에 한두 번이라도 그 내용이 등장해야 했습니다. 하지만 그런 증거를 전혀 발견할 수 없다는 게 문제입니다. 오로지 유관순을 감옥에서 만났다는 사람들의 증언에 기반해서 이런 얘기들이 기정사실처럼 굳어진 것입니다.

어쩌면 유관순은 지극히 평범한 소녀에 불과했을 수도 있습니다. 3.1 운동에 참여한 가족들이 모두 참변을 당했고, 나이 어린 동생들만 남았기 때문에 이들의 안부를 걱정했습니다. 또한 엄윤회에게 콩주먹밥을 얻어먹어야 할 정도로 늘 배가 고팠습니다. 연고가 있는 다른 죄수들과는 달리 아무도 면회를 오지 않는 상황이라 어린 나이에 더 외롭고 심적으로 힘들었을 것입니다. 그런 그녀가 밤만 되면 미친듯이 만세를 불러대며 상황을 더욱 악화시켰을지는 미지수입니다. 일본인 간수들을 향해 두 눈을 희번덕거리며 "어머니, 아버지가 너희 일본 놈에게 총에 맞아 죽는 걸 내 눈앞에서 봤다"라거나, 박인덕에게 "선생님, 나는 각오했습니다. 이 한 몸 독립운동 위해서 죽어도 상관없습니다"라고 결기를 보였다[163]는 식은 너무 신파적이고 작위적인 얘기들입니다. 감방 안에는 유관순뿐 아니라 당대에 한가닥하는 쟁쟁한 여걸들부터 산전수전 다 겪은 노파까지 들어와 있었을 것입니다.

그런데 생판 얼굴도 모르는 어린 소녀의 진두지휘 하에 이들이 일심

---

[163] '박인덕, 신봉조의 대담', 1978년 10월 7일 《미국의 소리》, https://erebus4.tistory.com/525에서 참조.

동체가 되어 서대문감옥에서 만세운동을 함께했다는 것은 북한이라면 모르겠지만 믿기 어려운 설정입니다. 이제 우리는 좀 더 이성을 찾아야 할 필요가 있습니다. 밤에 볼까 두려운 유관순의 서슬 퍼런 눈빛은 영화이니까 가능한 얘기일 뿐입니다.

[그림] 영화 〈항거:유관순 이야기〉의 포스터 자료. 표독스러운 표정이 인상적이다

서대문감옥은 우리가 상상한 것처럼 비명소리가 난무하는 아비규환의 현장은 아니었습니다. 서대문감옥의 간수는 1919년 말 기준으로 210명 정도에 불과했습니다. 이들이 1만 5,000명이 넘는 죄수들을 담당했다는 얘기인데요, 이는 간수 1명이 무려 71명의 죄수들을 관리하고 있었다는 뜻입니다. 2019년 현재 우리나라 교도관 1인이 담당하는 수형자 수는 3.4명임을 고려할 때, 이 당시의 간수들이 수형자 한 사람 한 사람을 타이트하게 관리한다는 것은 거의 불가능했습니다. 게다가 유관순은 이미 재판이 끝난 기결수입니다. 미결수라면 여죄를 추궁하기 위해 고문할 가능성이 있겠지만, 재판이 끝나 출소를 기다리는 기결수를 고문하고 학대할 이유가 없는 것입니다.

3.1운동으로 구속되어 징역형을 받은 사람들은 1919년 7~8월 사이에 대부분 가석방되었고 만기를 모두 채우고 출옥한 사람은 거의 없습니다. 1년 이상 수감된 사람들도 1920년 4월 27일 칙령 120호에 의거해서 조기 석방되거나, 감형을 받아 조기 출감했습니다. 유관순 역시 1년 6개월로 감형된 상태였습니다. 당시 전국 감옥의 질병자 통계를 보면, 입감 후 발병한 환자 수는 3.1운동이 발발하기 직전과 대비해 큰 차이가 없습니다. 구체적으로 1918년에 1만 9,012명이었고, 1919년은 1만 9,813명입니다. 수치상으로는 소폭 증가했지만, 1919년에 입감 인원이 크게 증가한 것을 고려하면 이전에 비해 감옥 내 상황이 현격하게 악화되었다고 말할 수는 없다는 의미입니다. 감옥 내 사망자 수도 1918년 436명 대비 1919년 435명으로 거의 차이가 없습니다.[164]

　　따라서 유관순이 만세운동 1주년 기념으로 감옥 내 시위를 주도하다 고문을 당하고, 그 후유증으로 사망했다는 기존의 통설은 전면 재검토되어야 마땅합니다.

---

[164] 감옥 내 질병자 통계는 1919~1920년 조선총독부 통계연보의 감옥편을 참조했다.

2.
유관순은 감옥에서
만세 부르다 죽지 않았다

우리가 초등학교에서 배운 동요를 들어보면 유관순은 옥 속에 갇힌 이후에도 만세 부르다가 죽은 것으로 나옵니다.[165] 유관순이 국민적 존경을 받고 있는 이유이기도 합니다. 하지만 이 드라마틱한 서사를 배제한다면, 유관순은 3.1운동 기간 중 사망한 554명과 투옥자 6,024명 가운데 한 사람으로서 그 가치를 1/n로 공유하는 존재에 불과합니다. 유관순보다 장렬하게 싸우다 죽은 사람은 얼마든지 있기 때문입니다.

그렇다면 이 노래 가사처럼 유관순은 정말 옥 속에 갇혀서도 굴복하지 않고 만세를 부르다가 죽었을까요? 아닙니다. 우리가 그렇게 믿고 싶었던 것입니다. 유감스럽게도 유관순이 어떻게 죽었는지 확인해 줄 수 있는 자료는 아무것도 없습니다. 언제, 왜, 어떻게 죽었는지 모른다고 해야 정답인 것이죠. 단지 몇몇 인사의 증언에 따라 '감옥에서 만세 부르다 고문을 심

---

[165] "삼월 하늘 가만히 우러러보며 유관순 누나를 생각합니다 옥 속에 갇혔어도 만세 부르다 푸른 하늘 그리며 숨이 졌대요", 강소천 작시 나운영 작곡인 〈유관순 노래〉는 1952년 청소년의 애국심과 국가관 고취를 위해 문교부 편수국 의뢰로 만들어졌다.

하게 당했기 때문에, 그 후유증으로 죽은 게 확실해!!'라고 추정할 수 있을 뿐입니다.

앞에서 살펴보았지만 이신애, 어윤희, 박인덕, 김현경은 감옥에서 유관순을 직접 만났다고 주장하는 인물들입니다. 또한 유관순의 사체 인수 과정을 목격한 사람들로는 친오빠인 유우석, 친척인 유빈기와 그 아들인 유중영, 이화학당 친구였던 이정수(보각스님), 지네트 월터 학당장 서리, 김현경을 들 수 있습니다. 모두 유관순과 직간접적인 인연이 있는 사람들이죠. 이런 사람들의 증언을 취합해서 하나의 결론을 만든 셈입니다. 그런데 이들조차도 유관순이 언제 어떻게 죽었는지, 무슨 병명으로 죽었는지 확실하게 아는 사람은 없습니다. 전반의 과정을 자세히 목격하지도 않은 사람들의 추측만으로 마치 사실인 것처럼 정설이 된 것입니다. 게다가 자기들끼리도 말이 안 맞고 내용이 다 다릅니다.

일제가 제정한 감옥법 및 그 시행령을 보면 감옥에서 사망한 사람을 그렇게 허술하게 처리하지 않았습니다. 죄수가 사망하면 감옥 최고책임자인 전옥(典獄)이 검시해야 하며, 특히 병사한 죄수는 감옥의(醫)가 그 병명, 병력, 사인(死因) 및 사망 연월시를 사망기록부에 기재하고 서명해야 합니다. **(감옥법시행규칙 177조, 이하 규칙)** 그리고 가족 및 친족 등 연고자에게 신속히 통지하여 사체를 인수하도록 하고 있습니다. (**규칙 178조**) 이때 인수사실을 사망기록부에 기재하고, 유품, 그리고 노역 수당의 청구가 있으면 교부하여야 합니다. (**감옥법 28조, 56조**) 그리고 연고자가 없는 경우에는 일단 가매장을 합니다. (**규칙 181조**) 가매장을 한 이후라도 연고자가 나타나면 언제

라도 사체를 인도해야 합니다. **(감옥법 74조)**[166]

유관순의 경우 9월 28일 사망하여 10월 12일 이화학당에 시신이 넘겨졌습니다. 누군가는 감옥에서 사망 관련 인수인계 서류와 유품, 1년여의 노역 수당을 수령했어야 합니다. 그런데 아무도 이를 수령했다는 사람이 없습니다. 시신 인수인계 절차를 제대로 밟았다면 유관순의 사인(死因)은 모를 수가 없습니다. 더구나 유관순의 시신을 인수해온 사람들은 대학 수준의 교육을 받은 사람들이고, 미국 선교사 출신의 학당장 서리도 있습니다. 하지만 여전히 사인이 미궁 상태인 것을 보면, 당시 이화학당 측에서 인수한 사체가 유관순의 것이 맞는 것인지, 감옥에서 인수했는지조차 불분명합니다.

친오빠 유우석의 증언에 따르면, 감옥 당국으로부터 연락을 받고 자신과 아펜젤러 학당장이 함께 가서 유관순의 사체를 인수했다고 합니다. 이때 유우석은 만 21세의 성인이었습니다. 단독으로 의사결정 및 법률행위를 할 수 있으며, 어느 정도 판단 능력이 있는 나이입니다. 하지만 그는 유관순의 장례를 치르고 나서 비석 하나 세우지 않았고, 지인이나 친지에게 묘지의 위치도 알리지 않았습니다. 일제가 한남동 일대의 공동묘지를 망우리로 이전할 무렵, 무연고 묘에 대한 이장을 최고(催告)하는 광고가 여러 차례 공시되었음에도 혈육의 묘지가 망실(亡失)되는 비극을 막지 못했습니다.

유우석이 조선일보와 두 차례 인터뷰한 내용도 문제가 있습니다. 그

---

[166] 朝鮮法令輯覽, 조선총독부 編, 帝國地方行政學會, 大正 11년(1922년).

는 아펜젤러 학당장과 함께 유관순의 시신을 인수했다고 주장했지만, 당시 아펜젤러는 안식년 휴가차 미국으로 떠나고 한국에 없었기 때문에 사실과 다릅니다. 조선일보와의 인터뷰는 1964년입니다. 상당한 시간이 지난 시점이므로 지넷 월터 학당장 서리를 아펜젤러로 착각했을 수 있습니다. 만약 그렇다면 지넷 월터와 유우석은 유관순의 시신을 공동으로 인수했을 것이므로, 두 사람의 증언은 어느 정도 일치해야 합니다. 하지만 실제로는 그렇지 않습니다.

먼저 지넷 월터의 회고록에는 유우석과 함께 갔다는 말이 없으며, 이화학당 학생들과 함께 가서 운구해 왔다는 내용만 있습니다.[167] 우선 사체 상태에 관하여 두 사람의 말이 다릅니다. 유우석은 "시체는 석유 궤짝에 들어가 있었고 몇 토막이 나 있었다"고 합니다.[168] 그러나 지넷 월터는 자신의 손으로 수의를 입혔으며 유관순의 사체는 온전한 상태였다고 확인해 주었습니다.[169] 아무리 세월이 지났어도 이 부분은 착각할 수가 없기 때문에, 두 사람 중 한 사람은 거짓말을 하고 있는 셈입니다.

유관순의 먼 친척 뻘인 유중영도 목격자 중 한 사람입니다. 그에 따르면 시신은 온전한 상태였고, 먼지가 쌓인 4부짜리 송판관에 보관되어 있었다고 합니다. 오빠인 유우석이 감옥에 있었고 연고자가 전무한 상태였기 때문에 이화학당 측에서 서울에 거주하는 먼 친척 뻘의 유빈기 부자에게 연락해서 오게 했다는 것입니다. 즉, 유중영의 증언이 맞다면 친오빠 유

---

[167] A. Jeannette Walter, 「Aunt Jean」, Johnson Publishing Company, No date (circa 1969), 143쪽.
[168] 조선일보 1959년 10월 11일자 석간 3면, 유우석 인터뷰 기사 '감옥서도 나를 격려. 나라 위해 싸우라고'.
[169] "However, when I was in Korea in 1959, I was interviewed by a group from Kwansoon's school, and I assured them on tape that her body was not mutilated.", A. Jeannette Walter, 앞의 책, 143쪽.

우석은 시신의 인수 과정에 참여하지 않았다는 뜻이 됩니다. 따라서 유우석의 증언은 완벽히 거짓인 셈입니다. 하지만 유중영의 증언에도 문제가 많습니다. 당시 유우석은 집행유예를 선고받고 출옥하여 배재고보에 재학 중이었기 때문에 감옥에 있었다는 주장은 사실과 다릅니다. 또한 유관순의 시신을 보러 가보니 공주에서 선교사로 재임했던 베아(Bair, Miss Blanche R, 裵義禮,1888-1938)가 와 있었다고 하는데, 베아 선교사는 당시 안식년 휴가 중으로, 한국에 없었습니다.[170]

그 외에도 이정수(보각스님), 김현경 등이 사체 인수 및 장례 과정을 목격했다고 하지만, 이들 증언의 신뢰성도 담보하기 어려운 수준입니다. 특히 이정수의 증언은 다른 목격자의 증언과 괴리가 클 뿐 아니라 3.1운동 발발 직후의 상황과 시위에 참여하게 된 과정에서 역사적 실체와 거리가 먼 주장들이 덧붙여져 있습니다. 본인이 직접 참여하거나 목격한 것이 아닌 주변인들로부터 전해들은 이야기를 자신이 경험한 것처럼 진술했을 가능성이 큽니다. 예컨대 박희도가 이화학당 학생들을 선동하여 서울역 시위를 진두지휘한 것처럼 언급한 부분이 있는데, 이는 역사적 사실과 다릅니다. 박희도는 당시 태화관에 있었을 뿐만 아니라 파고다 공원에 몰려든 학생 시위대와 엮이려고 하지도 않았습니다.

[표] 유관순의 시체 인수에 관여했거나 목격한 사람들의 증언 비교

증언자	관계	인수자	사체 보존	사체 형태	장례 준비
유우석	친오빠	본인, 아펜젤라	석유 궤짝	토막난 시신	학생들

---

[170] 1920년 당시 Blanche Bair선교사는 On Furlough(휴가자) 명단에 올라 있다. Methodist Episcopal Church, Korea Annual Conference, 「Minutes of the 13th Session (October 20-26, 1920)」, p.23

증언자	관계	인수자	사체 보존	사체 형태	장례 준비
유중영	재종숙	학당 사람들	송판 관	온전한 시신	언급 없음
유제한	8촌외 먼 친척	지넷 월터	석유 궤짝	토막난 시신	교사와 친구들
지넷 월터	학당장 서리	본인과 학생들	운구해왔다	온전한 시신	학생들과 본인
이정수	학당 친구	어느 두 사람	들것(죄수복 착용)	방광 훼손	세브란스 교의
김현경	유우석의 지인	본인, 아펜젤러	언급 없음	언급 없음	소독

　이처럼 유관순의 죽음을 목격했다고 주장하는 사람들은 유관순이 언제 죽었는지, 왜 죽었는지 알 수 있는 위치에 있지도 않았습니다. 게다가 시신을 인수하는 과정에서 개입한 관련자, 인수 방법, 시신의 보관 형태에 대해 증언의 일관성을 갖추고 있지 않습니다. 즉, 유관순이 옥 속에서 만세 부르다 일제에 의해 고문당해 죽었다고 가정했을 때, 이 사람들의 증언은 입증 근거로써 절대적인 가치가 있는 것은 아닙니다. 그렇다면 유관순이 서대문형무소에서 생존해 있을 때 옥중 투쟁을 함께했거나 이를 목격했다고 주장하는 사람들의 증언은 어떨까요?

　우선 가장 적극적으로 이를 주장하고 있는 사람은 감방 동료로 알려진 이신애(李信愛)입니다. 이신애는 1919년 12월 대동단사건에 연루되어 서대문감옥에 투옥된 사실이 있습니다. 이때 유관순과 같은 8호 감방에 수감되었다는 것입니다. 지금도 서대문형무소 기념관에 가 보면 이신애와 유관순이 나란히 포스터에 걸려 있습니다. 이신애에 따르면 3.1운동 1주년을 기념하기 위해 유관순과 함께 만세시위를 기획했다고 합니다. 1920년 3월 1일 오후 2시를 기해 8호 감방 여죄수들의 주도하에 일제히 만세를 고

창하자, 감옥 내 3,000명의 죄수들도 이에 열렬히 호응했다는 것이죠. 그리고 그 만세 사건의 여파로 시위를 주도한 사람들은 혹독한 대가를 치렀는데 이신애는 고문 끝에 유방이 파열되고, 유관순은 방광에 큰 치명상을 입었다고 주장하고 있습니다. 유관순은 이때의 후유증 때문에 사망한 것으로 스토리가 대략 이렇게 맞추어져 있습니다. 그렇다면 이신애의 증언이 과연 사실인지 1차 사료를 통해 검증해보았습니다.

1919년 12월 대동단사건으로 이신애가 서대문감옥에 입감될 무렵, 원산경찰서에서는 이신애에 대한 '소행조사보고'를 작성합니다. 이신애의 행동거지는 놀랍게도 '품행방정'으로 표기되어 있으며, 개전의 정이 있는지의 여부 항목에는 '현재 근신 중인 상태로, 개전의 정이 있을 것으로 보임'으로 기재되어 있습니다.[171] 우리가 생각하는 불굴의 항일투사 이미지와는 다소 다르군요?

게다가 또다른 자료에 따르면 그녀는 와이프까지 있는 연하남 한기동(韓基東)과 부적절한 관계를 맺고 서대문감옥 입감 당시 이미 임신 상태였습니다. 1920년 7월 21일 분만했기 때문에 그 해 3월 1일 경이면 거의 임신 6개월에 가까운 상태였습니다. 이때는 임산부의 티가 날 정도로 배가 불러오는 시기입니다. 그런데 이런 몸 상태로 무슨 만세시위를 기획하고 주도했다고요? 물론 만삭의 임산부도 독립운동 할 수 있고, 만세를 외칠 수는 있죠. 하지만 석연치 않은 점이 한두 가지가 아닙니다. 이 시기의 유관순은 기결수 신분으로, 미결수인 이신애와 수감된 감옥동이 달랐고 연락할 수도 없었습니다. 감방 동기란 말은 거짓으로 보입니다. 감옥동이 달랐다면 영

---

[171] 「被告人素行調書」, 元山警察署, 1919년 12월 14일, 경성지방법원 검사국 문서철, 국사편찬위원회.

화 〈쇼생크 탈출〉처럼 운동장에서 몰래 접선하거나, 숟가락으로 벽을 두들겨서 모르스 교신이라도 한 것일까요? 현실적으로 그런 일은 발생하기 힘들 것으로 보입니다.

혹독한 고문으로 이신애의 유방이 파열되었다는 얘기도 사료상으로는 거짓말이 확실합니다. 서대문감옥 전옥(典獄)이 작성한 수감자 중병(重病) 발생 보고서에 따르면, 이신애는 1920년 8월 19일 이래 화농성유선염으로 절개 치료 중 중태에 이르렀다는 보고가 있습니다.[172] 네, 그렇습니다. 이 유방 질환은 3월 1일 시위 때문에 생긴 것이 아니고, 7월 21일 출산 이후 세균성 염증이 악화되어 발병한 것입니다.

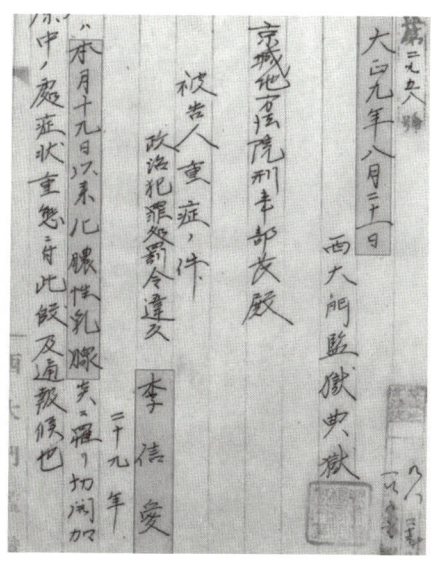

[그림] 이신애의 화농성유선염 치료 관련 전옥(典獄)의 보고서(1920년 8월 21일)

---

[172] 「被告人重症ノ件[李信愛]」, 西監第2958號, 경성지방법원 검사국 문서 형사사건기록, 대동단사건 파일, 국사편찬위원회.

유선염이라는 것은 젖꼭지에 세균이 침투하여 유관염이 발병했다가, 이것이 점차 악화되면서 유선 조직에 고름이 번지는 병입니다. 대개 모유 수유 환경이 안 좋은 임산부들이 걸립니다. 이신애는 7월 21일에 아이를 출산했고, 이때 모유 수유를 했을 거란 말이죠? 감옥 위생상태가 워낙 좋지 않다 보니 세균에 감염된 것이고, 이로 말미암아 유선염을 일으킨 것입니다. 일제의 고문 때문에 유방이 파열되었다는 것은 완벽한 거짓말입니다.

보시다시피 이 사람들의 증언이라는 게 어떤 수준인지 우리는 분명하게 목격하고 있습니다. 그런데 이런 말들이 모여 영화가 되고 노래가 되고 문학 작품이 되고 역사가 됩니다. 사람들은 그걸 보고 또 길들여지고 이미지가 고정되는 것이죠.

유관순을 감옥에서 만났다고 하는 또 한 사람 박인덕의 회고를 살펴봅니다. 박인덕은 유관순을 한국의 잔다르크로 대중에게 소개한 최초의 인물이기도 합니다. 유관순에 대한 모든 착각과 오류는 이분에게서 시작한다고 해도 과언이 아니죠. 이분은 자신의 마뜩잖은 친일 행적을 덮기 위해 유관순이라는 캐릭터를 발굴하고, 자신과의 인연을 날조하는 수법으로 세간의 관심을 끌었던 케이스입니다. 그녀의 의도는 성공한 것 같습니다만, 본인이 큰 덕을 본 건 아닙니다.

하루는 들으니까 유관순이가 죽었대요. 어떻게 죽었냐니까 만세 날마다 부르다가 저 놈들이 때려 죽였대요. … 목숨을 바쳤다는 거야. 그래 내가 그 후에 우리나라가 해방되면, 내가 선생으로 한국여성의 애국자로 유관순을 나타내겠다 하는 차에 신교

장을 그 때 만나서 그랬지. 이화 가서 유관순 기념관을 보면, 그 때 생각나고. 유관순이 일본 놈 손에 맞아 죽었지, 그 피가 살았어. 그 피가 졸업하고 나가는 여학생의 독립운동, 우리나라가 있는 한 유관순이를 알려야 되겠다. 그 때 내가 잔타크 생각을 했어요. 한국의 잔타크라고 생각했어. … [173]

박인덕의 회고에 따르면, 한 인물이 어떻게 신화화되는지 그 과정을 보게 됩니다. 한 사람이 마치 유관순의 모든 투쟁 과정을 전부 지켜본 듯이 전지적 화자 시점에서 기술한다는 것은 불가능한 일입니다. 하지만 그가 내린 결론대로 유관순의 이미지는 고착되고 말았습니다. 한 인물의 평가가 제대로 된 검증도 없이 단정된 것입니다. 후대의 연구들은 그저 여기에 살을 붙이기 위해 주문 생산된 용역 행위에 불과합니다.

박인덕은 이화학당을 졸업하고, 교사로 재직하고 있을 때 유관순과 사제의 인연이 있었을 가능성은 존재합니다. 그런데 3.1운동에 가담한 이유로 투옥되어 우연히 유관순을 서대문감옥에서 조우했고, 옆방 또는 맞은편의 방을 통해 대화를 했으며, 그때 자초지종을 다 들은 것처럼 증언한 것이 문제입니다. 박인덕의 회고는 총 세 차례인데, 버전이 바뀔수록 점점 살이 붙어 수습이 어려운 지경이 되었습니다.

첫 번째 회고는 박인덕이 출소 직후 감리교 선교부에 제출한 감옥에서의 체험담입니다. 여기에서는 별다른 말은 없고, 투옥으로 고생했다는 것과 신앙의 힘으로 극복했다는 이야기밖에 없습니다. 두 번째 회고는 본인의 자서전 《구월 원숭이》에 쓴 기록입니다. 1954년에 쓴 이 자서전에는

---

[173] '박인덕, 신봉조의 대담', 1978년 10월 7일 《미국의 소리》, https://erebus4.tistory.com/525에서 참조.

유관순을 봤다는 얘기는 간략하게 나오지만 대화했다는 얘기는 없습니다. 세 번째 회고는 1975년 한 라디오에서 진행한 손봉조와의 대담입니다. 여기서는 꽤 디테일하게 묘사됩니다. 유관순과 어떻게 만나서 어떤 대화를 했고, 간수들에게 학대받는 장면, 옥중에서 만세를 외치는 장면까지 그 음성을 자신이 다 들은 것처럼 이야기합니다. 그러면서 유관순을 '한국의 잔다르크'라고 강력히 주장합니다.

하지만 박인덕은 첫 번째 회고담에서 투옥되었을 당시 대화는커녕 독방에 갇혀 꼼짝도 할 수 없었다고 적고 있습니다. 세 번째 회고담에서 주장하기를 복도를 마주하고 있는 방에서 점호 대기 중인 유관순을 봤다고 하지만, 그녀는 7호방에 있었기 때문에 복도를 사이에 두고 8호방을 맞은 편으로 바라볼 수가 없습니다. 사회자가 방 번호를 기억하느냐고 질문했을 때 박인덕은 유관순은 13호방에 있었다고 합니다. 1919년 당시 미결감인 여옥사는 방이 모두 8개뿐으로, 13호방은 존재하지 않았습니다. 두 번째, 세 번째 회고담에서 유관순의 형기가 7년이라고 한 점도 사실과 다릅니다. 유관순은 7년형을 선고받은 적이 없습니다. 1심에서 5년형을 받았고, 2심에서 3년형으로 감형되었죠. 재판장에게 의자를 집어 던지는 바람에 법정모독죄가 추가되어 7년형이 내려졌다는 설은 해방 후 양산된 유관순 전기, 영화를 비롯 유랑극단 등에서 조작해낸 출처 불명의 헛소리입니다. 재판 기록이 다 발굴된 지금에도 이런 괴담은 여전히 통용되는 중입니다. 명색이 사학과 전공에 대학에서 역사를 가르치는 분들이 괴담 생산에 가담하고 있다는 것은 참으로 슬픈 일입니다.

그렇다면 유관순이 극심한 고문을 받고 그 후유증으로 사망한 것이 과연 사실일까요? 이것을 논리적으로 규명하려면 그 인과관계로서 극심한 고문을 받게 된 계기 즉, 유관순이 1920년 3월 1일 만세운동 기념 시위를 주도한 것이 사실인가 하는 점이 우선 규명되어야 합니다. 하지만 이날 기념 시위가 있었는지 밝혀줄 1차 사료는 그 어디에도 존재하지 않습니다.

서대문감옥 전옥(典獄)이었던 미쓰이 히사하루(三井久陽)는 '1920년 3월 1일은 모든 죄수가 지극히 근신하였다'라고 밝히고 있습니다.[174] 만세운동이나 일체의 소란이 없었다는 뜻이지요. 실제 그런 소란이 있었지만, 언론 인터뷰에서 시치미를 뗐을 가능성은 있습니다. 하지만 일본의 공식 보고서에서도 서대문감옥 태평동 출장소에서 약 200여 명의 죄수들이 0시 15분과 18시 15분 두 차례에 걸쳐 만세를 고창했다는 기록 외에 별다른 기록이 발견되지 않습니다.[175] 태평동 분원은 소재지가 엄연히 다른 감옥입니다. 이신애의 증언처럼 감옥 내 3,000여 명이 만세운동을 했다면 매우 큰 사건으로 어디에든 그 사실이 기록되어 있어야 하고, 주동자에 대한 처벌이나 행형 기록이 또 존재해야 합니다.

총독부 관보에 따르면 1920년 2월 말 현재 재감인원 중 수형자가 1,760명이며, 형사피고인이 870명 해서 합계 2,558명입니다. 이들을 다 합쳐도 3,000명이 안 됩니다. 이 시기 여자 재소자의 징벌현황표를 살펴보면, 1920년 1년 동안 모두 108명이 처벌을 받았습니다. 이 중 징계 사유가 가장 비슷해 보이는 항명(抗命)이 전국에 걸쳐 16명에 불과하고, 말다툼(爭論) 정도가 그 다음 유형인데, 8명에 지나지 않습니다. 가장 많이 처벌받은

---

[174] 「昨年 騷擾의 中心人物인 孫秉熙의 近狀 - 西大門監獄 三井典獄談」, 매일신보, 1920년 3월 4일자 3면.
[175] 「三月一日ノ情況」, 高警 第5964號 (大正 9년 3월 3일), 朝鮮騷擾事件關係書類 共7冊 其5

징계 사유는 남의 밥을 훔쳐먹은 절식(竊食)으로 41명이 처벌을 받았습니다.[176] 이런 사람들을 데리고 기결수, 미결수가 일치단결하여 한날 한시에 만세운동을 일으켰다는 허황된 주장에 학계가 가담하고 있는 것입니다. 어처구니없는 일입니다.

기결수와 미결수는 수용한 감옥동이 엄격하게 구분되어 있고, 서로 연락을 주고받을 수가 없습니다. 미결수들은 하루 종일 정좌하고 있어야 하며, 일체 말을 할 수 없으며, 말을 하다 적발되면 징계를 받습니다. 그런데 일부 인사들의 증언은 이런 현실적인 제약을 고려하지 않은 것 같습니다. 심지어 국가기관인 서대문형무소 기념관 안내 책자에는 미결감인 8호 감방 시설에 대해 이런 소개가 있습니다.

> 여성 미결수를 가뒀던 구치감으로 1916년 즈음 지어졌다가 1979년에 철거되었던 것을 2011년에 복원했으며 … (중략) … 여옥사 8호 감방은 1920년 3월 1일에 3.1운동 1주년 옥중 만세 투쟁이 펼쳐졌던 현장입니다.

8호 감방은 재판이 끝나지 않은 미결수들을 수용하는 곳인데, 유관순은 1919년 6월에 이미 형이 확정된 기결수 신분으로 1920년 3월 1일 시점이라면 당연히 기결감에 수용되어 있어야 맞습니다. 따라서 그가 8호 감방에 있었다는 것은 어불성설입니다. 그런데 유관순이 8호 감방의 미결수들과 함께 만세운동 1주년 기념 시위를 했다고 설명되어 있는 것입니다. 소위 서대문형무소의 역사에 관한한 전문적인 데이터를 구축해 놓아야 할 기관이 이 모양입니다.

---

[176] 「在監人 懲罰(續)」, 朝鮮總督府統計年報 大正9年 중 監獄, p.406

3. 만기 출소한 유관순과 의문의 죽음

유관순이 사망한 것으로 추정되는 시기는 1920년(大正 9년) 9월 28일입니다. 친오빠 유우석이 작성한 호적부에 근거한 것이죠. 1920년 전국 감옥의 월별 사망자 통계를 보면, 9월 한 달 동안 사망한 조선인 여자 죄수는 2명으로 확인됩니다. 어느 감옥에서 사망했는지는 알 수 없으나, 10월에는 사망한 여죄수가 없기 때문에 어쨌든 9월에 사망한 여죄수 두 명 중 한 명이 유관순일 가능성은 있습니다.

하지만 감옥별로 보면 얘기가 달라집니다. 통계연보에 따르면 서대문감옥에서는 1920년 1년 동안 조선인 여죄수 4명이 병으로 죽었습니다. 이 중 한 명은 입감 당시에 이미 질환이 있던 자이고, 나머지 세 명은 입감 후 발병한 것으로 나옵니다. 그런데 이들은 모두 발병 후 1개월 내 사망했기 때문에, 유관순 스토리와 앞뒤가 맞지 않습니다. 유관순이 만세운동 1주년 기념 시위를 하다 모진 고문을 받은 후 그 후유증으로 9월 말에 사망했다면 적어도 1개월 이상의 병세를 보였어야 맞습니다.

김현경은 1920년 8월경 유우석과 함께 유관순을 면회했을 때, 그녀는 이미 병감에 갇혀 있었다고 합니다. 사색(死色)이 완연했다고 했기 때문에 이 시기에 이미 중병 단계에 이르렀음을 알 수 있습니다.[177] 김현경의 증언이 사실이라면 면회 후 한 달여 만에 사망한 유관순은 적어도 1개월 이상의 병력을 가지고 있어야 합니다. 감옥 통계 기록과 전혀 맞지 않는 진술입니다.

김현경의 증언은 전반적으로 문제가 많습니다. 예컨대 공주감옥에서 유관순이 징역 5년형을 선고받자 항소할 것을 직접 권했다고 합니다. 하지만 형사공소사건부 기록을 살펴보면 유관순이 항소한 날은 5월 9일로서 1심 판결 선고일과 같으며, 이는 선고된 즉시 항소를 제기한 것으로 판단됩니다. 따라서 김현경 등 감방 동료들이 항소할 것을 권유했다는 설은 믿기 어려운 주장입니다.

김현경이 유관순을 면회했다는 주장도 신빙성이 떨어집니다. 당시 김현경과 면회에 입회한 사람은 이화학당 교장과 친오빠 유우석으로 되어 있습니다. 김현경은 유우석과 만세운동 사건으로 구속되기는 했지만, 모든 사람을 제쳐놓고 친동생의 면회에 동행할 정도로 절친한 사이는 아니었습니다. 유우석의 회고에도 김현경과 함께 면회했다는 이야기가 없으며, 이 시기 이화학당장은 공석이었기 때문에 학당장과 함께 면회했다는 주장도 앞뒤가 맞지 않습니다.

더욱이 김현경은 이화학당 보육과에 재학하고 있던 중 유관순의 사

---

[177] 박용옥, 「류관순 열사의 3·1만세시위운동과 옥중투쟁」, 한국인물사연구 제6호, 한국인물사연구회, 354~355쪽.

망 소식을 듣고 자신이 시신을 인수해서 수의를 입힌 것으로 주장하지만, 이 시기에 이화학당은 보육과가 없었습니다. 오직 대학 예과에 유치원사범과가 있었을 뿐인데, 이것이 이화보육학교로 독립한 것은 1928년의 일입니다. 증언자들의 발언을 이렇게 하나하나 규명하다가는 책 한 권으로는 부족할 것 같습니다. 증언자들이 자기 멋에 겨워 언론에 있는 말, 없는 말을 다 쏟아내고 나면 하나하나 자료를 맞춰가며 검증해야 하는 것은 학자들의 몫입니다. 그런데 우리 학자들은 그렇지 않나 봅니다.

일제의 감옥 통계 기록으로는 수형자 가운데 입감 후 장기간 병을 앓다가 죽은 여죄수는 없는 것으로 확인되었습니다. 매일신보의 서대문감옥 상황 취재 기사에 따르면 1920년 6월 10일 전후, 서대문감옥 내에 '중환자'가 없으며 위장병 환자 14명이 있을 뿐이라고 밝힌 점이 주목됩니다.[178] 이를 종합해보면 서대문감옥에서 3.1만세운동 기념 시위 같은 소란은 없었으며, 이로 인해 고문 받고 중병에 놓인 사람이 없었다는 사실이 다시 확인됩니다.

일본인 감옥 당국의 말을 어찌 믿느냐고 열폭하는 분들이 있을 것으로 예상됩니다. 이분들은 결국 우리 편의 말, 우리 쪽의 자료만 믿으라는 주문을 하고 있는 셈이죠. 감옥 당국의 인터뷰는 조선총독부 감옥 통계와도 일치하는 반면, 우리 측 증언자들의 발언은 말하는 사람들마다 일관성이 없고, 역사적 사실과도 동떨어진 내용이 많습니다. 구라일 수도 있고 착오일 수도 있겠지만, 어쨌든 신빙성이 떨어지는 것은 확실합니다.

---

[178] 「囹圄中의 保安犯人, 지금도 400명이 있다고, 그들의 회포가 어떠할까」, 매일신보, 1920년 6월 10일자 3면.

유관순의 사망 사실은 여러 자료에서 확인이 되고 있습니다. 사망한 것은 확실하다는 의미입니다. 우선 조선총독부 재판소의 형사공소사건부를 보면, 1928년 2월 7일 칙령 제11호에 의거, 대사령을 실시할 당시 "사망 복권" 처리되었음을 알 수 있습니다. 하지만 언제 어디서 죽었는지 알 수는 없습니다. 이에 비해 유우석의 호적등본에는 유관순이 서대문감옥에서 1920년 9월 28일 오전 8시 20분에 사망했다는 사실이 구체적으로 기재되어 있습니다. 다른 증거가 제시되지 않는 한 현재로서는 유관순의 사망 경위를 밝혀줄 수 있는 유일한 자료라고 할 수 있습니다.

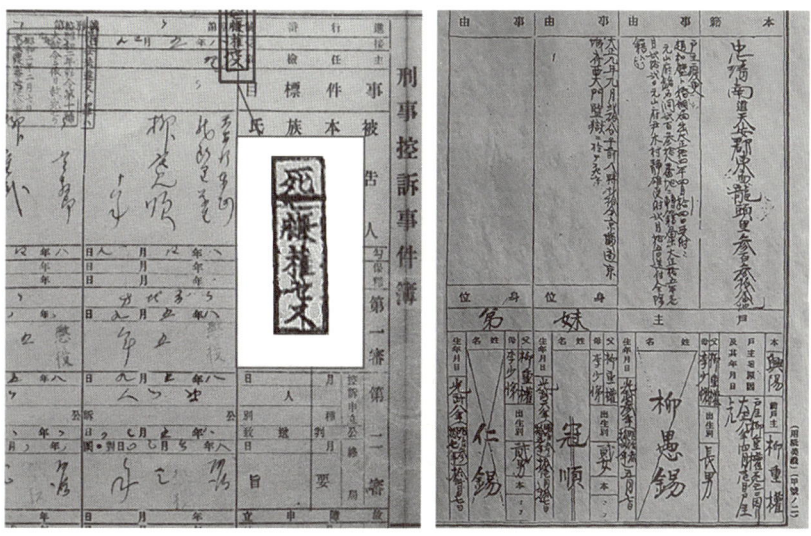

[그림] 유관순의 사망사실을 확인할 수 있는 형사공소사건부와 유우석의 호적등본

그런데 이 호적등본은 유우석이 호주 변경 신고를 하면서 새로 작성

된 등본입니다. 호주승계자는 이 시점에 가족관계를 다시 정리하여 신고해야 합니다. 부친 유중권의 제적등본과 대조해보면, 유우석의 첫 부인 유씨가 누락되어 있고, 형제 중 장녀 유계출이 누락되어 있습니다. 형제가 먼저 기재되어 있고 배우자와 자녀는 추가 기재되어 있는 것으로 보아, 1925년 원산으로 전입하면서 호적을 작성한 것임을 알 수 있습니다.

따라서 유관순 사망 사실도 이때 신고되었다고 보아야 합니다. 사망한 지 5년 만에 호적부에 정식 기재된 것입니다. 조선호적령에 따르면, 감옥 내 수형자가 사형 또는 질병으로 사망한 경우, 감옥의 전옥(典獄)이 감옥 소재지의 시·읍·면장에게 지체없이 신고하도록 하고 있습니다.[179] 사망신고가 있게 되면, 호적부에는 두 줄로 그어 그가 사망했음을 표시하며, 사유란에 사망 사실을 기재하게 됩니다.

호적은 호주를 중심으로 직계존속과 형제자매가 하나의 가(家)를 형성합니다. 따라서 호주가 사망하면 기존의 호적은 폐쇄되고, 종래의 가족관계는 새로운 호주 승계자를 중심으로 재편됩니다. 유관순의 경우 호주 유중권의 사망으로 이미 호적이 폐쇄되었기 때문에 유관순의 사망 사실이 업데이트되지 않았습니다. 임명순이 제시한 유중권의 제적등본을 보면,[180] 본인 유중권과 배우자 이소제, 맏딸 유계출은 두 줄로 사망 표시되어 있으나, 유관순은 그렇지 않음을 알 수 있습니다.

문제는 유관순의 사망신고 시 작성한 사망 사유가 무엇에 근거했는지

---

[179] 조선호적령(대정 11년) 102조에는 사형집행자, 재감 중 사망자에 대한 감옥관리자의 신고의무를 규정하고 있다.
[180] 임명순, 博忠淳, 李庸, 「어린이가 읽는 유관순 열사의 전기문에 대한 고찰」, 유관순연구 제20호 (2015년), 백석대학교 유관순연구소, 39쪽.

알 수가 없다는 점입니다. 서대문감옥에서 사망신고를 했겠지만, 호주 유중권의 호적이 이미 폐쇄되었기 때문에, 사망신고가 반영되지 않은 채 5년간 방치되었을 것입니다.

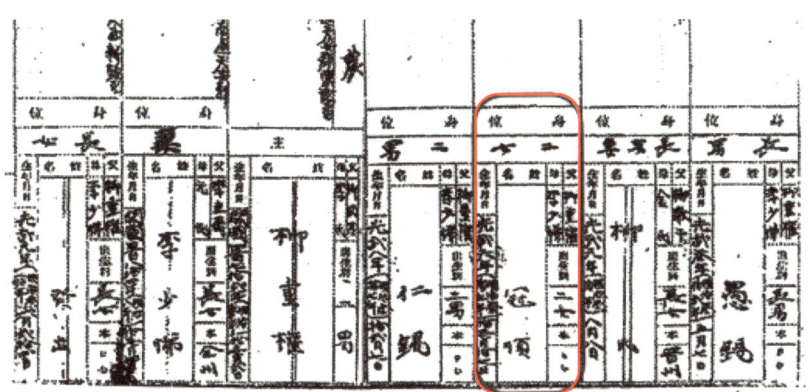

[그림] 유관순의 사망사실이 업데이트 되지 않은 부친 유중무의 제적등본

만약 어딘가에 감옥에서 작성한 사망신고서의 원본이나 부본(副本)이 보관되어 있어서, 그 자료를 보고 기재했을 가능성은 있습니다. 하지만 이 경우라면, 조선호적령의 규정에 따라 반드시 원본 문서의 이수관 기록을 작성해야 합니다. 즉, 호적의 사망사유에는 "大正○年○月○日午前○時 京畿道京城府西大門監獄ニ於テ死亡 典獄○○報告 同月○日○○長受附 報告書謄本同月○日送付" 이런 식으로 사망한 일시, 장소, 사망 보고자는 물론 사망신고서 이수관 기록 등이 함께 기입되어야 하는 것이죠. 그런데 이런 것이 없이 서대문감옥에서 모월 모시 몇 분에 사망한 사실만 작성되어 있습니다. 이것은 신고인이 신고한 내용대로 작성되었다는 것을 의미합니다. 만약 그렇다면, 이 호적에 기재된 내용은 완전한 공신력이 담보된다 할 수 없

을 것입니다.

　　유우석의 호적에 기재된 유관순의 사망사유를 그대로 신뢰할 수 없는 또다른 이유는 서대문감옥에서 작성한 수형자 관리 카드의 존재 때문입니다. 이 카드의 기록에 따르면 유관순은 만기 출소했으며, 사촌오빠 유경석의 집으로 돌아간 것으로 적시되어 있습니다. 놀라운 일입니다. 이제까지 옥 속에 갇혀서 만세 부르다 죽은 것으로 알려진 유관순은 실은 만기까지 멀쩡하게 살아 있다가 고향으로 돌아간 셈이니 말입니다.

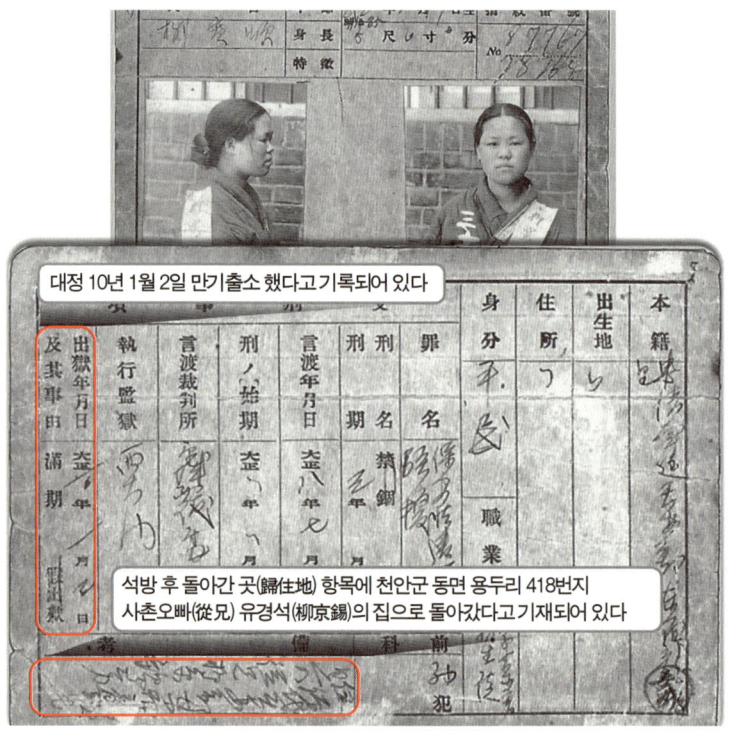

[그림] 유관순이 만기 출소한 사실을 기록한 서대문감옥 수형자 신상 카드

4장. 국가가 조작한 유관순 신화의 진실

그 뒤에 사망한 것은 확실하지만 병을 앓아서 죽었거나 사고로 죽었거나 어쨌든 상관이 없는 문제입니다. 감옥에서 죽지 않았던 것은 확실할 테니 말이죠. 학자들은 이 같은 기록이 확인되자, 감옥 간수가 착오로 기재한 것 같다고 말합니다. 소소하게 날짜 같은 것은 잘못 기록할 수 있겠으나, 만기 출소자와 사망자, 가출옥자를 혼동할 정도로 일본인들의 감옥 사무가 그렇게 허술하지는 않습니다. 학자들은 이 수형자 카드의 기록을 백 데이터 하나 없이 그렇게 편하게 '착오'에 의한 것으로 단정하고 논의를 외면해 버리면, 이런 모순이 깨끗이 정리된다고 생각했던 것일까요?

유관순의 죽음과 관련해서 헛된 괴담에 부화뇌동하고 있는 것은 학자들만이 아닙니다. 해방 후 유관순을 잔다르크에 필적하는 영웅으로 봉대(奉戴)하고 국가적 인물로 기념하기 시작한 것은 이화여대 관계자와 기독교 인사들의 조직적인 노력에 힘입은 바가 큽니다. 천안 매봉교회의 지하 전시실에는 유관순의 사체가 토막 난 상태로 보관되었던 석유상자 사진이 전시되어 있습니다. 사람을 죽여놓고 시신을 훼손한 것도 모자라 이런 폐품에 넣어서 주다니! 이런 끔찍한 물적 증거 앞에 공분하지 않는 국민들은 없을 것으로 보입니다.

아래에 제시한 상자 사진을 자세히 들여다보면 외관에는 'Socony-Vacuum Corporation' 회사 로고가 표시되어 있습니다. 이 회사는 뉴욕의 '스탠다드 오일(Standard oil)'과 경쟁사였던 '바큠 오일(Vacuum oil)'이 1931년에 합병해서 탄생한 회사입니다. 즉, 이 상자는 1920년 9월에 사망한 유관순과 아무런 관련이 없는 물건이란 얘기입니다. 당연히 여기에 유관순의 토막 난 사체가 들어 있을 리도 없습니다.

[그림] 천안 매봉교회 지하 전시실에 게시된 유관순 사체 보관 상자 이미지

    이처럼 어느 한 인물을 영웅화하기 위해 동원된 갖가지 상징자산과 기념물, 이런저런 증언들은 제대로 실체를 갖추고 있다기보다 후대에 의해 윤색되고, 과장되고, 조작되는 과정을 거쳐 어느덧 우리의 기억 속에 마치 '사실'처럼 자리잡고 있습니다.

    이런 낭설의 생산에는 일부 교회나 종교단체가 적극 가담하고 있습니다. 하지만 교회들이 이렇게 애국적, 민족적 이슈에 열을 올리는 것은 참으로 가증스러운 일입니다. 종교인들이야말로 일제시대에 누구보다 총독부의 시정방침에 충실히 따랐고, 전쟁 말기에는 내선일체와 황군 지원 독려를 위해 맨 앞에 서서 일제에 협력하던 사람들이었습니다. 심지어 서울 천

주교구에서는 황군 지원한 조선인 장병들의 무운장구를 위해 미사까지 집전할 정도였습니다. 잘 알려진 백석 시인은 그 미사에서 축시를 낭송하기도 했죠.

교회 인사들이 이렇게 열성적으로 유관순을 기릴 만큼 그녀가 신앙적 인물이었는가? 생각해보면 무척 회의적입니다. 지령리 교회나 일부 선교사와 인연이 있기는 했으나, 유관순 집안은 원래 기독교와 비기독교인이 섞여 있었기 때문에 독실한 신앙적 가풍을 따랐다고 보기에도 어렵습니다. 조부 유윤기가 사망했을 때에도 장례 방식을 두고 집안끼리 갈등이 심했다는 일제의 보고 자료도 있습니다.[181] 기독교 때문에 집안이 거덜났는데, 장례까지 기독교식으로 지내야 하느냐 하는 원망이 컸다는 것이죠.

유관순이 어린 나이임에도 3.1운동에 가담하여 만세를 외쳤던 순수한 열정은 이해합니다. 하지만 이런저런 소문이나 왜곡된 자료에 기반해서 평범했던 한 소녀를 불세출의 영웅으로 둔갑시킨 이 오래되고 불순한 국가 프로젝트가 하루아침에 시정되기는 어려워 보입니다. 누구도 감히 말을 꺼냈다가는 사회에서 매장될 것이 뻔하기 때문입니다.

---

[181] 「地方民心ノ傾向ニ關スル件」, 忠南騷秘第441號; 朝鮮總督府 內秘補 1370, 大正八年 騷擾事件ニ 關スル道長官報告綴 七冊ノ內七

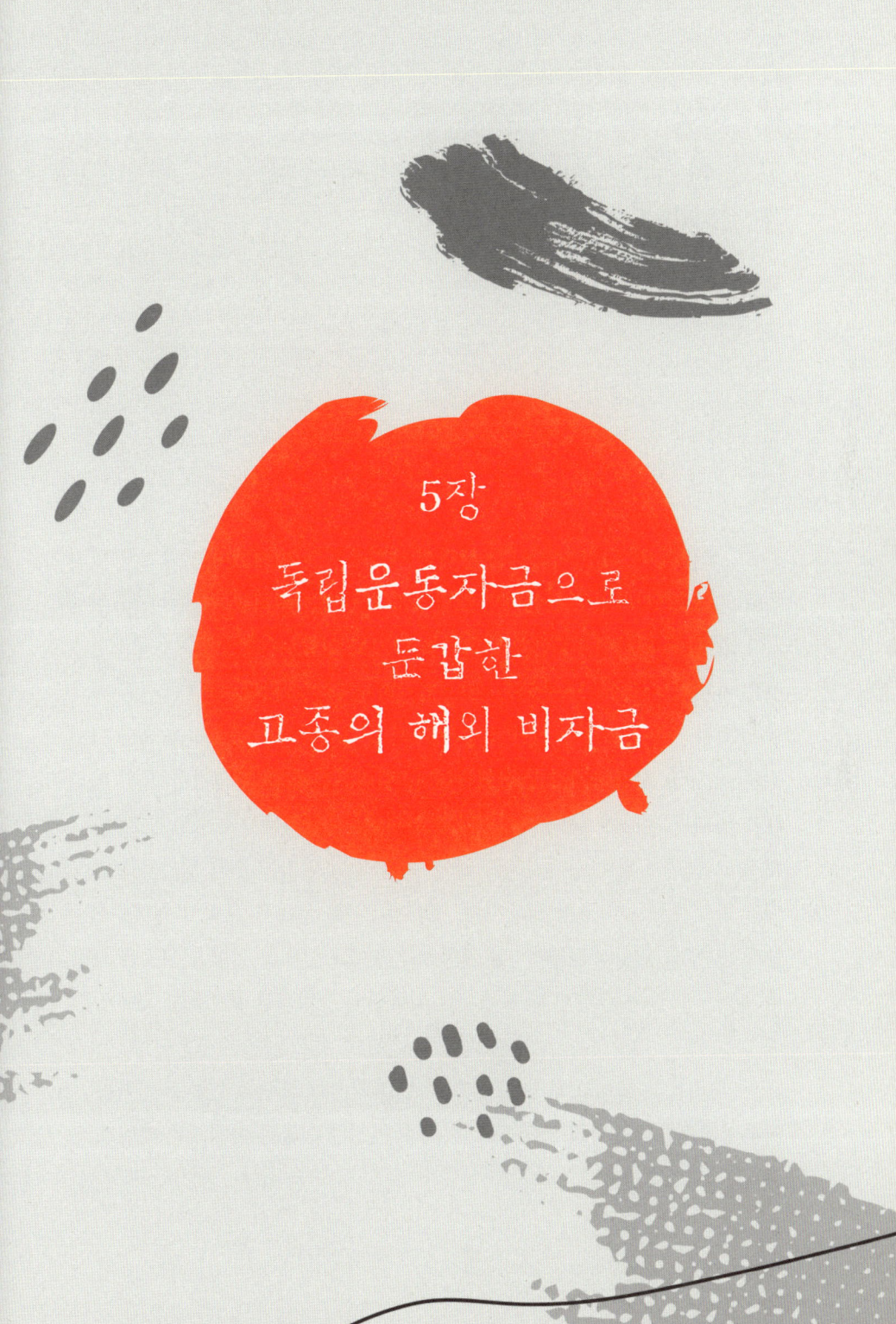

5장
독립운동자금으로 둔갑한
고종의 해외 비자금

1.
고종이 숨긴 상해은행의 비자금은
누가 빼돌렸나?

고종이 약 51만 마르크를 상해의 덕화은행에 예치했다는 얘기가 있습니다. 오늘날 가치로 환산하면 대략 250억 원에 해당하는 엄청난 거액입니다. 일설에 의하면 100만 마르크라는 얘기도 있습니다만, 액수가 중요한 것은 아니기 때문에 이 부분은 굳이 언급하지 않겠습니다. 순종에게 황제를 양위하고 후선으로 물러난 고종은 어떤 동기였는지는 분명치 않으나 아무튼 이 돈을 사용하기로 결심했습니다. 헐버트에게 준 위임장을 보면 나라를 위해 요긴하게 쓸 목적이었다고 합니다. 나라의 위기는 본인이 초래해 놓고 그때는 뭐 하시다가 뒤늦게 이 돈을 찾아 나라를 위해 뭔가 해보겠다고 구상하셨는지 모를 일입니다. 1909년 10월 고종은 은밀히 헐버트를 불러, 그에게 위임장을 써준 뒤 예치금을 찾아오도록 지시했습니다. 국내의 측근들도 많았을 텐데 왜 하필이면 외국인인 헐버트를 보냈을까요?

헐버트는 헤이그 특사 사건 이후 일본 당국에 요주의 인물로 찍혀 일거수일투족을 감시받고 있었습니다. 결코 안전한 인물은 아니었던 셈이죠.

다만, 거액의 돈을 소지하고 있어도 일본 당국이 이를 어찌지 못할 것임은 분명했습니다. 치외법권의 적용을 받는 외국인 신분이었기 때문입니다. 어쨌든 고종의 밀명을 받은 헐버트는 상해로 건너가 임무를 수행하고자 했습니다. 하지만 한 발 늦었죠. 이미 일본 당국에 의해 전액 출금된 상태였으므로 남아 있는 돈이 없었습니다. 허탕을 친 헐버트는 망연자실해서 빈손으로 돌아갈 수밖에 없었습니다.

망국의 위기 속에서 나라를 구하고자 노력했던 두 사람의 이야기는 어느새 역사적 미담으로 자리잡았습니다. 여기에는 무엇보다 방송과 언론의 힘이 컸습니다. 해외에 묻어둔 돈을 찾아오기 위해 비밀리에 추진한 과정을 보면 잘 짜인 스릴러물을 방불케 합니다. 하지만 이런 극적인 요소들은 사실과 왜곡의 경계를 모호하게 만들고 말았습니다. 그럼에도 이름깨나 알려진 역사학자나 스타 강사들이 방송에 나와 이 부분들을 거들게 되면, 사람들은 속절없이 이를 사실로 받아들이게 됩니다. 거기다 〈미스터 선샤인〉 같은 인기 드라마가 이 미담을 소재로 선악의 대립구도를 선명하게 그려냅니다. 우리 국민들은 사실일까 하는 의구심보다 그저 간악한 일본의 흉계에 분노하고, 고종과 헐버트는 여기에 맞선 의인쯤으로 생각하는 데 그칩니다. 그러면 이 스토리는 과연 사실일까요?

1907년 8월 통감부는 궁내부의 자금을 조사하다 거액의 예금이 외국은행(獨亞銀行)에 임치된 사실을 발견했습니다. 통감부에서는 매번 돈이 없다며 징징대던 우리 궁내부에 공문을 보내 "너네 돈 없다며?" 어찌된 일인지 경위를 조사합니다. 궁내부에서는 이리저리 알아보다가 한다는 말이 그 돈은 민영익이 송금해온 것으로, 특별히 사용할 데가 없어서 상해의 덕화

은행에 임시로 예치해 놓은 것이며, 추후 국내 은행을 지정해서 옮겨놓을 예정이라고 회신합니다.[182]

그 후 통감부에서는 나라에 시급히 필요한 국책사업은 많은데 예산이 없으니 일단 그 돈을 인출해서 쓰자고 요청했습니다. 궁내부는 주저하다 현직에서 물러난 고종에게 이 사실을 아뢴 후 마지못해 인출에 동의하게 됩니다. 1908년 4월 초 고종은 인출에 필요한 서류 일체와 출금명령서를 두 차례에 걸쳐 통감부에 전달했습니다. 이 부분은 아주 중요합니다. 전(前) 황제인 고종의 재가를 얻어 출금했던 것이죠. 본인이 출금에 동의하고 사인까지 해준 것을 가지고 딴소리하시면 안 됩니다. 그럼에도 우리 학계와 언론에서는 일제가 독일과 결탁해 임의로 출금해 갔다고 합니다. 하지만 통감부는 고종의 출금지시서를 토대로 독일영사관에 의뢰하여 정상적으로 출금한 것입니다.[183] 이것이 팩트입니다. 출금한 일자와 액수를 보면, 국고유가증권 형태로 예치된 51만 마르크는 두 차례 엔화로 환전되어 1908년 3월 24일에 15만 3,939엔, 7월 13일에는 9만 5,836엔 해서 합계 24만 9,775엔이 인출되었습니다.

그러면 그 돈을 통감부에서 멋대로 처리했냐 하면 그것은 아닙니다. 통감부는 이 돈을 찾아서 궁내부 대신에게 직접 현금으로 갖다 줬습니다. 즉, 고종이 비밀리에 외국으로 빼돌린 이 돈은 다시 우리 정부에 들어온 것입니다. 일본이 가져간 것이 아닙니다. 이 사실은 궁내부와 일본 측이 주고받은 공문서에 다 남아 있습니다. 1908년 7월 23일 궁내부 수신문서를 보

---

[182] 照覆 第21號, 「獨亞銀行任置內帑錢別無他由事」, 1907년 8월 9일 接受 第37號, 각사등록 근대 편, 宮內府來文 85, 국사편찬위원회 한국사데이터베이스.
[183] 照覆 第28號, 1908년 4월 2일 接受 第37號, 각사등록 근대 편, 宮內府來文 85, 국사편찬위원회 한국사데이터베이스.

면 마지막 인출 당시의 계산적요서와 매각계산서까지 첨부해서 송부한 사실이 다음과 같이 확인됩니다.[184]

베를린 할인은행 국고채 매득금 193,446.50마르크와 1908년 1월 1일 최종잉여조성금 및 1908년분의 이자 및 기타 8869.92마르크 합계 202316.42마르크. 이를 엔화로 하면 환산상장 20.56~24.4675 됨으로 환산 최고금 96522.73엔에 해당함.

여기에서 독아은행(獨亞銀行)으로부터 공제한 금액 수수료 백분의 4분의 1(0.0025) 241.30엔, 제일은행의 선급수수료 1000분의 1인 96.18엔을 공제하고 본관에게 송부한 금액은 96,185.25엔임. 또한 여기에서 독일영사관 요금표 제2항에 의거 당 영사관금고에 수납할 영사관수수료 348.50엔을 공제한 즉 결국 납입금액은 95835.75엔임. 별지의 한국 궁내부 대신 앞으로 보낸 제일은행 소절표(小切票)는 즉 본건 금액에 대한 것인 즉 이를 당해 관청에 납입방법을 조변(措辦)하시기 바람.

이에 대한 한국 궁내부대신의 영수증은 지난 번과 같이 본관에게 송부하시고 이상 절차에 의하여 독아은행(獨亞銀行)에 있는 前 황제의 예금 및 이에 관한 거래 계산은 이와 같이 완전히 완료되었으니, 이에 대한 한국 궁내부 대신에게 임치하였던 보관예금은 금번 전부 납입을 받았으므로 지금으로부터 이 은행에 대하여 하등의 요구할 것이 전혀 없다는 뜻을 명기한 서면을 차제에 수취할 뜻으로 동은행으로부터 신청함에 의하여 본관은 지금부터 엄숙히 각하에 대하여 한국 궁내부대신으로 하여금 95836.75엔에 대하여 특별영수증 외에 앞의 총체영수증을 만들어 송부하심을 바람.

---

[184] 照會秘 第433號, 1908년 4월 2일 接受 第37號, 각사등록 근대 편, 宮內府來文 85, 국사편찬위원회 한국사데이터베이스. 문서상 환상상장 20.56~24.4675이라 함은 1엔당 마르크의 가치를 의미한다. 이를 역산하면 1마르크당 0.0409~0.0487엔에 해당하며, 실제 환산최고금액으로 1마르크당 0.4771엔을 적용한듯 하다.

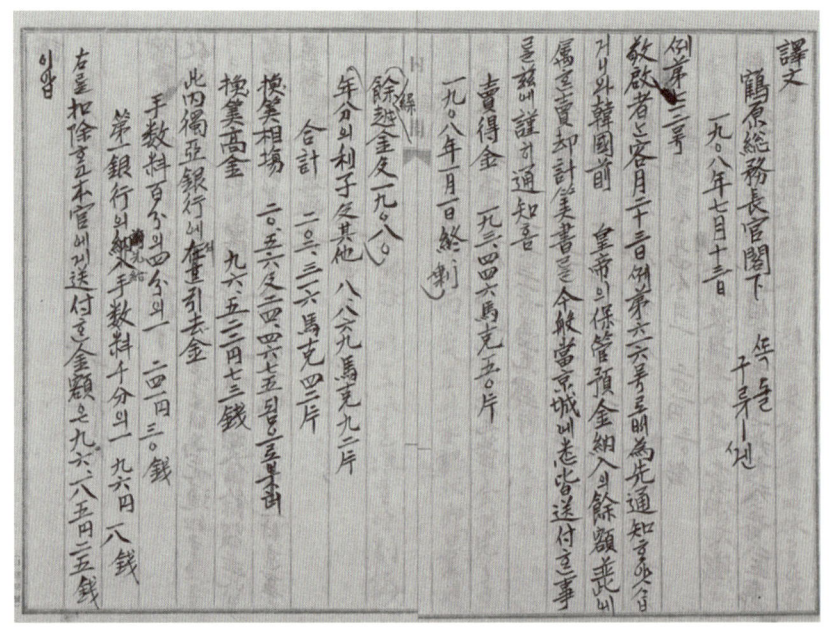

[그림] 통감부가 궁내부 대신 앞으로 고종의 예치금을 정산하여 현금으로 교부한 내역서

위 궁내부 문서를 보면, 상해 독아은행에 예치된 금액은 전액 인출된 사실과 해당 은행에 더 이상 청구할 것이 남아 있지 않음을 확인시켜주고 있습니다. 우리 학자들은 이 자료를 이미 다 확보했으면서 일본이 고종의 비자금을 '강탈'해 갔다느니, 이완용의 동생 이윤용이 이토의 요청으로 어지(御旨)를 위조해 출금했다고 허무맹랑한 소설을 씁니다.

궁내부로 이관된 후에는 어차피 통감부의 통치자금으로 사용되었을 것이 뻔하기 때문에 사실상 통감부가 사용한 것이라고 억지를 부릴 수도 있을 것입니다. 하지만 어쨌든 이것을 일방적인 '강탈'로 주장할 수 있는지는 양심상의 문제인 것 같습니다. 그게 강탈이라면 출금하지 말고 그냥 두었어야 했을까요? 퇴임한 고종이 이 비자금을 사사로이 쌈짓돈으로 사용하거나 외국 로비스트들에게 속아 이리저리 삥을 뜯겼으면 몰라도, 망국을 눈앞에 둔 나라를 위해 그다지 요긴하게 쓰지는 못했을 것 같습니다. 내탕금의 대부분을 제사 지내고 종묘 관리하는 데 쓴 사람에게 그런 혜안이 있다고 보기도 어렵습니다. 재임 당시 나라의 광산이나 자원, 철도부설권 등 각종 이권을 외국에 팔아 넘기고 뒷돈을 챙겼던 사람에게 그 무슨 뒤늦은 애국심이 남아 있었겠습니까?

2. 고종을 둘러싼 폰지사기와 어새 농단

주지하다시피 고종은 1897년 10월 칭제건원하고 국호를 대한제국으로 바꾸었습니다. 본래 황제라 함은 제후국을 거느리고 이들을 책봉해야 하는 바, 그런 게 있을 리가 없던 고종은 자주국임을 선포하긴 했지만 여전히 거지 꼴을 면하지 못했습니다. 나라에 돈이 없어 차관을 구걸하러 다니는가 하면, 외국 군대나 선교사들을 끌어들여 일신의 안위를 도모하기에 급급했습니다. 즉, 대한제국 선포는 갑신정변 이후 실추된 왕의 권위와 쪽팔림을 회복하기 위한 일종의 정신승리에 불과했던 것이죠. 어쨌든 황제가 된 고종은 왕권을 강화하기 위한 여러가지 조치를 취했습니다. 특히 여기저기 흩어져 있던 잡세들을 모두 내장원 소관으로 변경시키고, 황실 수입을 급격히 증가시켰습니다. 각종 어염세, 광산 소유권은 물론이고 홍삼 전매사업을 탁지부에서 내장원으로 이관시켜 명실상부한 돈놀이를 시작했습니다. 그 결과 나라에는 군대를 운영할 돈이 없어, 정부가 황제에게 돈을 빌리는 그런 한심한 일도 빚어집니다.

통감부가 들어서면서 비대해진 황실 수입을 다시 국가 재정으로 환원시켰는데, 홍삼 관련 사업은 쉽지가 않았습니다. 미수금이 여기저기 흩어져 있는 데다, 특정 인사와 권력가들이 이 사업을 좌지우지한 탓에 그 실태를 파악하기가 쉽지 않았기 때문이죠. 홍삼을 전매하여 짭짤한 수익을 챙겼던 고종이 퇴위하고 이재(理財)에 탁월한 재능을 보였던 이용익도 사라지자, 홍삼 판매 미수금들은 눈먼돈이 되어 여러 인사들이 눈독을 들이게 되었습니다. 고종의 집사나 다름없었던 이용익의 손자 이종호나, 조카 이윤재, 홍삼 전매에 관여했던 전직 관리 이도균, 심지어 독립운동가로 알려진 이갑, 안창호까지 수많은 인사들이 이 거금에 관심을 가지게 된 것입니다.

이용익은 고종의 비자금 조성과 관리에 깊이 관여했던 인물입니다. 정통 관료나 유학자가 아닌 보부상 출신이었기 때문에 주변에서는 그의 벼락출세를 못마땅히 여겼습니다. 이런 이유로 늘 권신들의 견제를 받았으며 적이 많았다고 합니다. 심지어 같은 친러파였던 이근택과도 사이가 좋지 못했습니다. 결국 그는 내각에서 낙마하고 객지를 떠돌다 죽게 됩니다. 나무위키 등에서는 이용익이 일제와 대립했다는 이유로 항일독립운동가로 미화하고 있습니다. 하지만 그가 친러파였기 때문에 외견상 일본과 대립하였을 뿐, 그렇게 애국적이고 올바른 처신을 한 인물은 아닙니다.

이용익은 후사가 없었기 때문에 형의 아들을 양자로 들였는데 그가 이현재이며, 이종호는 그의 아들입니다. 핏줄을 나눈 사이이긴 하나 조부 이용익의 적통은 아닌 셈입니다. 하지만 이종호는 이용익의 사후에 유산을 상당 부분 물려받은 데다, 이용익이 관리하던 막대한 예금이 상해에 예치되어 있었기 때문에 많은 사람들이 그의 주변에 꼬이기 시작했습니다. 하나같이 독립운동을 명분으로 접근하였음은 물론입니다. '독립운동이라는 큰 뜻을 도모하려는데, 네 할아버지 예금을 인출할 수 있도록 힘 좀 써주면

안 되겠니?' 뭐 이렇게 꼬셔서 한패로 끌어들이려 한 것이죠. 대표적인 인물이 안창호와 이갑입니다. 이종호는 이들과 함께 중국으로 건너가게 됩니다. 하지만 조부의 예금 인출에 실패한데다 자존심 높은 이종호가 남의 꼬붕이 되기를 마다해서, 이종호를 앞세워 돈 문제를 해결하려던 안창호의 계획은 수포로 돌아갑니다.

이용익의 재산을 노렸던 사람 중에는 이도균이라는 자도 있습니다. 이도균은 한때 왕실의 회계와 재정을 담당하던 서리(書吏)로 본래 한성재판소 주사(主事) 출신입니다. 홍삼 전매에 관여한 적이 있으며, 국편위의 『매천야록』에는 이도표(李道杓)로 기재되어 있으나 승정원 일기의 인사기록을 살핀 결과 이도균(李道均)이 맞습니다. 이도균은 고종의 퇴위 후 무직 백수 상태로 전전하다 크게 한탕 할 것을 마음먹었습니다.

구한말 나라의 기강이 문란해져 퇴직자에 대한 출입증 관리가 제대로 되지 않았던 탓에 그는 여전히 덕수궁을 자유로이 출입할 수 있는 패스카드 즉, 통부(通符)를 소지하고 있었습니다. 그는 덕수궁에 들어가 고종의 어새를 위조해서 상해의 민영익으로부터 받지 못한 홍삼 판매금 70~80만 엔 중 21만 엔을 이도균 본인 앞으로 보낼 것을 지시했습니다.

이 밀서는 현상건, 이윤재, 이영택 등에게 발송될 예정이었습니다. 그 내용을 보면 독립운동 자금이니 속히 자신 앞으로 지급하라는 취지인데, 고종의 밀서인양 소지하고 상해로 건너가려다 인천에서 체포된 것입니다. 감히 어지(御旨)를 위조해가면서 나랏돈을 빼돌리려던 사람이 과연 그 돈을 독립운동에 사용했겠습니까? 이도균의 과거 행실을 보건대, 그럴 위인이 아님은 명약관화합니다.

고종은 어새 관리를 어찌나 물렁하게 했는지 주변에서 위조된 친서로 사기를 치는 일이 잦았습니다. 주로 전직 관리나 측근들에 의해 자행되었는데요, 이런 식으로 어명을 위조해도 감히 의심조차 할 수 없었던 상황이라, 실제 누가 얼마나 해먹었는지는 알 길이 없습니다. 예컨대 헤이그 밀사를 자임했던 사람들은 어새를 위조하여 대담하게도 러시아 황제에게 가짜 친서를 바치는가 하면, 헤이그 회담장에서는 위조된 특사 위임장을 제시하기도 했습니다. 이와 관련한 구체적인 내용은 졸저 『조선 레지스탕스의 두 얼굴』을 참고하시기 바랍니다. 또한 시종원장 조남승도 고종의 어새를 위조해서 미국 전기회사 '콜브란'으로부터 고종 소유의 주식 30만 엔을 편취한 사실이 있습니다.

어새가 이처럼 쉽게 위조된 경위는 간단치 않습니다. 어새 자체를 훔쳐서 어지를 위조했다기보다는 어새가 찍혀 있는 기존 문서를 기초로 해서 이를 베끼거나, 빈 종이를 위에 겹쳐놓고 문지르거나 윤곽을 따라 그린 후 먹으로 채우는 방법을 동원했을 것입니다. 이렇게 기존의 필적을 위조하는 방법을 쌍구전묵법(雙鉤塡墨法)이라고 합니다. 헤이그 특사들은 어새가 날인된 원본을 보고 붓으로 그려냈기 때문에 진본과 매우 차이가 났고 어설펐습니다. 하지만 이미 날인된 어새 위에 빈 종이를 겹치게 놓고 복제하는 경우에는 실제와 거의 비슷해지므로 자세히 보아야 알 수 있습니다. 하지만 요즘처럼 포토샵으로 조작하지 않는 이상은 어느 경우에도 완벽하게 복제할 수는 없습니다.

고종의 친필서간이나 위임장으로 알려진 현존 자료들은 사실 멀쩡한 게 거의 없다시피합니다. 어새의 위조 여부를 면밀히 검토해야 하는 바, 필체나 수결까지 모두 원점에서 재검토되어야 마땅합니다. 헐버트가 고종에게 받은 것으로 알려진 예치금 출금 위임장 역시 진정한 문서인지 반드시 의심하고 검증해야 하는 이유이기도 합니다.

3.
위조된 출금 위임장을
들고 나타난 헐버트

한일합방 직전 고종의 비자금을 노린 사람들에 의해 이런저런 위조된 어새로 가짜 친서가 남발되고, 여기에 연루된 사람이 많다는 것을 살펴보았습니다. 앞서 언급된 이도균의 사기 사건이 1909년 4월에 발생했는데, 비슷한 시기에 헐버트가 고종의 밀명을 받고 상해로 건너갔습니다. 시기적으로 우연의 일치가 아닐까 생각했습니다. 그러나 꼭 우연은 아닌 것 같습니다. 이도균의 사례와 같이 어새 위조의 수법은 고종이 묻어 둔 돈을 찾기 위해 다방면으로 활용된 것 같습니다. 고종이 헐버트에게 써주었다는 위임장도 그 의혹을 피해갈 수 없습니다. 이 위임장이 고종의 친서가 맞는지 의심이 듭니다.

고종이 달필은 아니지만, 그래도 글 깨나 읽고 써 본 사람으로서 필체가 결코 조악하지 않습니다. 하지만 헐버트가 소지한 이 위임장은 도저히 고종의 글씨로 보기 어려울 만큼 날려 쓴 졸필입니다. 다른 친필 서한과 비교해보면, 그 차이가 명확합니다. 좌측 '융희 3년 10월 20일'이라 쓴 글씨를 보면 어새를 피해서 너클볼 궤적처럼 우겨 넣듯이 썼음을 알 수 있습니다.

이는 어새를 먼저 찍고 글씨를 나중에 썼다는 것을 의미합니다. 예금 은행 명도 틀렸고, 짐(朕)자는 다른 고종의 서간문에서 발견되는 필체와 확연히 다릅니다. 위임장의 형식도 다르고, 어새를 찍는 위치도 엉터리이고 총체적으로 이 위임장은 가짜임을 알 수 있습니다. 무엇보다 심각한 점은 어새가 위조되었다는 것입니다.

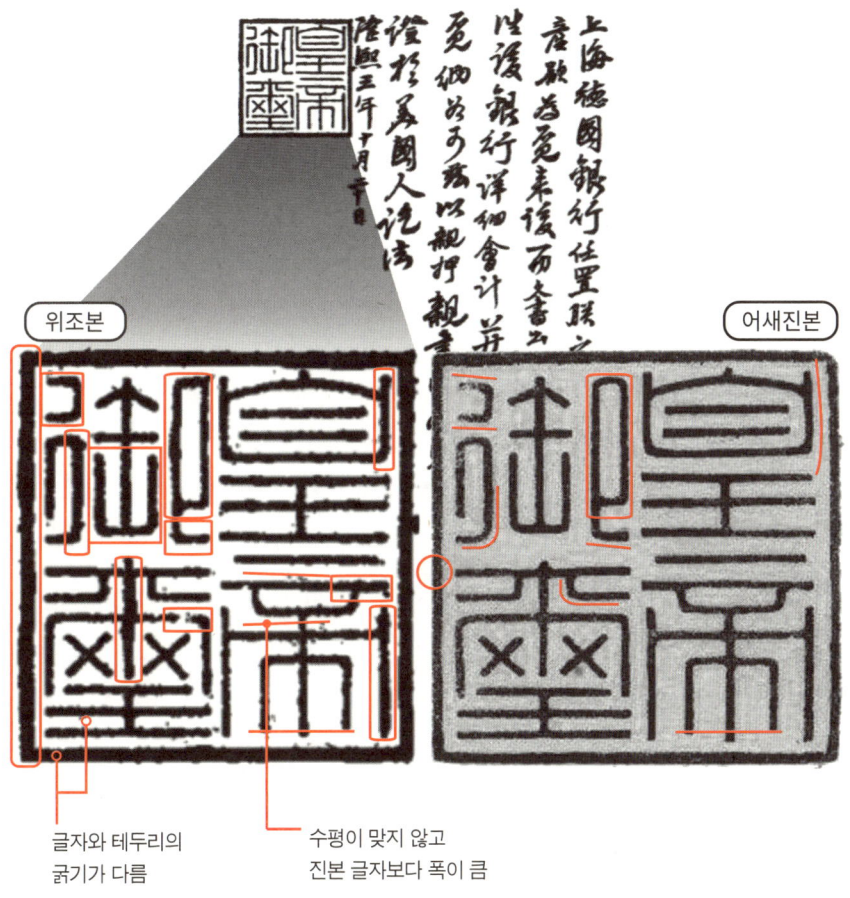

[그림] 헐버트가 소지한 출금위임장 날인 어새의 진본과 위조본 비교

3. 위조된 출금 위임장을 들고 나타난 헐버트

시중에 유포된 위임장 이미지들은 사이즈가 고만고만한데다 퀄리티가 조악해서 어새의 진위를 의심해 본 사람들은 드물 것입니다. 그런데 위임장을 확대해서 어새 부분을 세밀히 들여다보면 진본과의 차이가 어느 정도 눈에 확 들어옵니다. 어새 진본은 인장 날인이므로 획이 매끈하고 단정한 데 비해, 위조본은 손으로 그린 것이라 획이 번져 있거나 거칠고 굵기가 일정하지 않습니다. 테두리가 내부의 글씨에 비해 굵기가 다르고 지나치게 두꺼운 점도 문제입니다. 손으로 그리게 되면 이처럼 획이 균일할 수가 없습니다.

황제어새라는 네 글자 중 '어새'에 해당하는 글자가 원본에 비해 음각 모양에서 차이가 나고 꾸불꾸불합니다. 압인(押印)으로 형성된 글자가 아닌 것입니다. 특히 새(璽)자의 가운데 축은 비뚤어진 것을 여러 차례 수정한 것처럼 보입니다. 어(御)자를 구성하는 오른쪽 '㔾' 모양도 진본은 라운드한 데 비해 위조본은 날카롭게 각이 져 있습니다. 게다가 여러 번 덧칠을 했는지 획이 고르지 않음을 알 수 있습니다. 어새가 그려진 것이 분명한 이상 이 위임장은 진정한 것으로 볼 수 없으며, 누군가에 의해 위조된 것으로 판단됩니다.

통감부가 궁내부를 경유하여 출금지시서를 받아낼 때는 고종이 직접 자서(自署)하여 해당 서류들을 모두 내주었을 것입니다. 즉, 고종은 자신이 자필 지시를 했기 때문에 이 돈이 전액 출금된 사실을 이미 알고 있었다고 보아야 합니다. 그럼에도 불구하고 2년 뒤 다시 헐버트에게 이 돈의 출금을 위임했다는 것은 왠지 앞뒤가 맞지 않는 이야기인 것입니다. 여기서 우리는 수상한 점을 눈치 챘어야 합니다. 학자들도 언론들도 고종과 헐버트의 영웅적 서사에만 집중하다 보니 팩트 체크를 등한시한 것입니다. 이 어처구니없는 사건은 덕화은행의 예금이 오래전에 출금되었다는 사실을 몰랐던 외부인의 소행이었습니다. 헐버트가 이들과 공모해서 출금을 시도한 것인지, 아니면 위임장이 진실된 것으로 믿고 속아서 그 자들에게 이용당한 것인지는 분명치 않은 바, 향후 연구 과제로 삼아야 할 것입니다.

1. 간도 무장독립운동을 끝장낸 불셰비키 홍범도의 실체

육군사관학교는 군 지휘관을 양성하기 위해 설립된 곳입니다. 투철한 대적(對敵) 관념이 무엇보다 전제되어야 하는 곳이죠. 우리에게 주적은 휴전선 너머로 총부리를 맞대고 있는 자들이지, 80여 년 전에 망한 일본 군국주의 잔당 세력이 아닙니다. 우리 헌법은 대한민국이 자유민주주의 국가라고 선언합니다. 우리의 체제를 위협하는 세력이나 사상을 경계해야 하는 것은 너무도 당연함에도 불구하고, 이를 철 지난 색깔론이라거나 극우적 생각으로 매도하는 사람들이 있습니다.

군 지휘관을 육성하는 신성한 교육의 터전에 과거 공산주의를 추종했던 사람의 흉상이 세워져 있다면 바람직한 일일까요? 그가 한때 독립운동을 했다 하더라도, 대한민국의 탄생을 방해했던 세력에 충성했던 것은 부인할 수 없는 사실입니다. 우리 예비 장교들에게 그런 사람을 존경하도록 강요해야 할 명분은 없습니다. 해방 전의 행적이니 문제삼지 말자는 논리는 독립운동을 기려야 할 의의나 본질을 망각하는 소리나 다름이 없습니다. 어렵사리 독립해서 북한 같은 나라가 되자는 말에 누가 동의를 하겠습니까? 그때의 공산주의와 지금의 공산주의는 다르다? 뭐가 다르지요? 일본과 싸웠던 공산주의라서? 절대선(善)을 그렇게 일방적으로 내세우고 하나의 기준인양 강요해서는 안 됩니다. '일본 가서 살래, 공산주의 국가에서 살래?' 하고 물어보면, 그 사람들이 어떤 선택을 할지 뻔합니다.

일제 시기 망명한 독립운동가들 중에는 공산주의나 사회주의 또는 무정부주의에 가담했던 사람들이 많았습니다. 상해임시정부가 내분으로 지리멸렬해지면서 구심점이 와해된 이후에는 생존을 위해 저마다 각자도생의 길을 가야 했습니다. 상해임정에 잔류한 민족주의자들은 국민당 정부에 의탁했으며, 임정과 대립했던 사람들은 중국 또는 러시아 공산당과 손을 잡았습니다.

해방이 될 때까지 이 사람들은 외국 정부나 정치세력의 지원을 받기 위해 분파적으로 경쟁하고 서로 헐뜯었습니다. 잘 알지도 못하는 생소한 외국 사상과 이념을 위해 돈 몇 푼 받고 영혼을 팔아 넘긴 셈입니다. 공산주의가 독립운동의 연장선상으로 인식되던 것은 1928년 일국일당주의 원칙이 선언되기 전까지만 가능했습니다. 독립운동하는 데 공산주의면 어떻고, 이념이 다르면 어떠냐고 하는 학자들은 그걸 말하지 않습니다. 이 선언으로 인해 조선이라는 나라는 공산주의자들의 지도에서 완전히 사라지고, 이후 조선의 독립 문제를 거론하는 자는 종파주의자로 간주되었습니다.

물론 이역만리에서 생존에 급급했던 독립운동가들이 궁여지책의 선택을 할 수밖에 없었던 사정에 대해 저마다 변명의 이유는 있을 것입니다. 하지만 국민당을 비롯해서 한국의 독립운동을 지원했던 어느 정치 세력이나 국가도 우리를 선의로 도운 것은 아닙니다. 소수에 불과했던 독립운동가들은 조국의 독립을 위한 투쟁보다 외세로부터 한 푼이라도 더 지원을 받기 위해 몸부림쳤습니다. 그 결과 그들에게 이용만 당한 채 아무런 성과도 없이 해방을 맞게 되었습니다. 지금 언급하고자 하는 홍범도가 그런 사람 중 한 사람입니다. 홍범도는 초기 함경도 지역 포수들과 함께 의병 활동을 했으나 지역 내에서 작은 소란을 일으켰을 뿐, 일본군의 토벌에 밀려 러시아 연해주로 쫓겨갔습니다.

홍범도는 러시아로 이동한 후 이범윤과의 갈등 때문에 별다른 지원을 받지 못하고 있던 상황이었습니다. 그러다가 이동휘가 이끄는 한인사회당이 득세하면서 러시아 볼셰비키 측이 조선인 빨치산들을 우대했습니다. 피압박 민족의 독립과 제국주의 타도를 위해 함께 싸운다는 명분으로 이들을 적군 측에 가담시켰던 것입니다. 적백내전이 대체 우리 민족과 무슨 상관이란 말입니까? 이 시기부터 사실상 홍범도의 항일은 사실상 그 의미가 퇴색했다고 보아야 합니다.

만주의 무장독립운동은 1920년 6월 봉오동전투와 그 해 10월 청산리전투를 끝으로 사실상 막을 내렸습니다. 일본군이 만주 본토에 진입해서 대대적인 토벌전을 개시했기 때문입니다. 우리의 독립운동사에 길이 남을 위대한 승리였던 봉오동전투, 청산리전투는 사실 별 소득도 없이 막을 내린 소규모 전투에 불과했습니다. 반면 그로 인한 피해는 심각했습니다. 소위 경신참변이 휩쓸고 간 만주 한인사회는 엄청난 후폭풍을 겪어야 했습니다.

독립군들에 대한 토벌이 개시되기 직전 상해 임정은 안정근, 왕삼덕 등을 만주로 파견하여 사분오열된 무장독립단체들을 하나로 규합하려 했습니다. 1920년 8월 상해임정과 러시아 레닌 정부가 공수동맹을 체결하고, 우리 독립군을 러시아혁명군의 예하 부대로 편입시키려 했기 때문이었습니다. 즉, 동기가 순수하지 못했던 것이죠. 그 대가로 상해임정은 레닌 정부로부터 막대한 차관을 얻어냈습니다. 일종의 용병계약을 맺었던 셈입니다. 우리의 만주 독립군을 러시아 공산당에 팔아먹기 위한 그 실천적 조치로 나온 것이 '중로연합선전부'입니다.

말이 연합이지 공산주의 혁명을 만주지역에 확장시키려는 러시아 볼셰비키의 하청 기구나 다름없었습니다. 이 기구를 구심점으로 해서 독립군들을 한자리에 모아놓고 러시아의 이만(Иман)을 거쳐 자유시 인근으로 이동시킨 것이죠. 이후 자유시 참변이 발생하면서 수많은 독립군들이 학살당하거나 강제노역형에 처해졌습니다.

참변을 피한 소수의 독립군들은 만주로 다시 넘어와 마적단이나 패망한 군벌 잔당과 연대해 겨우 생존할 수 있었습니다. 그러나 러시아에 잔류했던 독립군들은 소련으로 완전히 넘어갔기 때문에 사실상 무장독립운동의 역사는 끝난 것이나 다름없습니다. 홍범도는 이 시기 독립군 해체에 결정적인 역할을 한 사람입니다. 그래서 존경할 수도 없고, 존경해서도 안 되는 인물입니다. 그가 단순히 공산주의를 추종했기 때문이 아닙니다.

이 반역적 행위에 대해 일부 매체들은 러시아와의 연대 활동이라고 하지만, 연대란 모름지기 대등한 관계에서 쌍방적 의무가 존재할 때나 하는 것입니다. 일방적으로 독립군을 러시아의 용병으로 갖다 바치고, 우리와 아무 상관없는 그들만의 내전에 희생시킨 것을 두고 국제연대라고 하는 것은 심히 억지스러운 이야기입니다. 어쨌든 홍범도는 이 기구의 창설과 유지, 독립군들을 러시아로 유인하는 과정에서 대단히 큰 역할을 했다는 것은 분명한 사실입니다. 우리는 홍범도가 자유시 참변 당시 가해자 측에 가담한 부분만 주목하기 쉬운데, 사실은 이것이 더 큰 문제입니다.

만주의 항일무장투쟁은 독립군들이 러시아로 이동한 이후 거의 소멸된 것이나 마찬가지였습니다. 그 몰락의 단초를 제공한 것이 홍범도였죠. 안정근, 왕삼덕은 무장독립운동 세력을 통합하는 과정에서 홍범도를 사실상 이들의 리더로 내정하고 있었습니다. 그것은 일제의 문서에 나오는 중로연합선전부 간도지부의 조직기구표를 보더라도 알 수 있습니다. 이 기구의 활동 목적과 편성에 대해 대략적으로 살펴보면 다음과 같습니다.

> 작년 12월 초순, 안정근 및 왕삼덕은 니콜리스크 치타(Чита)시(市)에서 중로연합선전 부장 박용만의 특사 '한 알렉산더' 및 김하석 일행과 회견하여 협의한 결과, 동녕현 삼차구 상촌 고려촌에 지부를, 왕청현 나자구 및 돈화현 양수천자에 각 분파소를 설치하기로 하고 그 역원으로써,
> 선전지부장 안정근, 선전지부위원장 왕삼덕, 선전지부 집행군무사령관 홍범도 및 기타, 선전지부위원 30명을 선정하여, 지부장, 위원장 등의 간부는 고려촌에, 집행군무사령관은 돈화현(敦化縣) 양수천자(凉水泉子)에 주재하며, 각 지부의 집행 내용은 다음과 같다.
>
> 1. 선전지부장 및 위원은 주된 역할로써 간도지방이나 러시아 국경 방면에 주재하는 조선인에 대하여 공산주의를 선전한다.
> 2. 집행군무사령관 및 그 휘하는 무력으로써 부호의 재산분배를 실행한다.
> 3. 간도지방 주재 일본군경에 대하여 기회를 보아, 습격을 한다.
> 4. 앞의 각 항의 집행에 대하여 반대의 행동을 하는 자는 전부 극형(極刑)에 처한다.

또한 간도지부에는 중국인 순명(順明)이라는 자 외 수명의 위원에 부속하여 있으며, 그들은 마적과 연락을 취하여 지부의 확장이나 집행의 원조를 받고자 했다.[185]

그러니까 위의 공문은 이런 얘기입니다. 중로연합선전부 지부의 역할은 부호들을 습격해서 재산분배를 실행하고, 간도와 러시아에 거주하는 조선인들에게 공산주의를 선전하고, 이에 반대하는 자는 처단하고, 우리 동포를 약탈하고 괴롭혔던 마적들과 연합하여 세력을 확장하거나 지원을 받는다는 그런 내용입니다. 기회를 보아 일본 군경을 습격한다는 얘기는 있지만, 이것은 독립운동의 차원이 아니라 일본 군경들이 자신들의 활동에 방해되기 때문에 그런 것이죠. 이런 무력행위를 핵심적으로 지휘한 자가 집행군무사령관 홍범도였다는 것을 알 수 있습니다. 봉오동전투가 발생하고 몇 달 되지 않아서 벌어진 일들입니다. 이쯤 되면 홍범도가 이 시기에 과연 독립운동을 했는지 공산주의 운동을 했는지, 뭔 생각으로 이렇게 동포들을 괴롭히고 다녔는지 어느 정도 윤곽이 드러난다 볼 수 있습니다.

홍범도가 볼셰비키 공산당원이 된 것은 코민테른에 의해 한인부대가 해산된 이후라고 알려져 있습니다. 그러나 1920년 6월 봉오동 전투 이전부터 이미 러시아 적군과 연대하고 있음은 여러 자료에서도 드러나고 있습니다.[186] 독립군들이 장차 러시아의 정규부대로 편입되게 되면, 한인부대의 총대장으로서 정식 지휘관에 상당하는 직위를 보장받을 수 있다고 생각했던 모양인지, 필요 이상으로 러시아 공산당에 충성을 다했습니다.

---

[185] 「中露聯合宣傳部間島支部ノ設置」, 高警 第95號, 1921년 1월 8일, 不逞團關係雜件-朝鮮人ノ部-鮮人及過激派 1권, 日本外務省記錄, 국사편찬위원회 한국사데이터베이스.
[186] 「露國過激派ト間島地方不逞鮮人團トノ二關スル件」, 機密 第133號, 1920년 6월 15일, 不逞團關係雜件-朝鮮人ノ部-鮮人ト過激派 1권, 日本外務省記錄, 국사편찬위원회 한국사데이터베이스.

그의 볼셰비키적 충성심은 북한의 저작물에 종종 인용될 정도로 모범적 사례로 꼽힙니다. 북한은 만주 빨치산 외에 우리의 항일독립운동가들을 인정한 적이 거의 없습니다. 다만 러시아에서 한인 공산주의 운동을 벌인 김 알렉산드라와 홍범도만은 긍정적으로 평가합니다. 일부 인사들이 홍범도를 극렬하게 싸고 도는 이유가 바로 여기에 있지 않은지 의심스럽습니다. 김일성의 회고록인 『세기와 더불어』에는 당시 홍범도의 활약상에 대해 이렇게 설명하고 있습니다.

> 조선의 독립운동자들 가운데 3.1인민봉기 후 쏘베트 로씨야에 들어가서 무장활동을 한 사람들이 적지 않습니다. 그들은 공민전쟁당시 붉은군대와 원동 빨찌산에서 쏘베트 정권을 수호하기 위해 많은 피를 흘렸습니다. 그 과정에 홍범도도 적지 않은 공로를 세웠으며 레닌까지 만나보았습니다.
>
> 일제는 1920년대초에도 백파도당을 지원하며 로씨야 원동지방에 대한 무장간섭을 부단히 감행하였습니다. 그 당시 로씨야 원동의 공산당조직에서는 연해주에서 활동하고 있던 홍범도에게 원조를 요청하였습니다. 그때 독립군 상층부의 일부 인물들은 조선사람이 제 발등의 불도 끄지 못하면서 남을 위해 피를 흘리는 것은 머저리 짓이라고 하였습니다. 그렇지만 홍범도는 왜놈을 치는 군대는 다 우리 편이라고 하면서 붉은군대를 피로써 도와주었습니다.
>
> 홍범도는 부하들에게 쏘련은 세상에서 처음으로 무산자들의 공화국을 세운 나라이다, 그러니 우리가 도와도 주고 또 도움을 받아야 한다, 외로운 처지에 놓여있는 나라이니 어려운 일인들 얼마나 많겠는가, 잘 도와주자고 하였습니다. 공부깨나 했다

고 으시대던 사람들보다야 얼마나 궁냥이 넓습니까?[187]

　　그렇습니다. 홍범도는 우리 민족의 독립 문제보다 러시아 내전에 참전하여 공산주의 혁명 완수를 위해 투쟁했던 사람이었기 때문에 북한에서 존경을 받고 있었던 것입니다. 일본과 싸웠으니 항일이 아니냐고 묻는 분들이 계실 것입니다. 일본이 백군을 지원했던 것은 사실이나, 1920년 7월경 하바로프스크에서 철병하고 스파스크까지 물러났으므로 홍범도가 적군에 가담하여 빨치산 활동할 시기에는 일본과 싸울 일이 극히 적었습니다. 본질은 남의 나라 내전에 참전하여 다수의 우리 독립군들을 희생시키는 데 홍범도가 앞장섰다는 점입니다.

　　혹자는 '소련은 연합국의 일원으로서 미국과 함께 대일(對日) 전쟁을 수행했기 때문에, 적성국가가 아니었다'는 식의 논리를 폅니다.[188] 케이스는 조금 다르지만 중국공산당도 어쨌든 그런 식으로 넘어가는 경우가 많습니다. 그런데 2차세계대전 당시 공산주의자들은 전력을 다해 일본과 싸우지 않았다는 사실을 우리는 직시해야 합니다. 즉, 강대국으로부터 식민통치를 받던 약소국, 피압박 민족을 이용해서 전쟁보다 공산주의 확대에 더 열을 올렸다는 사실을 간과하고 있는 것입니다. 소련의 경우 전쟁이 다 끝나가던 종전 1주일 전에야 공식 참전했으며, 중국공산당의 팔로군도 전력을 다해 일본과 싸우지 않았다는 사실은 이미 여러 논저에서도 발견됩니다.

　　홍범도의 자서전에 따르면, 1919년 당시 러시아 극동 볼셰비키 정권

---

[187] 『김일성동지 회고록 - 세기와 더불어(계승본) 7권』, 제21장 6편 '쏘련을 무장으로 옹호하자!' 김일성, 조선로동당출판사, 1996년, 360쪽.
[188] "홍범도 죽을 무렵 소련과 연합한 미·영·프도 '공산 전체주의' 세력인가", 경향신문, 2023년 9월 1일자.

이 조선인 빨치산 유격대와 일본군 간의 직접적인 무장 충돌을 금지함에 따라 홍범도는 150명의 의병대원을 데리고 북만주에 잠입한 것으로 적고 있습니다. 즉, 1919~1920년 사이에 홍범도가 북만주로 넘어오게 된 이유는 적군 빨치산의 일원으로서 공산주의 선전활동과 조직세를 확장하기 위함이었습니다. 무기와 조직력을 갖춘 홍범도 부대는 만주 사회의 한인회에 큰 존재감을 드러냈으며, 구춘선이 이끌던 국민회는 홍범도 부대를 전폭 지원하기에 이르렀습니다. 봉오동전투가 발생하자 국민회는 상해 방면으로 여러 차례 속보를 띄우고, 있지도 않은 전과를 과장해서 홍범도를 영웅으로 추켜세우기 시작했습니다.

홍범도가 국민적 영웅으로 자리잡게 된 이 시기의 활동이 그동안 과대 평가되었음을 인정하고 이에 대해 비판하는 것을 극우의 시각으로 매도해서는 안 될 것입니다. 그는 독립운동을 위해 만주로 들어간 것이 아닙니다. 홍범도는 공산주의 선전활동을 위해 왕청현과 명월구 등지에서 활동했고, 그 와중에 토벌대에게 쫓기다 봉오동전투가 발생한 것입니다. 봉오동전투는 열악한 무기와 병력에도 불구하고 유리한 지형을 이용하여, 막강한 일본군과 장시간 교전한 것에 의의를 둔 것이라면 몰라도 우리가 승전했다고 보기에는 어려운 전투입니다.

홍범도는 자유시로 이동한 뒤 사할린부대 쪽에 잠시 가담했다가 대세가 기울자 재빨리 자유대대 쪽으로 붙었습니다. 그리고 고려혁명군정의회 의장이자 혁명군 사령관인 깔란다리쉬빌리 휘하에 들어가 제5군 조선인대대의 지휘관이 되었습니다. 1919년부터 1922년까지 우리의 독립과 아무런 관계가 없는 러시아 오지에 투입되어 백군 패잔병들과 싸우느라 수다(數多)한 독립군을 희생시켰습니다. 그 대가로 레닌으로부터 200루불의 금과 무기를 상으로 하사받았습니다. 퇴역 후에는 녜자인까촌 노비뿌찌(새길) 산업조합 직원, 국방지원협회 및 국제혁명투사 지원단체 위원 등 쓸데없는 잡역을 전전했습니다.

어쨌든 이런 끊임없는 노력을 한 덕분인지 한인촌 한카이스키 구역위원회에서는 1930년 5월 18일 결정에 따라 홍범도와 그 가족들에게 집단농장 내에서 두 가지의 특권을 부여했습니다. 이 혜택이 무엇인지 구체적으로 알려져 있지 않지만, 협동농장 내의 수로 사용권이나 공공주택 입주권일 것으로 추정됩니다. 비록 보잘것없는 소소한 혜택임에도 불구하고 당시 유배나 다름없는 강제이주 생활로 고통받던 한인들의 삶을 상기할 때 이는 적지 않은 의미가 있습니다.

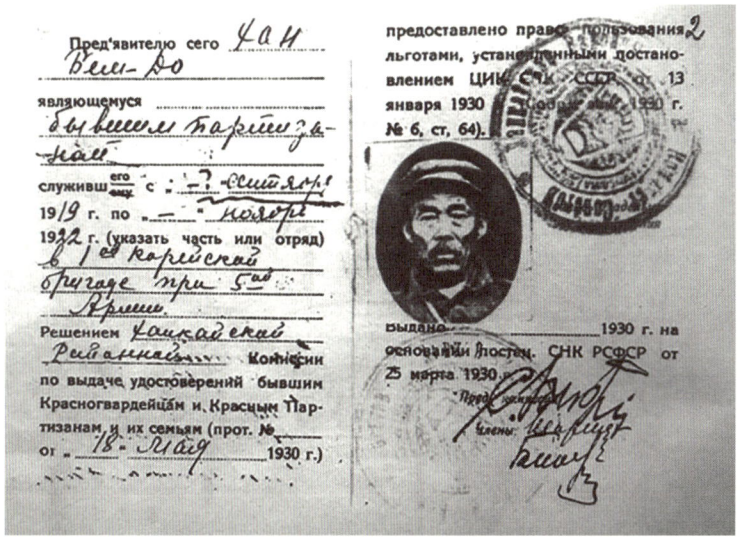

[그림] 한인촌 한카이스키 위원회에서 발급한 홍범도의 보훈 혜택 인증서

그가 우리 역사에 길이 빛나는 훌륭한 인물이었는지는 각자의 주관적 평가에 달린 일이겠지만, 동지를 팔아먹은 반역자 홍범도의 흉상을 육사 교정에 진열해 놓고 존경을 강요하는 사람들은 대한민국 군인들에게 무엇을 말하고 싶은 것일까요? 혹자는 1962년 박정희가 홍범도에게 건국공로장을 수여한 사실을 가지고, 이제 와서 공산주의 경력을 문제 삼는다며 비판하는 사람들이 있습니다. 나무위키나 방송 및 언론들이 한결같이 그런 이유를 들어 홍범도의 결백을 애써 옹호합니다. 그러나 당시 상훈심사위에서는 독립운동을 했어도 서훈에서 배제되는 여섯 가지 사유를 제시했다는 것을 우리는 알아야 합니다.

①**국시(國是) 위배(당시의 국시란 반공을 의미)** ②정치적 과오 ③납북인사 ④변절인사 ⑤해방 후 월남치 않은 자 ⑥독립운동 이력을 확인할 만한 기록이 없는 자는 서훈에서 제외한다고 되어 있습니다. 당시 상훈위에서 심사할 때 참고로 삼은 자료는 임시정부의 기록이나 박은식의 독립운동지혈사 같은 책자일 것입니다. 자료가 빈약한 상황에서 얼마나 급하게 서훈 심사를 서둘렀는지 알게 해주는 대목입니다.

소련이 붕괴되고, 러시아의 기밀문서 자료들이 대거 공개된 것은 최근의 일입니다. 또한 일본의 공문서, 자료들이 제대로 정리되어 공개된 것도 그리 오래되지 않았습니다. 심지어 당시의 문헌자료를 집대성한 강덕상의 현대사 자료집도 1973년에서야 완간되었으며, 국내 사학자들의 연구는 그보다 한참 뒤에 진행되었습니다. 그 전까지는 문정창의 조선 강점 36년사 같은 황당무계한 소스들이 주를 이루었을 것입니다.

봉오동전투 이후 러시아로 도주한 홍범도의 행적에 대해 알려진 것은 최근의 일입니다. 만약 홍범도가 자유시 참변 당시 가해자 측에 가담하고 볼셰비키의 충직한 당원이었으며, 독소전쟁이 발발할 당시 고려 청년들에게 참전을 독려하고 다녔다는 사실을 그때에도 알았더라면 박정희 정부가 홍범도의 서훈을 강행하지 않았을 것입니다. 김성수, 최린, 장지연 등에 대해서는 사후 친일 행적이 발견되었다며 가차없이 물어뜯던 자들이, 공산주의자 서훈에는 왜 그리 집착하는지 모를 일입니다. 동료를 팔아 넘긴 상대가 일본이냐, 러시아냐의 차이만 있을 뿐입니다.

2.
자유시 참변 당시
홍범도는 어디에 있었나?

홍범도 흉상 이전 문제가 터지면서, 가장 논란이 되었던 부분이 자유시 참변 당시 홍범도가 가해자 측에 가담했는지 여부였습니다. 방송과 언론에서는 '팩트'를 말해 준다며 특집 기사를 내고 홍범도의 가담 여부를 일제히 부인하고 나섰습니다. 특히 윤상원이나 반병률 같은 학자들을 앞세워서 '증거'가 없다거나, 피치 못할 사정이 있었다며 홍범도에 대한 의혹을 불식시키려 안간힘을 썼습니다. 윤상원은 홍범도가 솔밭관에 모여 땅을 치고 통곡했다는 증언을 제시하며 그의 연루 사실을 부정하기도 했습니다. 누구의 증언인지 찾아보았지만, 논문의 각주에 제시된 국사편찬위원회의 『한국독립운동사 34편』 191쪽에는 그런 내용이 전혀 없었습니다. 모든 홍범도 관련 논저들을 샅샅이 검색한 결과 이 내용은 결국 이동순의 창작시에 나오는 일화였습니다.

설령 그런 증언이 존재한다 치더라도 홍범도가 사할린부대를 성토하는 선언문에 명의를 올리고 군정혁명재판에 재판위원으로 참여한 사실은 분명합니다. 레닌에게 자유시 사태의 전말을 보고하는 자리에서 그는 한인 부대의 지휘관으로 소개되었으며, 유격대를 지휘한 공로로 상금과 함께 권총을 받았습니다. 동료들이 대거 희생당한 사태에 소극적으로 일관했을 뿐만 아니라 자신은 승승장구했던 정황상, 그가 이 사태의 책임에서 자유롭거나 무관하다고 할 수는 없을 것입니다.

김규면의 회고에 따르면, 홍범도는 자유시 참변 이후 코민테른 원동비서부의 책임자였던 슈마츠키(Шумяцкий)의 뒤를 따라다니면서 혁명군정의회 측의 대변인을 자임했다고 합니다. 슈마츠키에게 딸랑거린 보람이 있었는지 그는 슈마츠키의 추천으로 모스크바에 초대되었고, 레닌 앞에서 조선독립군 총대장으로 소개되는 호사를 누렸습니다.

> (홍범도는) 일본군 간도 토벌시에 남만, 북만 산으로 피란하여 자유시에 왔다가 자유시 토벌에 군대들이 무장해제 당한 후 홍범도는 단신으로 Шумяцкий(슈마츠키)에게 대접받으면서 모스크바까지 행세하면서 자유시 토벌이 유감이 없는 듯 시키는 대로 말하며 돌아다니는 것이었다. 슈마츠키 일파는 홍범도를 조선독립군의 총지휘자처럼 떠들어 소개하면서 자기들 범죄사변을 완화시키려고 홍범도의 변호비판을 요구하는 충동이었다. 홍범도가 영솔하고 자유시에 왔던 부대는 우수문 나게리에서 석방되어 "인"에서부터 백당 숙청전쟁에 참가하였다. 홍범도 개인은 원동 빨치산 전쟁엔 직접 참가한 일이 없다.[189]

이런 사람이 독립군의 희생을 마음 아파하며 통곡했다는 것은 앞뒤가 맞지 않는 얘기입니다. 그럼에도 '역사를 역사답게 가르친다'고 자부하는

---

[189] 김규면, 『老兵 金規勉 備忘錄』, 독립기념관 한국독립운동정보시스템, 85~86쪽.

자칭 전문가 'H 강사'는 유튜브를 통해 이렇게 열변을 토했습니다. "홍범도 장군이 우리 독립군을 궤멸시켰다? 민족 반역자다? 정말 뒷목을 잡을 일"이라며 "장군은 당시 고려혁명군 중심의 통합을 지지하긴 했지만, 소련 적군이 고려혁명군 일부와 대한의용군을 공격할 때 장군의 대한독립군이 참여했다는 기록이나 주장이 있으면 가져와라. 어디에도 없는 얘기"라고 목소리를 높였습니다. "오히려 장군은 내분으로 상해파 독립군이 죽었다는 소식을 듣고 (부하) 장교들과 함께 솔밭에서 땅을 치고 원통해 했다는 증언만 남아 있다"며 "실제로는 홍범도뿐만 아니라 안무, 지청천, 최진동 등 의병장들은 3~4킬로미터 떨어진 수라세프카라는 도시에 있었다는 완벽한 기록이 있다"고 주장합니다.[190]

독립군들이 학살된 뒤 솔밭에 모여 땅을 치고 통곡했다는 그 얘기는 아마도 윤상원의 논문[191]을 보고 하는 소리 같은데, 출처가 어디인지 살펴보니 해당 논문의 각주가 잘못되었는지 원문을 찾지 못했습니다. 그래서 어디에서 찾았는가 하면, 이동순의 시집에 비슷한 내용이 있더군요.[192] 출처가 고작 시집이라니, 실망이 이만저만이 아닙니다. 설마 이것을 독립군의 증언으로 보신 건가요, H 강사님? 홍범도가 독립군을 학살하는 데 가담한 증거를 대라고 하시니 제가 그 증거를 가져오겠습니다. H 강사님.

---

190 [특별기획] 오해와 편견이 부른 왜곡… '진실을 봐야', 인터넷 신문 《굿모닝충청》, 2023년 10월 16일자.
191 윤상원, 「러시아지역 한인의 항일무장투쟁 연구」, 고려대학교 대학원. 2010년, 252쪽 참조. 이 에피소드의 출처는 국사편찬위원회의 『한국독립운동사(1997)』 34권 191쪽, 416~417쪽으로 되어 있으나, 해당 출처를 찾아본 결과 동일한 내용의 원문이 없었다.
192 '매장을 끝낸 다음 홍범도 장군은 혼자 가까운 솔밭 속으로 들어갔다. 잠시 후에 소처럼 우는 통곡 들렸다. 땅을 치며 우는 장군의 울음이었다. 솔밭의 소나무도 온몸 부르르 떠는 듯했다. 옆에 선 장교들의 눈에서도 뜨거운 분루 흘렀다. 대관절 이게 무슨 참변이란 말인가', 이동순, 「민족서사시 홍범도 9」, 국학자료원. 2003년, 92쪽.

자유시 참변을 야기한 핵심 주동자 오홀라가 러시아공산당에 보낸 보고서에는 사할린부대 진압 당시 한인부대들이 열성적으로 참가했다는 내용이 포함되어 있습니다. 즉, 진압작전에서 한인부대들이 우측 포위망을 담당했다고 전하면서, 그 작전에 제1연대 국제연대와 제3연대의 한인부대들이 참전했고, 러시아 동지들의 우려와는 달리 용맹스럽고 적극적으로 진압 작전에 임했다는 내용입니다. 제3연대는 홍범도와 안무부대가 배속되었던 부대입니다.[193]

> 한두 시간이 지나고 장갑열차가 도착한 이후에 전투지역의 책임자는 모든 우리 부대에 돌격하라는 명령을 내렸다. 양편에서 사격이 개시되었다. 우측 방면은 한인부대들이 맡으면서 10베르스타의 거리에 퍼져 있었는데, 수라쳅프크 마을로부터는 4~5베르스타의 거리를 두고 있었다. 나는 대열의 이동을 뒤따라 "국제연대와 3연대 부대의 우익을 차지하고 있던 한인부대들이" 약 3베르스타 정도 되는 소택지를 뛰어서 건너며, 철로가 닿지 않는 지역을 달려서 지나가는 모습을 보았다. 이 때 나는 "한인부대들이 소극적이라는 얘기가 완전히 거짓됨을 확신하였다."[194]

그렇습니다. 오홀라는 홍범도와 안무의 부대가 적극적으로 진압에 참여한 것을 목격하고 보고서를 이렇게 썼던 것입니다. 증거를 내놓자 혹자는 이렇게 말하더군요.

"홍범도의 부대라고 했지 홍범도라고는 안 했다."

---

[193] 윤상원, 「러시아지역 한인의 항일무장투쟁 연구」, 고려대학교 대학원, 2010년, 209쪽.
[194] 오홀라(Марта Яковлевич Охола), 「한인혁명부대 혁명군사소비에트의 전권대표의 보고서」, 韓國獨立運動史. 資料 34-35 러시아편(Ⅰ·Ⅱ), 국사편찬위원회, 1997년, 188쪽.

아, 그렇습니까? 홍범도의 부대에 홍범도가 없었다면, 그 시간에 그는 어디에 있었던 말일까요? 말도 안 되는 눈물겨운 방어논리를 우리는 어불성설이라고 합니다. 일단 변명 잘들었습니다. 홍범도 얘기는 전편에서 충분히 다루었으므로 여기까지 하도록 하죠.

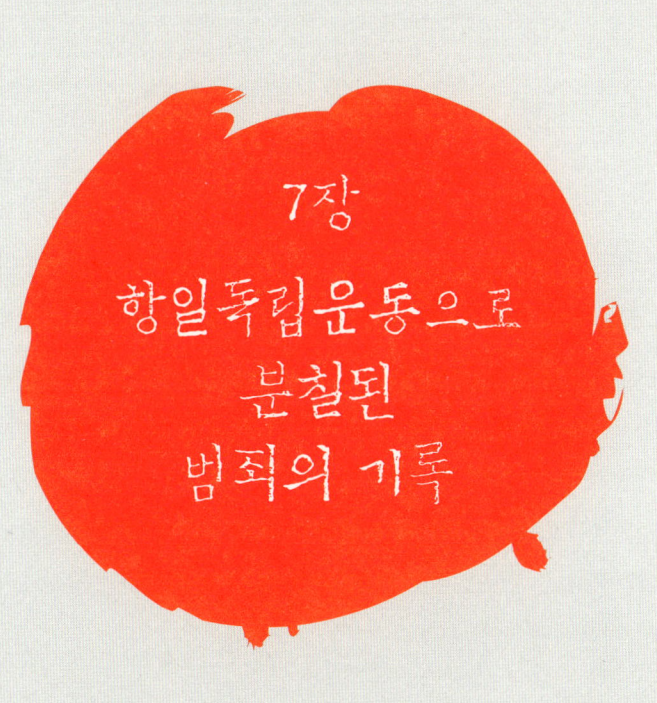

7장

항일독립운동으로
분칠된
범죄의 기록

1.
유흥 빚 변제를 위해
떼강도에 가담한 사람들이 독립운동가로

1916년 대구에 서우순이라는 한 부자가 살고 있었습니다. 그의 아들은 부모 잘 만난 덕에 한량 생활을 이어갔는데, 유흥비로 흥청망청 돈을 탕진하다가 급기야는 일본인에게 3,500원가량의 빚을 지게 되었습니다. 이때 보증을 서 준 조선인이 덩달아 피해를 입게 되자, 당연히 보증 빚의 변제를 독촉했습니다. 그런데 이 못난 인간은 자기 부친의 재산을 빼앗아 해결하기로 합니다. 다만 부친이 지금 첩에게 빠져 있어 거액의 재산을 그녀의 집에 보관 중이니, 강도로 위장하여 이 돈을 탈취하면 빚을 갚고도 남음이 있으리라 제안했던 것입니다.

빚 보증을 서 주었던 그 조선인은 빚을 갚을 수 있다는 생각에 솔깃한 나머지 친목회 회원이었던 다수의 조선인들을 규합, 권총 3정을 소지하고 그 첩이라는 여자의 집을 습격했습니다. 하지만 야심 찬 계획과는 달리 돈은커녕 이들에 맞서 저항하던 그 집 하인만 다치게 됩니다.[195] 무려 11

---

[195] 참고인 金鑛萬 신문조서, 大邱地方法院 검사국, 大正 8년(1919년) 6월 28일, 한민족독립운동사료집, 국사편찬위원회.

명이나 가담한 이 사건은 이들에게 특수강도, 특수상해, 협박, 절도미수 등 10~12년의 중형을 선고했다는 소식과 함께 막을 내렸습니다.

하지만 100여 년이 지난 우리 대한민국에서는 이들이 소속했던 '달성친목회' 및 강유원간친회(講遊園懇親會)가 단군의 위패를 모셔놓고 일제의 강제 합방에 저항하던 대종교 계열의 지하 서클이었다는 이유로, 이 모임에 속했던 사람들의 강도 짓을 독립운동으로 인정했습니다. 부호를 습격하여 재산을 탈취하려다 미수에 그친 강도사건은 온데간데없고, 독립운동자금을 마련하기 위한 의거(?)로 평가하고 있는 것이죠. 이 사람들에게 독립훈장을 수여한 공적조서를 읽어보면 현대를 살아가는 우리의 상식과 보편적 가치가 무엇인지 혼란스럽고 어처구니없을 지경입니다.

사정이 이렇다 보니, 혹시 공적조서에 '독립운동 자금조달'이라는 대목이 보이면 무조건 의심하고 보는 것이 순리인 것 같습니다. 정상적으로 활동자금을 모금한 사례는 찾아보기 힘들 테니 말입니다. 단지 부호라는 이유만으로 강제로 돈을 빼앗고, 저항한 사람은 죽이고, 자녀를 인질로 삼거나 납치하는 등 잔혹한 짓을 저질렀어도 그저 독립운동이라는 미명 하에 덮어주고 묵인해주어야 하는 것일까요?

2.
도박으로 가산을 탕진한
안동 종가의 후손, 독립운동가가 되다

경상북도 안동에는 진성 이씨, 의성 김씨, 풍산 류씨, 안동 권씨 등 수많은 문중과 종택이 터를 잡고 대를 이어 살며 인재를 배출하고 있습니다. 집안마다 조상들에 대한 자부심도 대단한지라, 4대조는 물론이고 묘제와 불천위제 등 문중이 배출한 네임드 조상을 위하여 다양한 형태의 제사를 사시사철 드립니다. 제사를 지내기 위해 전국에서 버스까지 대절해서 수백 명이 운집한다고 하니, 그 위세가 어떤지 짐작하고 남음이 있습니다. 문중 간 경쟁이 치열하다 보면 위대한 조상이 많을수록 후손들의 자존심과 결속 또한 높아지는 것이기 때문에, 종래에는 왕의 혈통과 인척관계나 탑티어급 고위 관료, 대학자, 애국자들을 많이 배출한 가문일수록 명문가로서 '부심'은 높아지는 법이겠지요. 그러다 보니 어떤 경우는 무리수 같은 것을 두게 됩니다.

구한말 시기에 김용환이라는 사람이 있었습니다. 의성 김씨의 후손으로서 저 멀리 학봉 김성일의 13대 종손이며, 1995년에 애국장에 추서된 독립운동가로 알려져 있습니다. 그의 조부 김흥락도 의병 활동에 투신한 애국자이며, 일가 친척은 물론 김용환의 처가도 애국자가 아닌 사람이 없습니다. 안중근의 사례에서 보다시피 이런 위인들의 혈통을 강조하며 인물 일대기를 미화하는 것은 족보를 중시하는 한국만의 아름다운 전통이 아닌가 생각합니다. 나무위키에서 김용환을 검색하면 전체 분량의 약 1/2 정도 집안 내력을 설명하는 데 분량을 할애합니다. 애국자 집안의 종손인 만큼 이 사람도 닥치고 애국자임이 틀림없다는 식의 논리는 황당하기 짝이 없습니다.

문제는 이 분이 한때 도박에 빠져 종가의 가산(家産)을 탈탈 털어먹은 파락호로 세간의 악평이 자자했다는 것입니다. 파락호라는 것은 '양반집 자손으로서 집안의 재산을 몽땅 털어먹은 난봉꾼'을 의미합니다. 고금을 막론하고 어느 집에나 이렇게 문제적 인물이 꼭 한두 명씩 있어 집안의 우환거리가 되고는 합니다.

그런데 이 분의 사후에 후손들이 이런저런 증언과 목격담을 근거로 난봉꾼, 도박꾼은 사실 훼이크고, 실은 그 '도박 자금을 만주의 독립운동가들에게 비밀리에 전달하기 위한 위장술이었다'라는 신박한 주장을 하게 됩니다. 워낙 명문가 집안이라 학계와 정계의 인맥이 대단했는지 알 길은 없지만 어쨌든 애국장에 추서되고, 독립운동가로 인정받기에 이릅니다.

하지만 김용환이 만주 독립운동에 군자금을 기증했다는 사실은 후손들의 주장처럼 어디까지나 '비밀리'에 이루어진 까닭에 어떠한 입증자료가 있을 리 없고, 오직 하중환이라는 자의 증언만 존재할 뿐입니다. 국가보훈처의 공적조서나, 나무위키의 정보, 안동 파락호의 진실을 밝힌다는 류의 언론 기사, 각종 논저에서 다루고 있는 정보들은 근거 사료가 거의 전무한

데다, 내용도 소략(疏略)하고 천편일률적입니다. 그나마도 그 소스의 대부분은 학봉 종가에서 편찬한 소책자 『400년을 이어온 학봉선생 고택의 구국활동』을 기반으로 하고 있습니다.

우선 국가 기관에서 공적조서를 심사함에 있어 관련 사료의 심도 있는 분석을 통해 진위여부를 가리지 않고, 종가에서 편찬한 주장들을 여과 없이 수용했다는 점은 놀랍기조차 합니다. 김용환의 독립운동은 크게 두 가지로 거론되고 있는데, 구한말에 의병에 입진(入陣)하여 활동한 것과, 1922년 경북 의용단의 서기로 활동한 점을 들 수 있습니다. 우선 그의 의병활동 이력은 믿을 만한지 살펴보기로 합니다.

김용환은 1907년 의병장 이강년 의진(義陣)에 입진하여 서벽전투 등에서 공을 세웠고, 이강년이 체포되어 순국하자 1911년 김상태 의진에서 활동했다고 합니다. 우선 문중의 기록을 통해 이강년 의진에 투신하게 된 전말을 살펴보면, '1906년경 의병대장 운강 이강년 선생이 백마를 타고 금계로 김용환 지사를 찾아와서, 안동 유림이 힘을 합하여 함께 왜적을 토벌할 것을 상의하였다. 이듬해인 1907년 김 지사는 집안 동지인 김현동, 김규헌과 함께 이강년 의병진에 입진하여 안동, 영양, 예천, 문경, 봉화, 제천 전투에 참전하였다'고 되어 있습니다.[196]

이강년이 직접 안동까지 행차하여 포섭할 정도의 인물이라면 그 흔한 부장 정도의 직책은 주어졌을 텐데, 어느 자료에도 그런 흔적이 보이지 않습니다. 이강년을 보좌한 인사들에 의해 작성된 운강선생창의일록(雲崗先生

---

[196] 학봉기념사업회, 『400년을 이어 온 학봉선생 고택의 구국활동』, 다산서원선비문화수련원, 1998년, 31쪽.

倡義日錄)에는 함께한 소모장(召募長)급 이상의 장임록(將任錄) 명단이 있습니다. 이강년 휘하의 군사가 맥시멈 500명쯤 된다고 했을 때 이 절반가량에 해당하는 220명이 '장(長)'의 직함으로 활동했음에도 불구하고, 그 흔한 지휘관급 리스트에 김용환·김현동·김규헌이 존재하지 않습니다. 말단으로 참전했을 수도 있지만, 안동 명문 종가로서 가오가 있지 불가능한 일입니다.

이강년이 1906년에 안동으로 와서 의병을 모집했다는 얘기도 다른 자료와 맞지 않는 부분입니다. 이 시기에 이강년은 제천 지역의 동지들부터 거병 제안이나 의논은 있었으나 병이 깊어 전혀 활동을 못 하던 상태였으며,[197] 다른 의병장들에 비해 비교적 늦은 1907년 5월경에 이르러서야 거병을 한 것으로 알려져 있습니다.

그렇다면, 이후 1911년에 김상태 의진에서 활약했다는 문중의 주장도 역시 미심쩍기는 마찬가지입니다. 이 시기의 의병장 김상태는 일본군의 대대적인 토벌작전으로 거의 와해되다시피 했습니다. 게다가 1910년 봄부터는 20여 명의 패잔병과 함께 영주, 순흥 등지에서 은둔하며 생존에 급급하던 시기였습니다. 부락을 습격해 동민(洞民)으로부터 소소한 엽전이나 강취하던 상황으로, 의병 활동 자체가 불가능했던 것이죠.

그런데 문중의 자료에 따르면, 김상태 의진을 따라다니며 대단한 전투를 했던 것인 양 서술되어 있습니다. 특히 1911년 6월 김상태가 체포되던 당시를 이렇게 설명하고 있습니다.

---

[197] 박민영, 『이강년 : 의병전쟁의 선봉장』, 역사공간, 2023년, 79쪽.

1908년 4월에는 백우 김상태 의병대장진으로 봉화 서벽전투에 참전하여 김현동과 함께 대구에서 지원 오는 적병의 정세를 세밀하게 정탐하여 승리하는 데 큰 공을 세웠다. 1908년 6월부터 3년 동안 영월, 정선, 영주, 예천 등의 전투에 참전하였다. 1911년 5월 순흥 연화동 상단곡 전투에서 순흥 주둔 일본군 헌병분견대의 기습을 받아서 김상태 대장이 적에게 포로가 되고 김현동진도 무너졌다. 김지사는 부상이 심한 김현동을 업고 소백산 준령인 해압재를 넘어서 예천군 유천면 중평동 김현동의 집까지 가서 함께 피신하기도 하였다.

1908년 4월의 서벽전투는 의병 1,000여 명이 일본군 11명을 상대로 4시간 동안 격전을 벌여 고작 5명을 사살한 사건입니다. 그런데 이것을 무슨 대승(大勝)처럼 기술하는 사람들이 많습니다. 여기서 김용현 등이 척후병으로서 적의 동세를 파악해 큰 공을 세웠다고 합니다. 그러나 운강선생창의일록에 따르면 삼척 의병장 성익현(成益鉉)이 부하들과 함께 이강년 부대에 합세함에 따라, 이들로 하여금 서벽 진입로 입구를 지키게 했습니다. 이강년은 이들이 "대구에서 파견된 적이 들어오고 있다"는 보고를 함에 따라 전투를 개시한 것이죠. 김용환 등이 주도적으로 이 작전에 관련되었다거나, 공을 세웠다는 문중의 주장은 믿기 어렵습니다.

또한 김상태가 체포된 시기는 1911년 5월이 아니고, 6월 11일 새벽 1시입니다. 그럼에도 문중의 책자에는 연화동 상단곡에서 일본 헌병대의 기습을 받고 대단한 전투가 벌어진 것으로 설명하고 있습니다. 하지만 전투는 없었습니다. 김상태는 전투 중 생포된 것이 아니라 연화동 전학경의 집에서 자고 있다가 한밤중에 체포된 것입니다.[198] 전학경의 자택은 영주

---

[198] 김강일, 「賊魁金尙台逮捕顛末」, 『江原文化史研究』 14, 江原鄉土文化研究會, 2009년 12월, 29쪽.

순흥군(지금의 영주시 순흥면) 상단곡(현재 행정 소재지는 영주시 단산면 단곡리) 근처에 있는데, 절벽을 등지고 있기에 많은 사람들이 모여 싸울 수 없는 곳입니다. 토벌대는 은밀히 배후에서 공격하기 위해 앵커를 꽂아가며 절벽을 올라간 것으로 나옵니다. 따라서 체포 과정에서 치열한 전투가 있을 리 없고, 이 와중에 부상을 입었다는 김현동의 얘기도 당연히 허구일 가능성이 큽니다.

김용환의 의병활동 기록은 이처럼 사료의 부존재, 교차검증상의 오류 등으로 인하여 신뢰하기 어렵습니다. 김용환이 실제 독립운동에 관여한 것으로 볼 수 있는 물적 증거가 아주 없는 것은 아닙니다. 1922년 12월 검거된 '조선 독립운동 후원 의용단 사건'을 들 수 있습니다. 이 사건은 김용환이 의용단 조직에서 경북지부 서기(書記)로 활동한 기록이 확인됩니다.

의용단 사건이란, 남만주군정서에 독립운동 자금을 보내기 위해 조직을 만들고, 경북지역 부호들을 상대로 돈을 뜯어내려 협박하다 실패한 사건을 말합니다. 다들 아시겠지만, 대개 지역 유지나 부자들을 상대로 이런 거금을 모으려면 좋은 말로 해서는 성사되기 어렵습니다. 그럴듯한 명분을 만들어야 하고, 협조하지 않는 사람들에게는 어느 정도의 물리력을 동원해야 합니다. 이들은 군정서 사령관이나 상해임시정부의 명의로 발행한 군자금모집 사령서, 사형선고서 등을 내보이면서 권총을 들이밀고 대상자들에게 거액을 요구했지만, 뜻대로 되지 않았습니다. 다만, 일부 부호들은 이들이 위협에 굴복해 소액을 내놓았을 뿐입니다. 결국 전체 목표액의 3퍼센트에도 못 미친 상태에서 이 운동은 실패로 끝나고 맙니다.[199] 이들은

---

[199] 의용단이 접촉한 부호들은 모두 15명 정도 되는데 경상북도 경산의 안병길, 청송의 조규한·황보훈·조병식, 안동의 이중황·최명길·권병규, 영일의 이경연·이연기, 영천의 권중황, 군위의 홍해근·홍정수, 영덕의 권모 외 1명, 창녕의 신연식 등을 상대로 뜯어내려 했던 돈의 합계는 모두 37만 원에 달했으나, 실제로 모금한 금액은 10,500원에 불과했다.

당초 전체 모금액에서 10퍼센트를 공제한 90퍼센트의 자금을 군정서로 보낼 계획이었으나,[200] 실제로는 징수한 돈의 90퍼센트를 자기들 사업하는 데 소비하고, 10퍼센트만 보낸 것으로 알려져 있습니다.[201]

그런데 여기서 한 가지 문제가 있습니다. 경찰조사와 판결문 상으로는 이 사건이 남만주군정서와 관계된 것으로 조사되었으나, 이 시기에 남만주군정서라는 조직은 존재하지 않았습니다. 일단 관련된 인물과 지역을 살펴보면 서로군정서일 가능성이 큽니다. 의용단이 1920년 9월에 김천에서 결성된 이후로 본격 활동한 것이 1922년 11월까지인데,[202] 이 시기에 군정서는 공식적으로 존재하지 않았습니다.

서로군정서는 남만주한족회를 중심으로 유하현 삼원보에 본부를 둔 조직입니다. 몇몇 연구에 따르면, 1920년 10월 경신참변 이전인 5월부터 이미 중-일 합동수색대의 습격을 받고, 한족회 지도부가 뿔뿔이 흩어져 은신하였으므로 군정서가 와해된 상황이었습니다.[203] 의용단 사건을 사주한 것으로 알려진 김응섭도 부하 70여 명과 함께 유하현에서 400여 킬로미터 떨어진 화전현의 깊은 산 속으로 숨었는데, 신변을 보호받기 위해 마적과 연락하며 체포를 면했던 것으로 보입니다.[204] 나머지 지도부는 액목현으로 이동한 상태였는데, 액목현은 험준한 노야령(老爺嶺) 산맥 동쪽 기슭에 위치

---

200 매일신보, 「慶北重大陰謀, 犯罪內容大略, 慶尙北道警察部發表(上)」, 1922년 12월 21일자 3면 1단. 동아일보, 「慶北重大事件의 警察側에서 發表한 顚末」, 1922년 12월 23일자 3면.

201 심상훈, 「1920년대 초 朝鮮獨立運動後援義勇團의 활동과 이념」, 안동사학 제8집(2003년 12월), 안동사학회, 266쪽.

202 매일신보, 「慶北重大陰謀, 犯罪內容大略, 慶尙北道警察部發表(上)」, 1922년 12월 21일.

203 김호진, 「1920년 일제의 탄압 이후 서간도지역 독립운동단체의 연대와 근거지 재건」, 역사와 실학, 2024년, 121~126쪽.

204 森田寬藏(吉林總領事), 「不逞鮮人ノ動靜ニ關スル件」, 1920년 12月 18日, 不逞團關係雜件-朝鮮人ノ部-在滿洲ノ部 24, 日本外務省外交史料

한 산악지역입니다. 북서쪽으로 해발 1,000미터가 넘는 11개의 산으로 둘러싸여 있어서 외부인과 접촉하기가 쉽지 않죠.

게다가 서로군정서는 이후 1921년 6월 말 자유시 참변에 휘말리면서 주력부대가 거의 궤멸되었고, 극히 일부만 만주로 돌아온 상태였습니다. 따라서 의용단이 발족되고 활동한 그 시기, 사실상 군정서라는 조직에서 공식적으로 경상북도에 자금을 모집하기 위해 요원을 파견한다는 것은 있을 수 없는 일입니다. 다만, 이 시기의 군정서라는 명칭은 1922년 1월에 발족한 남만통일회(南滿統一會)와 그 직후 결성된 대한통군부, 그리고 이를 확대 개편한 대한통의부로 이어오면서, 이들을 구성하는 파벌의 일부로서만 남은 상태였던 것이죠. 그렇다면 의용단은 존재하지도 않는 조직을 위해 자금을 모금한 셈입니다. 이 돈은 누구를 위한 것이며, 모두 어디로 간 것일까요?

경북 의용단 사건이 군정서의 명의를 빌렸을 뿐 이들과 아무런 관련이 없다면, 지역 독립운동으로 자부심을 드높인 이 사건은 그 순수성을 의심하게 합니다. 이는 의용단 사건으로 검거된 인사들보다 먼저 체포된 김찬규의 판결문을 보면 좀 더 분명해집니다. 김찬규는 의용단 사건을 주도한 핵심 인물입니다. 김찬규의 판결문에는 1922년 5월경 김찬규가 남만주의 유력자 김응섭을 만난 사실을 적시하고 있습니다. 김응섭이 한때 군정서의 법무사장을 지내는 등 지도부 출신인 것은 맞습니다. 하지만 이 무렵에는 군정서가 환인현에서 발족한 대한통군부에 흡수되었기 때문에 군정서와 무관할 뿐 아니라 통군부에 참여하지 않았던 김응섭은 더더욱 군정서와 거리가 있는 인물입니다. 그럼에도 김응섭은 가짜 사령서에 군정서 초기 독판을 역임한 이상룡의 직인을 찍어서 김찬규에게 교부하고, 군자금

조달을 지시한 것입니다.

판결문을 보면 김응섭과 김찬규가 접선한 곳은 길림 시내의 왕수성(王樹聲)이란 자의 집입니다. 이곳은 김찬규의 첩 이여주(李汝珠)가 거주하고 있었습니다. 독립운동을 한다는 사람이 이처럼 머나먼 외지에 첩을 두고 있었다는 얘기는, 누군가가 그의 뒤를 봐주고 있었다는 의미입니다. 생계활동을 할 수 없는 김찬규가 멀리 외지에 있는 그의 첩까지 먹여 살리기는 쉬운 일이 아니었으니까요. 재판 자료에 따르면 김응섭은 김찬규를 만난 자리에서 이렇게 말합니다.

> 해외로부터의 들리는 얘기를 듣자면 낙담할 수도 있으나, 한편으로는 그리 비관할 필요는 없다. 좋은 농사에는 마땅히 좋은 시기가 따라야 한다. 적어도 10만 원 이상의 자력이 필요하므로, 그 시기를 기다릴 수밖에 없다. 나는 친형에게 최저 1만 원을 올 가을까지 조달하여 부쳐 줄 것을 부탁했다. 나는 부자가 되려는 생각은 조금도 없다. 해외에 있는 모모(某某)는 모두 사당(私堂)을 수립하였다. 나도 이에 감염되었는지 모른다. 여하튼 공사를 막론하고 도울 사람이 필요하다. 지금 적어도 1만 원이 있으면 각처에 농장을 시설하여 1천 명 내외의 굳건한 후원자들을 양성하고자 한다. 안팎에서 후원을 얻지 않고서는 자멸을 면치 못할 것이다. 그러므로 나는 뒷날의 계획이 없이 단순이 눈앞의 이해득실에 급급하는 동포 재산가들을 딱하게 생각한다. 독립의 가능 여부는 앞으로 수년 내에 있다. 즉 몇 해를 지나지 않아서 번천복지(翻天覆地)의 변이 있을 것이다… 나의 요구에 대하여 가부의 회답을 속히 바람.[205]

---

[205] 김찬규 판결문, 大正 11년(1922년), 형공(刑公) 제632호.

위의 진술대로라면, 김응섭은 자신의 입지를 강화하고 사당(私黨)을 조직하기 위해 돈이 필요했음을 알 수 있습니다. 즉, 남만주 한인들에게 농장을 지어주고, 이들을 통해 재정적 후원을 바랐던 것이죠. 물론 표면적인 명분이야 조선의 독립을 위함이라고는 하지만, 그렇다 하더라도 일개인이 10만 원에 달하는 거금을 모아 자신의 입지를 도모했다는 것은 그다지 상식적이라는 생각이 들지 않는군요.

이 시기의 김응섭은 남만 한인 조직에서 이탈하여 이르쿠츠크파 고려공산당에 새로이 참여하려던 상황이었습니다. 그는 조직세의 우위를 점하기 위해 막대한 자금이 필요했고, 김찬규는 이에 이용당한 것으로 보입니다. 김찬규는 1920년부터 국내외를 오가며, 지역적 연고를 활용하여 수많은 동지를 포섭한 후 같은 수법으로 군자금을 모집해 왔습니다. 1920년 경성임시정부특파원사건도 이와 유사한 사례입니다. 당시 독립운동자금을 명분으로 부호들에게 금전을 강탈하려다 체포된 유갑순(柳甲順)은 김찬규로부터 범행에 사용된 문건을 받았다고 자백했습니다. 그런데 이때도 김찬규는 길림성 군정부 특파원이라 자처하면서 군무총장 노백린 명의의 지령서를 교부했다고 합니다.[206] 노백린은 이때 길림이 아닌 상해에 있었기 때문에 이 지령서는 위조된 것이 분명합니다. 김찬규는 이런 식으로 길림 독립운동단체 명의를 팔아 군자금 모집을 해왔다는 것을 알 수 있습니다.

어쨌든 김찬규가 기획하고, 수많은 경북지역 인사들이 포섭된 의용단 사건은 이런 내막이 있었다는 것을 염두에 두어야 합니다. 이 사건에 연루된 인물은 모두 42명으로, 규모로 보자면 당시에는 매우 큰 사건이었습니

---

[206] 유갑순(柳甲順)의 신문조서, 韓民族獨立運動史資料集 32, 국사편찬위원회, 1997년, 72~73쪽.

다. 하지만 이들 중 7명 정도만 실제 처벌을 받았을 뿐입니다. 일제의 자료나 당시의 신문기사 등을 종합해보면 김용환의 경우 증거불충분으로 불기소 석방된 것으로 확인됩니다.[207] 그냥 이름만 올라 있을 뿐, 실제 활동한 내역이 없었다고 보아야 하는 것이죠. 실질적으로 활동하지도 않았는데, 이름만 올라 있다고 이것을 독립운동의 경력으로 삼기에는 어딘가 많이 부족해 보입니다. 하지만 문중과 지역의 자존심이 걸린 일이기에 마치 의용단에서 중책을 맡아 대단한 독립운동이라도 한 것인 양 미화되어 있는 것입니다.

문중의 책자에는 이 부분에 대해 다음과 같이 설명되어 있습니다.

1923년 9월 30일 김지사는 주위의 청원과 일제의 회유책으로 10개월 만에 석방(증빙불충분)되었으며, 구속 중 악명 높은 고등경찰의 혹심한 고문에도 끝까지 굴함이 없었다.

그런데 피의자가 체포된 후 불기소 석방되기까지 무려 10개월이나 걸렸다는 이 설명은 뭔가 의심스럽습니다. 그래서 찾아보았습니다. 이 사건은 1922년 10월경에 경찰에 최초 포착되었습니다. 11월 28일 이후 김대기(金大基) 이하 4명이 잠복 중이던 경찰에 우선 체포되었고, 12월 1일 이응수를 비롯한 나머지 관련자들도 12월 3일경 줄줄이 체포됩니다. 매일신보의 기사에 따르면 12월 18일에 김용환 등 5명은 증거불충분으로 석방되고, 나머지 12명은 대구지방법원 검사국에 압송되었다고 보도하고 있습니다.[208] 그렇다면 김용환이 체포되어 구금된 일수는 최대 15일에 불과

---

[207] 「慶尙北道政治犯檢擧」, 朝鮮治安狀況, 朝鮮總督府警務局(大正 11年). 그 외에 김용환의 형사사건부 (국가기록원 소장) 참조.
[208] 매일신보, '慶北重大陰謀, 犯罪內容大略, 慶尙北道警察部發表(上)', 1922년 12월 21일.

합니다. 10여 개월 붙잡혀서 혹심한 고문을 당했다던 문중 자료와는 사실관계가 매우 다름을 알 수 있습니다.

물론 참조할 사료가 부족하다 보면, 전기(傳記)를 서술하면서 본의 아니게 착오나 실수가 있을 수 있습니다. 하지만 문중의 책자에는 해당 항목 말미에, "이 사건이 바로 동아일보와 매일신보 등에 연일 보도되어 친일 부호들을 떨게 했던 '경북중대음모사건', '독립후원 의용단 사건'"이라 부연하고 있습니다. 이는 적어도 출처는 확인했다는 것입니다. 소스에 관련 내용이 이미 다 나와 있는데, 사실관계에 오류가 있다는 것은 의도적인 왜곡으로밖에 보이지 않습니다.

김용환이 워낙 알려지지 않은 인물인 탓에 경북지역 의용단 사건을 연구한 논저에서만 간간히 이름이 거론될 뿐, 그의 행적이나 공훈에 대한 학술연구는 전무하다시피 합니다. 다만, 언제부터인지 언론 기사나 학술지 기고문을 통해 '파락호'로 알려진 도박꾼 김용환이 실은 '애국지사'였다는 식의 미화로 도배되고 있습니다. 예컨대 누구나 온라인에서 쉽게 접근이 가능한 나무위키에서는 독립운동에 매진하던 그가 도박에 빠진 배경에 대해 이렇게 설명하고 있습니다.

1921년에는 만주 길림의 서로군정서와 연결되어 연결되어 독립운동단체 '의용단'에서 활약하였다. …(중략)… 1922년 결국 일본 제국 경찰에 세 번 째로 체포됐다. 이후 독립운동가들을 도와줄 온갖 방법들이 틀어 막힌 김용환은 결국 다 포기한듯이 재산을 도박에 쏟아붓기 시작했다. 한번 도박에 빠지기 시작하자 벌이는 도박판이

어마어마해서, 그 많던 가산을 급격히 탕진하기 시작했다. …(중략)… 하지만, 가정에 무관심하여 도박에 탐닉하던 것으로 보이던 그의 행동에는 숨겨진 비밀이 있었다. 도박으로 탕진한 그의 재산의 진짜 목적지는 만주의 독립군이었다. 즉 도박은 사라진 재산의 행방을 묻는 사람들을 속이기 위한 위장이던 것. 그렇지만 일제의 감시망이 워낙 지독하다 보니 이럼에도 결국 일제의 요시찰 인물로 올라갔다고 한다.

즉, 위의 설명대로라면 김용환은 몇 번의 독립운동 활동이 좌절되자 도박에 빠져 가산을 탕진한 것으로 보입니다. 그런데 알고 보니 이는 재산을 만주의 독립운동에 건네기 위한 위장술이었다는 것입니다. 참, 그럴싸하죠? 우리나라 사람들은 말도 안 되는 소리를 그럴싸하게 늘어놓는 재주들이 있나 봅니다. 하지만 우리가 상상하는 것처럼 세상 일은 그렇게 드라마틱하지는 않습니다.

과거에도 지금도 이런저런 명분으로 모금한 돈을 이리저리 굴려서 그 수익으로 무슨 좋은 일을 하겠다고 선언한 사람치고 제대로 마무리하는 것을 본 적이 없습니다. 나무위키의 설명처럼 종가의 재산이 200억이 넘는 사람이라면 합법적 사업으로 수익을 내고 그 돈으로 얼마든지 좋은 일을 할 수 있습니다. 즉 그 돈으로 학교를 세운다든지, 제3자를 통해 독립운동 사업을 지원한다든지 같은 그 나름의 방책이 따랐을 것입니다. 인촌 김성수가 그런 예에 속하는 인물입니다. 그런데 하고많은 방법 중에 하필이면 도박이라뇨? 물론 일제의 감시를 피하기 위해서 말종(末種)의 노릇을 자처했다고 둘러대지만, 이 또한 사실과 다른 것 같습니다. 매일신보 기사에 따르면 김용환은 독립운동 사건에 연루되어 체포되기 이전부터 이미 주색과 노름으로 방탕한 생활을 하는 한량이었다는 내용이 보입니다.

김용환은 이조 중세에 저명한 유학자(본문은 碩儒) 김학봉(金鶴峯) 선생의 종손이나 성현의 가르침(道)을 배반(背)하고, 항상 유타도식(遊惰徒食: 빈둥빈둥 놀면서 게으름 피우고 하는 일 없이 밥이나 축냄)하며, 전문(專門: 특정 분야를 섭렵함)으로 화류계에 종사하고, 도박의 벽(癖) 있어(有), 한 집안(一門)의 빈축을 받고(受) 있는 자(者)이라.[209]

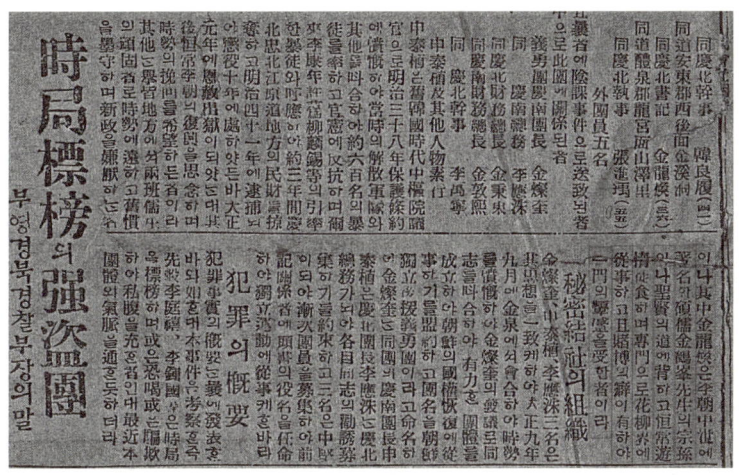

[그림] 김용환의 방탕한 생활을 보도한 1922년 12월 30일자 매일신보 기사

 그렇습니다. 그가 화류계와 도박장을 전전하며 방탕한 생활을 했던 것은 독립운동과 아무런 관련이 없습니다. 이렇게 증거를 내놓으면, 역시나 부정하기 바쁘신 분들이 많을 걸로 보입니다. 총독부 기관지였던 신문기사를 어떻게 믿느냐, 또는 독립운동가를 폄훼하기 위한 일제의 모함일 뿐이라는 것이지요. 우리는 이런 패턴에 이제 매우 익숙합니다. 네, 그렇다

---

[209] 매일신보, 「義勇團事件發表, 범죄의 내용과 체포의 전말, 慶尙北道警察部發表」, 1922년 12월 30일자 3면 6~7단.

칩시다. 똑같은 자료를 두고 유리하면 인용, 불리하면 배척하는 부끄러운 정신승리는 언제쯤 끝나게 될지 모르겠습니다.

3.
강도, 협잡, 미인계와 권모술수로 얼룩진 김원봉의 행각

　　김원봉이 예전부터 미인계를 잘 썼다는 얘기가 있었습니다. 많이들 인용하는 장준하의 저서에는 미인계와 관련한 구체적인 내용은 없고, 김원봉의 추태가 심해져 결별했다는 정도만 나와 있어 실체를 파악하기엔 조금 부족한 감이 있습니다. 김구는 독불장군 스타일에 탐욕적이어서 그렇다고 한다면, 김원봉은 야비하고 신의 없는 행동이 문제였습니다. 그런 그가 미인계를 썼다면 하등의 이상할 바가 없을 것 같습니다.

　　김원봉은 적을 정탐할 때나 무기를 조달할 때나 사람을 이간질할 때에도 여성을 동원했습니다. 중국 공산당의 유격전법 열 가지 중 하나가 미인계였음을 감안하면[210], 공산주의자였던 그가 이런 방식에 길들여진 게 우연은 아닐 것입니다. 김원봉의 부하로서 의열단 멤버이자 조선혁명간부학교 출신이었던 홍가륵(洪加勒)의 신문조서에 따르면, 김원봉은 탐정방법론의 하나로써 미인계를 활용하도록 지도하고 있었습니다.[211]

---

[210] 진명행,『조선 레지스탕스의 두 얼굴』, 양문출판사, 2019년, 242쪽.
[211] 홍가륵(洪加勒)의 제6회 신문조서, 韓民族獨立運動史資料集 32, 국사편찬위원회, 1997년, 72~73쪽.

김원봉이 일본을 상대로 미인계를 써서 독립운동을 했더라면 그러려니 하겠지만, 같은 민족인 아군들을 상대로도 그 짓을 했기 때문에 논란이 있는 것 같습니다. 광복군 김문택의 수기에 의하면, 김원봉은 황포군관학교 출신 중국인 동문들을 등에 업고 사사건건 임정과 대립하면서도, 한편으로는 국민당의 적이나 다름없는 중공당과도 내통을 도모했습니다. 조선의용대가 본인의 뜻처럼 잘 굴러가지 않고 김구의 영향력이 커지자, 김원봉은 그의 사촌이기도 한 김두봉(金枓奉)을 통해 미인계까지 써가면서까지 조선의용대원 일부를 연안(延安)으로 빼돌리는 데 성공했다고 합니다.[212] 이들은 결국 노하구의 국민당 관할을 떠나 중공당 팔로군 지배하에 편입되었습니다.

　　안으로는 항일운동한답시고 장개석에게 온갖 지원비와 공작금을 받아내는 한편, 뒤로는 중공당과 내통하면서 휘하의 의용군 병력을 적에게 넘겨준 김원봉의 이 같은 행태는 결국 국민당 지도부의 환멸을 사게 됩니다. 정상적인 사람이라면 이쯤에서 자숙하기 마련인데, 김원봉은 그렇지 않았습니다. 그는 새로 재편된 광복군에서 부사령관으로 격하된 이후, 여기서도 일본군 탈영병이나 학도병 귀순자들을 대상으로 이간질을 획책하며, 광복군을 분열시키려 했다고 합니다.[213]

　　오늘날 우리 정치인들 중에도 이 당, 저 당 옮겨 다니는 일을 예사로 하면서 가는 곳마다 분열과 갈등을 조장하는 사람이 있듯이, 김원봉 역시 그런 부류였습니다. 이런 사람들일수록 외양과 말은 번드르르하지만 실속이 없습니다. 사람을 계산적으로 대하는데 신의라는 게 있을 수 있을까요?

---

[212] 김문택, 『광복군 김문택 수기(下-광복군)』, 독립기념관 한국독립운동사연구소, 2005년, 341~342쪽.
[213] 장준하, 『돌베개 -장준하의 항일대장정』, 돌베개, 2015년, 205~210쪽, 215~217쪽, 231쪽.

결국 언젠가는 자신의 주변에 아무도 남지 않게 됩니다. 장준하는 그의 저서에서 임정의 분열상은 참혹했다고 합니다. 셋집을 얻어 정부 청사를 쓰고 있으면서 각 파벌은 청사의 의자 수보다 많았다는 것입니다. 특히 각 정파마다 인재 영입 경쟁이 치열해서, 개별적으로 몇 사람씩 불러 술을 사 먹이거나, 심지어 조선민족혁명당의 김원봉 일파에서는 미인계까지 동원하는 등 그 추태가 나날이 심해졌다고 합니다. 결국 이들에 대한 실망과 불신 때문에 장준하 일행은 임정이 있던 충칭(重慶)을 떠나 투차오(土橋)로 이동하고 말았습니다.[214]

김원봉의 의열단 부하 중에 오복영이라는 사람이 있었습니다. 오복영은 김원봉을 매우 존경하였기 때문에 '너 죽어라' 하면 죽는 시늉까지 했을 정도의 심복이었습니다. 그는 원래 쌍권총 혈투로 유명한 김상옥의 동료였으나 그가 체포된 뒤, 이영주(李英周, 또는 李德乙)의 소개로 김원봉의 부하가 됩니다. 김원봉을 면담한 자리에서 그는 조직을 위해 신명을 다 바치겠다는 맹세를 하고 의열단에 가입했습니다. 김원봉은 타인을 감언이설로 끌어들이는 데 능숙했지만, 정작 그 자신은 의심이 많고 사람을 잘 믿지 않았습니다. 그래서 신입단원 오복영에게 아무런 임무를 주지 않은 채로 지금은 시기가 아니니 당분간 대기하라고만 했습니다.

그로부터 한 달 정도인 1923년 8월 말경이었습니다. 김원봉은 오복영을 불러 지금 즉시 8연발 자동권총으로 무장하고 이영주와 함께 즈푸(芝罘)로 가도록 지시했습니다. 그곳 광동가(廣東街)에 거주하고 있는 조선인 김병걸(金炳杰)이 임시정부 공채 판매대금을 뗑땅쳤으니, 둘이 같이 가서 수금

---

[214] 장준하, 앞의 책, 258~259쪽, 267쪽.

을 해오라는 임무를 준 것입니다. 김병걸이라는 인물에 대해 구체적인 정보는 없으나, 경성지법 검사국 문건에 따르면 물품중개상 또는 아편상으로 소개되어 있습니다. 약간 뺑이 세고, 사기꾼 기질이 있던 자였습니다. 그는 당시 임시정부 소속으로서 공채자금을 모집하던 류세관(柳世觀)[215]에게 임시정부의 공채권을 보내오면 매달 100원씩 지급하겠다 약속을 하고서 이를 지키지 않았던 것입니다.

오복영은 이주영과 함께 즈푸에 도착해서 김병걸을 찾아냈습니다. 그리고 융승기(隆昇機)라는 호텔로 납치한 뒤 자신들은 상해에서 온 의열단원인데 그대에게 받을 것이 있다면서, 공채대금을 미지급한 죄를 추궁하고 군자금 3,000원을 내놓으라고 협박했습니다.[216] 하지만 아무리 부유한 자일지라도 그런 거금을 수중에 소지하고 있을 턱이 없어서, 털어서 나오면 10원당 몇 대 때린다는 식의 협박은 통하지 않았습니다. 오복영은 아무런 소득을 얻지 못하자 초조해지기 시작했습니다.

그래서 다른 대상을 물색하던 중 인천에서 넘어온 조선인 윤헌영과 홍사성, 상인 김모 외 한 명이 더 투숙하고 있음을 알아냈습니다. 윤헌영은 그해 6월 사기혐의로 집행유예를 선고받은 자인데, 소송으로 인한 빚이 많았기 때문에, 인천에서 기미(期米: 쌀 선물거래) 사업에 종사하고 있었습니다. 그런데 그와 동업하던 일본인 기타무라(北村負一)가 공탁금을 횡령하고 중국 대련(大連, 따롄)으로 도주해 버린 것입니다. 윤헌영은 그의 행방을 쫓아

---

[215] 일제의 보고서에는 류모라고 되어 있으나, 우리 측 임시정부 자료를 보면 공채 모집위원 류세관(柳世觀)으로 되어 있다. 해당 관련 항목에는 류세관이 소지한 공채권 실물(실물번호 28050번~28051번 100원권) 2매는 오복영이 체포되면서 견탈(見奪: 남에게 빼앗김)되었다고 기재되어 있으므로, 공채권 분실 경위 및 행방에 대해서는 양측의 자료가 일치하는 것으로 보인다. 임시정부의 자료에 대해서는 다음을 참조. 臨時公債管理局公告(1923. 12. 25.), 대한민국임시정부자료집 27권 Ⅲ, 재무부편, 국사편찬위원회, 141쪽.

[216] 류세관이 김병걸에게 공채권을 넘기고 돌려받지 못한 대금은 합계 200원에 불과했음에도 3,000원을 요구한 것이다.

대련으로 가던 중 뱃멀미가 너무 심해, 즈푸(芝罘)에서 잠시 내려 휴식을 취하려던 차였습니다. 그러던 중 오복영 일파를 만나 이런 변을 당한 것입니다. 오복영은 윤헌영 일행을 불러낸 뒤 소지금을 조사하다가 그가 쌀을 사고파는 사업가라는 것을 알아냈습니다. 대개 이런 사람들은 현금을 쌓아놓는 부자인 경우가 많으므로, 오복영은 즉시 권총과 탄환을 보여주면서 자신들은 의열단원이라고 소개했습니다. 이어서 독립운동에 필요한 자금을 모집하기 위해 여기에 왔다는 목적을 밝히며, 만일 협조하지 않으면 살아돌아가지 못할 터이니 순순히 1,000원을 내놓으라고 요구했습니다. 하지만 기대와는 달리 윤헌영으로부터 겨우 30원을 얻어내는 데 그치고 맙니다.

윤헌영에게서 돈 냄새를 맡은 오복영은 낙담하지 않고 끈질기게 천진까지 따라갔습니다. 마침 천진에는 오복영의 집이 있었는데, 내연녀 김숙경이 살고 있었습니다. 오복영은 윤헌영 일행을 그의 집으로 데리고 간 뒤, 그의 친형인 윤건영에게 전보를 보내 속히 1,000원을 송금해줄 것을 요청하도록 했습니다. 물론 송금환의 도착지는 오복영의 집으로 해두었습니다. 그 후 오복영 일파는 윤헌영이 소지한 400원을 모두 뜯어내고, 시계와 트렁크까지 빼앗아 처분합니다. 참으로 독한 사람들이 아닐 수 없습니다. 민족을 위해 일한다면서 같은 동포를 괴롭히는 짓을 서슴지 않는 이율배반은 어떻게 설명해야 할지 모르겠습니다.

하지만 운이 따라주지 않았는지, 기다리던 돈은 송금되지 않았고 시일만 허비하던 중이었습니다. 성질 급한 오복영 일파는 또다른 사냥감을 향해 마수를 드러냈습니다. 윤헌영이 머물고 있는 호텔에 임(林) 아무개라는 조선인이 1만 원 이상의 현금을 소지하고 있다는 정보를 들은 것입니다.

하지만 이 거액을 순조롭게 탈취하려면, 아무래도 둘의 힘만으로는 완벽을 기하기 어려웠기에 보스인 김원봉에게 지원을 요청했습니다. 당시 김원봉은 북경으로 가려던 중이었으므로, 의열단 부하 중 믿을 만했던 김억을 먼저 보내 오복영 일파에 합류토록 했습니다. 의열단 내에서 베테랑급에 속했던 김억은 사람을 다루는 차원이 달랐습니다. 윤헌영의 심리적 압박을 가중시키기 위해, 그의 측근 중 한 명을 희생시키기로 결정했습니다. 우선 윤헌영과 가까운 홍사성을 오복영의 집으로 납치한 뒤 별실에 가두었습니다. 그리고 취조하기를 "우리의 첩보에 의하면 너는 해외 불령선인을 내사하기 위해 종로경찰서에서 특파된 밀정이 틀림없다. 그러니 죽어도 싸다"는 말과 함께 권총을 이마에 들이밀고 금세라도 절명시킬 것처럼 위협을 가했습니다. 이에 홍사성이 새파랗게 질려 말하기를 자신은 결단코 밀정이 아니며, 불원간(不遠間)에 윤헌영의 돈이 송금되도록 협조하겠으니 목숨만은 살려줄 것을 애원했습니다.

김억은 홍사성을 차마 죽이지는 못하였습니다. 다만, 사실이 판명될 때까지 살려두겠다며 감금해 둔 것입니다. 식사시간 외에는 방문을 잠가두고, 대소변은 외부로 배출시키는 등 철저히 외부와 차단했습니다. 홍사성의 실종으로 윤헌영이 어느 정도 겁먹기를 바랐던 것입니다. 그러던 중 기다리던 김원봉이 마침내 천진에 도착했습니다. 이들은 중국인 소유의 신(新)여관이라는 곳에 모여 자신들이 노리고 있었던 조선인 자산가 임(林)모를 1~2일 내에 습격하기로 합의했습니다. 그런데 이들만의 비밀 정보가 어떻게 새어 나갔는지 오복영과 이영주는 거사 직전, 자택에서 저녁밥을 먹다가 체포되어 서울로 압송되고 말았던 것입니다.[217]

---

[217] 이상 오복영 강도사건과 관련된 내용은 京鍾警高秘 제11684호의 4, 「義烈團員 吳福泳 等ノ行動ニ關スル件」, 京城地法 檢事局, 1923년 9월 28일 문서 참조.

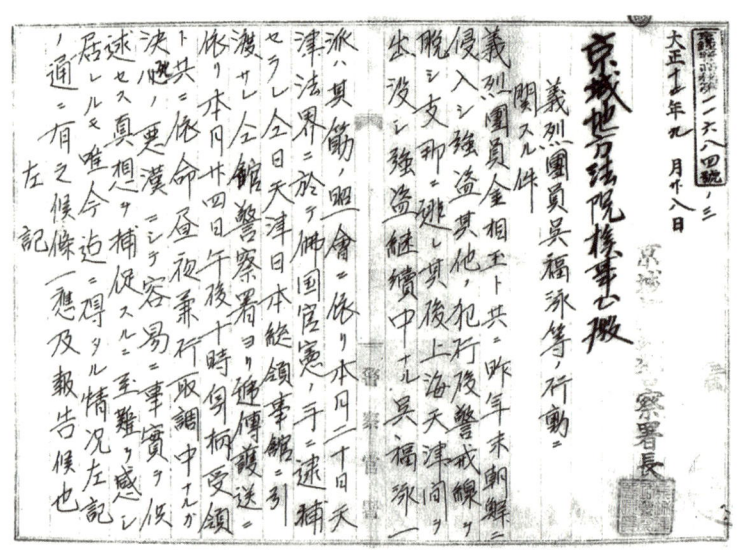

[[그림] 의열단 오복영과 김원봉의 강도사건을 보고한 경성지법 검사국 문서

위 경성지법 검사국 문건은 김원봉이 중국을 여행 중인 동포들을 상대로 강도, 납치, 살인미수 사건에 직접적으로 관여했음을 보여주고 있습니다. 물론 1923년경부터 의열단은 유학생을 납치한 뒤 가족들로부터 돈을 뜯어내는 등 범죄집단으로 전락했기 때문에, 위의 사례는 극히 일부에 불과합니다. 동포 자산가를 상대로 강도행각을 벌인 사람들 가운데는 저명한 독립운동가 나석주와 김상옥 등도 포함되어 있지만 누구도 이것을 말하지는 않습니다. 단체나 조직명에 '민주'를 내세우는 부류치고 민주적 사고를 하는 경우가 드물듯이, 의열단이라는 명명에서 더이상 의로움 따위는 찾아보기 어려울 것 같습니다.

김원봉은 두 차례 국내로의 폭탄 반입 시도가 실패로 끝나자 정치적 후원이 모두 끊겼으며, 의열단 동지들도 분열되어 입지가 매우 위태로운 상황이었습니다. 당장 자금 및 무기 조달에 난관이 생기면서 따르던 사람들도 각자도생해야 했습니다.

이때쯤 김원봉은 총과 폭탄을 자체적으로 만들기로 했습니다. 상해에서는 이미 몇 번 그러한 시도가 있었지만 폭발사고가 잇따랐으며 안전을 담보할 수가 없었습니다.[218] 그래서 그는 이미 제조 기술을 보유한 자를 접촉하여 노하우를 카피해보려고 했습니다. 마침 독일인 기술자와 손이 닿아 있는 군인 하나를 알게 되었습니다. 그는 자신의 심복이었던 오복영과 면식이 있으므로, 술자리를 빙자하여 만나는 것은 어렵지 않았습니다. 오복영은 김원봉을 친형으로 소개하며 자연스럽게 어울렸습니다. 듣기로는 그 군인이 주색(酒色)을 밝힌다는 소문이 있었으므로, 술이 거나해질 무렵 오복영은 자신의 처제였던 22세 서달이(徐達伊)를 불러들여 그 자의 술 시중을 들게 했습니다.

상당한 미모였던 그녀는 단번에 그 군인의 마음을 사로잡더니, 곧 그의 첩이 되어 동거에 들어갔습니다. 김원봉이 바라던 바였습니다. 불행한 일이지만, 우리도 30여 년 전 고위급 정관계 인사들이 여성 로비스트에 정신이 팔려 군사기밀을 넘겨주고 뇌물과 접대를 받았던 사건이 있었습니다. 서달이라는 여성은 김원봉의 의도대로 그 군인을 통해 독일인 기술자와 접촉했고, 그의 협력을 얻어내는 데 성공했다고 합니다.[219] 김원봉이 이 기술

---

[218] 상해 구국모험단 단장 김성근(金聲根)은 프랑스 조계 장빈로 애인리 14호에 본부를 설치하고, 영국인, 중국 광동인을 교사로 초빙하여 단원에게 폭탄 제조 방법을 연수시켜, 1~2회에 걸쳐 27명의 수료자를 배출하였다. 1920년 2월 2일 왕삼덕, 이석, 나오(羅五) 3명이 프랑스 조계 귀안리 23호에서 폭탄 제조 중 화약 폭발 사고가 있었다. 또한 동년 4월 29일 김성근 단장의 집에서 완성된 폭탄의 효력을 시험하는 도중 실수로 대폭발을 일으켜 김성근의 가족은 모두 부상하고, 김성근 및 제조자 임득선은 현장에서 도주하였다는 보고가 있다.「大正九年六月 上海 在住 不逞鮮人ノ行動」, 不逞團關雜件-鮮人ノ部-在上海地方2, 339~340쪽, 朝鮮總督府警務局 발신 문서 참조.

[219]「美人を餌にし…某國軍人を買收, 義烈團首魁の陰謀」, 大阪朝日新聞, 1923년 4월 10일자 석간 7면.

들을 빼돌려 어찌 활용했는지 알 수는 없습니다. 그런데 다음해인 1924년에 황포군관학교가 설립되면서 중국 국민당 정부와 제휴하기 시작했으므로, 굳이 위험부담이 따랐던 독자적인 무기 제조는 시도하지 않은 것으로 보입니다.

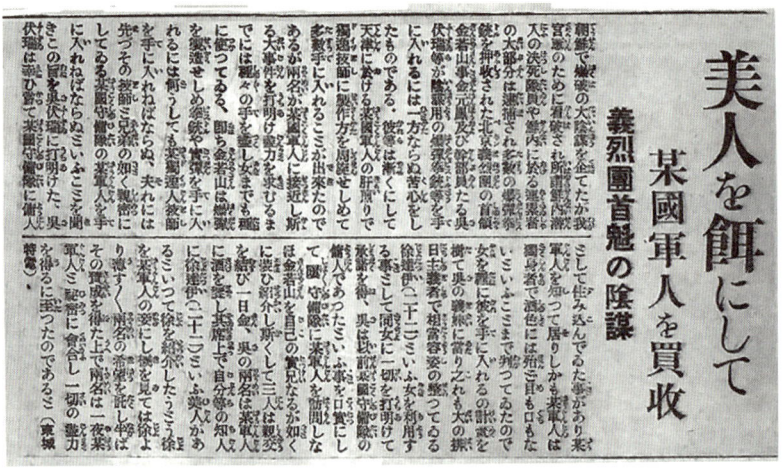

[그림] 김원봉 미인계 음모를 보도한 오사카아사히(大阪朝日新聞) 석간 신문 기사

아무리 대의멸친(大義滅親)이라는 명분이 있다 할지라도 백주 대낮에 동포 여행객을 납치 감금하여 돈을 빼앗거나, 자기 아내의 여동생을 미인계의 제물로 삼게 한다는 것은 차마 인간이 할 짓이 아닌 것 같습니다. 가족을 성적 착취의 대상으로 삼은 인면수심의 행위는 딸 자식을 술집에 팔아 넘기던 당시의 시대상과 무관하지 않습니다. 독립운동 자금을 마련한답시고 자기 아내를 중국의 사창가에 팔아 넘기려다 미수에 그친 이른바 내집당 사건을 보면 더더욱 그런 생각이 듭니다.[220] 아무리 명분이 중요하다

---

[220] 시대일보(時代日報) 1924년 10월 29일 1면 기사. 김공렬의 내집당(內集黨) 사건 판결문에 따르면, 김공렬은 내집당 활동자금을 조달할 목적으로 자신의 처를 중국 대련(大連)으로 데려가 여랑옥(女郞屋)에 팔아 넘기려 했으나 3개월간 현지에서 머무르는 동안, 처가 이를 알고 싫어하여 단념했다고 한다. 공주지방법원 1924년 10월 18일 판결, 형공 제240호.

지만, 이런 분까지 독립운동가로 서훈한 것을 보면, 확실히 제정신들이 아닌 것 같습니다.

[그림] 활동자금을 마련하기 위해 아내를 창기로 팔아 넘기려 했던 내집당 사건의 김공렬

4.
배임횡령 사기혐의로 도주한 자, 상해임정의 모태를 만들다

　　조선이 멸망한 이후 최초로 망명정부 수립을 시도한 조직은 1915년 상해의 신한혁명당입니다. 상해임시정부와 차이점이라면 입헌군주제를 지향했다는 정도일 겁니다. 신한혁명당에 참여했던 인사들의 면면을 보면, 창당을 주도했던 성낙형은 고종을 모셔오기 위해 국내에 잠입했다가 체포되었고, 이상설은 오래지 않아 사망했습니다. 그 밖에 신규식, 유동열, 이동휘, 박은식은 1919년 임시정부 수립에 참여해 큰 역할을 했습니다.

　　신한혁명당 이전에 동제사라는 비밀결사가 존재하기는 했으나, 한중 사교단체 수준을 넘지 못했습니다. 중국의 신해혁명을 모방하여 '우리도 근대적인 공화정 국가로 바꿔보자'는 생각을 러프하게 공유했을 뿐입니다. 그런데 이 사람들은 근대적 정치 시스템을 수용할 준비가 안 된 상태였죠. 동제사를 이끌었던 신규식만 하더라도 사상적 기반을 대종교에 두고 있기 때문에 공화정에 대한 기본적인 이해가 없었고, 유교적 잔재가 뼛속까지 뿌리내린 인물이었습니다.

신규식이 상해로 넘어가던 1911년은 교민사회가 아직 뿌리내리지 못한 상태였습니다. 한일합방이 있었던 1910년까지 상해에 거주하고 있던 한인은 50명 정도에 불과했습니다.[221] 따라서 이때는 뚜렷한 구심점이나 결사가 존재할 수 없었습니다. 일제의 정치적 박해를 피해서 온 사람들은 저마다 백일몽을 꿈꾸는 자도 있었겠지만 그들은 소수에 불과했고, 대부분은 돈을 벌기 위해 조선에서 건너온 사람들이었습니다. 낯선 객지에서 말도 통하지 않고 돈도 없는 주제에 뒷배도 없으면 어느 사회이든 낙오되기 십상인 법입니다. 상해가 딱 그런 곳입니다. 직업이 있는 사람들은 그나마 양호했는데, 그렇지 못한 사람들은 지인 또는 가족들의 도움으로 하루하루 연명하는 삶을 살아야 했습니다.[222] 자기 살기에도 바쁜 이런 사람들을 데리고 뭘 도모한다는 자체가 불가능했습니다.

이런 상황에서 초기 망명자들은 그렇게 의미 있는 활동을 하기가 어려웠습니다. 예컨대 신규식이 주도한 교육기관인 박달학원의 경우, 우리네 독립운동사 연구자들은 대단한 의미를 부여합니다. 국사편찬위원회의 『신편 한국사』에서는 박달학원에 대해 이렇게 설명합니다.

박달학원은 1913년 12월 17일 개교하였으며, 중국 혹은 유럽·미국 지역 대학의 진학을 희망하는 한인 유학생의 외국어 실력 향상을 돕기 위한 예비교육기관이었다. 운영은 신규식이 주도하였으며, 소재지는 프랑스 조계였다. 동제사의 부설기구 성격을 띠었다. 박은식, 신채호, 홍명희, 문일평, 조소앙, 조성환 등과 중국인 農竹과 미국 국적의 화교 毛大衛 등이 교사로 참여하였다. 교육기간은 1년 6개월이었으며,

---

[221] 孫科志, 『상해한인사회사(上海韓人社會史)』, 한울아카데미, 2001년, 39~40쪽.
[222] (한인) 대다수는 적어도 근근히 의식(衣食)을 얻든가 또는 일상의 자에도 궁해 있는 정도의 사람들로서, 소위 배일운동에 관계가 있다고 인정되는 사람의 유력자라 할지라도 한 밑천이 될 만한 자력을 가진 자는 없고… 「上海在留排日鮮人動靜及人名簿提出ニ關スル件」, 1916년 9월 18일, 不逞團關係雜件-鮮人ノ部-在上海地方1, 339~340쪽.

영어, 중국어, 지리, 역사, 수학 등을 가르쳤다. 세 차례에 걸쳐 100여 명 이상의 학생을 배출하였다.

국편위의 설명대로라면, 신규식 선생께서는 참으로 훌륭한 일을 하신 겁니다. 교육의 불모지나 다름없었던 초기 상해 한인사회에서 이처럼 엘리트 교육의 산실을 세우고 4년 반 동안 무려 100명이 넘는 인재들을 배출하셨으니 말입니다. 그런데 이 숫자는 뭔가 좀 이상합니다. 이 구체적인 수치는 어디에 근거한 것일까요? 박달학원에 대해 체계적으로 연구한 논저나 사료가 없는 관계로 단편적이나마 정보를 취합해 보면, 하나같이 이 수치를 인용하고 있습니다. 확인해보니 이 학원 졸업생으로 알려진 민필호(閔弼鎬)의 증언에 기인한 것 같습니다.[223] 과연 그럴까요?

초기 상해에 재류(在留)했던 한인(韓人) 수가 연간 300명을 넘기 힘들었는데, 100명이 넘는 학생이 배출되었다면 전체 한인 수의 10~20퍼센트가 박달학원 학생이어야 맞습니다. 뒤를 이어 개교한 인성학원도 초기에는 5명의 학생으로 시작했다는 점을 고려하면 이 숫자는 과장된 것일 가능성이 큽니다. 일제 상해영사관의 보고에 따르면 박달학원은 운영자금 부족으로 성과가 미미하고 부진을 면치 못했는데, 당초 열대여섯 명이던 학생 수가 1916년 무렵에는 두세 명밖에 남지 않았다고 합니다.[224]

이 문건의 내용이 사실이라면 박달학원의 졸업생은 4년 반에 걸쳐 합계 30명 내외에 그친다고 보는 것이 타당합니다. 생각해봅시다. 100여 명

---

[223] 민필호, 『예관신규식선생전기』(石源華, 金俊燁 共編, 申圭植·閔弼鎬와 韓中關係, 나남출판사, 2003년), 267쪽.
[224] 「上海在留排日鮮人動靜及人名簿提出ニ關スル件」, 1916年 9月 18日, 不逞團關係雜件-鮮人ノ部-在上海地方1, 日本外務省文書, 339~340쪽.

이 넘는 그 많은 학생들을 먹이고 재우려면 얼마나 많은 돈과 인력, 그리고 시설이 필요할까요? 신규식의 동제사는 이런 비용을 감당할 여력이 없었습니다. 관계자들도 돈이 없어 남의 집에 기숙하던 사람들이었거든요. 위에서 설명했다시피 당시에는 임시정부 같은 거점 조직이 없었기에 재정적 지원이 있을 수 없고, 오직 개개인의 후원과 학생들이 납부하는 수업료에만 의존했을 것입니다.

저명한 교수들이 심사한 학위논문이나 학술서에 이런 미심쩍은 소스들이 숱하게 인용되는 연구 관행은 어제오늘 일이 아닙니다. 그만큼 우리 연구자들이 선입견을 가지고 연구에 임하고 있다는 뜻입니다. 숫자를 부풀려서 실적을 과장하는 것은 우리 독립운동사의 상투적 수법입니다. 있는 그대로의 사실을 쓴다고 해서 그 의미가 퇴색되지는 않을 텐데 왜 이런 무리수를 두는지 모르겠습니다.

웹사전인 『한국민족문화대백과사전』에서는 박달학원 출신들을 중국의 각 대학과 구미 각국에 유학할 수 있도록 알선해 주었으며, 이렇게 성장한 유학파 엘리트들이 훗날 임시정부의 실무를 담당할 세력이 되었다고 합니다. 즉, 독립운동의 중추적 구실을 할 인재를 양성했다는 의미입니다. 다른 논저에서도 이와 대동소이한 주장을 하고 있습니다. 그러나 이것은 실체가 없는 불분명한 기술입니다. 이들이 임정 내에서 세력화했을 정도로 비중을 차지했다면, 과연 그 실무자 인력의 몇 퍼센트가 박달학원 출신인지 근거를 제시해야 순서에 맞는 것입니다.

무엇보다 놀라운 것은 이 동제사 관계자들에 의해 추진된 유학 알선이 순수한 동기에서 비롯된 자선사업이 아니라는 것입니다. 우리 학자들은 '민족 인재의 육성'이라는 자화자찬식의 주술로 사람들을 현혹합니다. 하지만 그 수많은 학생들을 섭외해서 비밀리에 해외로 내보내는 일은 정상적인 방법보다 몇 배의 비용이 소모되기 마련입니다. 게다가 그들은 여권도 없이 미국 국적의 밀항선을 타야 했는데, 대개는 국내외의 선교사들을 통하지 않으면 불가능했습니다.

위의 상해영사관 보고에 따르면, 미국으로 유학하고자 하는 조선인 학생은 미국 선교사인 언더우드나 사무엘 모펫의 소개장을 가지고 상해로 와서 조지 피치 선교사가 알선해주는 샌프란시스코행 배표를 구할 수 있었습니다. 그렇게 배편을 이용해서 선원들과 함께 입국하는 경우가 많았기 때문에 무여권인 상태에서도 입국이 허가되었던 것입니다. 이것이 아무런 대가 없이 무상으로 이루어진 일은 아닐 것이며, 각 단계마다 일종의 수수료를 지불하고 진행했을 것입니다. 그래서 상해 영사는 이것을 영업적 의미도 내포하고 있다고 보고한 것입니다.[225] 오늘날 우리 한국에서도 유학이나 이주를 원하는 사람들을 대상으로 현지의 브로커와 연결해주는 비즈니스가 존재하는데, 사업적인 측면에서 보자면 참으로 시대를 앞서간 선각자들이 아닐 수 없습니다. 설마 선교사들이 그런 일로 돈을 받았겠느냐 의아해하시는 분들은 그 순진한 사고에서 속히 벗어나시기 바랍니다. 언더우드든, 모펫이든 당시 국내 미국 선교사들은 선교 업무만 한 것이 아닙니다. 그들은 수익사업에도 적극적이어서 짭짤한 경제적 이득을 챙기던 분들이셨습니다.

---

[225] 「上海在留排日鮮人動靜及人名簿提出ニ關スル件」, 1916년 09월 18일, 不逞團關係雜件-鮮人ノ部-在上海地方1, 日本外務省文書, 339~340쪽.

동제사와 신규식에 대한 얘기가 길어졌는데요, 초기 상해 교민사회에서 선구적으로 독립운동을 하던 이분들이 지지부진하고 있을 무렵, 갑자기 이들 사이에 혜성같이 나타난 존재가 있었습니다. 성낙형이라는 사람입니다. 적지 않은 돈을 소지하고 상해에 나타나 지도자급 인사들에게 술 사고, 밥 사고, 친근함을 표시하니 마다할 사람이 없었습니다. 다들 망국의 설움을 곱씹으며, 다시 나라를 되찾자는 데 심정을 같이했습니다. 이들은 곧 의기투합하여 신한혁명당이라는 결사체를 만들었습니다. 어디를 가나 돈을 대는 사람이 가장 목소리가 크듯이, 기라성 같은 스펙과 학식과 나와바리가 있어도 돈 앞에서는 무기력해지기 마련입니다. 망국 후 해외에서 산전수전 다 겪은 걸출한 운동가 신규식, 이상설, 유동열 등이 있음에도 성낙형이 사실상 신한혁명당의 중심이 된 것은 결코 우연이 아닙니다.

이들은 입헌군주제를 표방하고, 이미 황제에서 물러난 상징 군주 고종을 다시 모셔다가 망명정부라는 것을 세워 보자는 데 뜻을 같이했습니다. 여기에는 유동열과 같이 공화정을 주장하는 사람들이 있긴 했습니다만, 의견 대립은 오래가지 않았습니다. 모든 건 실질적인 리더인 성낙형의 생각대로 추진되었습니다.

참여했던 인사들의 면면을 보면, 글 깨나 읽었던 양반 출신들로서 조선이 망하기 전까지는 나 엘리트요, 나 식자층이요 하며 문전옥답 쌓아두고 수염이나 만지던 사람들이었습니다. 하지만 향촌 사회의 우물 안에 갇혀 있던 한량들이라 중국 고전 말고는 아는 것이 없고, 세계 정세에는 말 그대로 까막눈이나 다름없었습니다. 어리석게도 그들은 1차대전 당시 이런저런 소식들을 주워듣고 독일의 승리를 예측했습니다. 만약 일본과 적대적

관계에 있는 독일과 중국이 연합하여 일본을 치게 되면, 그 기세에 호응하여 우리 민족이 독립할 수 있다고 봤습니다. 이때 이태왕(=고종)을 추대하고 새로운 입헌국가를 건설하는 것이 그들의 목적이었던 것입니다. 망국의 원인을 제공했던 무능한 군주 고종을 국가의 상징으로 다시 소환했다는 점에서 어쩌면 그들의 한계는 노정되어 있었는지도 모르겠습니다.

성낙형은 경기도 파주 출신으로서 일찍이 한학을 배우고, 한때 촌장을 역임했던 사실이 있습니다. 조선이 망한 후 종묘사직을 지키지 못한 것에 대한 죄책감과 울분으로 가득 차 수구적 반동을 꿈꾸던 사람이었습니다. 자신의 야망을 실현시키려면 해외로 가서 명망 있는 동지들을 모아야 했고, 조직을 만들어서 일제에 대적해야 했습니다. 그러자면 막대한 자금이 필요했는데, 정작 그는 끼니나 겨우 해결할 수 있는 수준이었습니다. 전전긍긍하던 차에 경상남도 진주에서 2만 마지기의 땅을 팔려는 자가 있어, 글 깨나 읽은 성낙형이 나서 이를 중개하기로 했습니다. 마침 경성에서 이 땅을 사겠다는 매수자가 나타났으므로, 이 사람을 대리해서 진주로 현장답사를 갑니다.

그런데 성낙형은 이렇게 중개를 성사시키고 그 수수료를 받으면 되는 것이었지만, 돈 몇 푼 받는 것으로는 성이 차지 않았습니다. 이 거래는 경남 진주와 서울이 워낙 격지(隔地)인지라 매수자와 매도인 사이에 소통이 쉽지 않았습니다. 성낙형은 중개인의 신분을 망각하고 이 점을 이용해 사기를 치기로 합니다. 그는 인감을 위조해서 매수자에게 선금을 우선 보내라, 언제까지 중도금을 보내라 하는 식으로 가짜 전보를 보내 놓은 뒤 이를 자신이 수령하는 방법으로 횡령을 합니다. 그리고 이 돈을 들고 중국으로 튀어 버렸던 것입니다. 이 때문에 국내에서는 성낙형에 대해 사기, 횡령범으로 지명수배령이 내려진 상태였죠.

성낙형은 이 부정한 돈으로 중국에서 학교를 설립했다고 합니다. 그렇게 지역 유력자 행세를 하면서 신규식, 유동열, 이상설, 박은식 같은 거물들과 어울리게 된 것입니다. 돈 몇 푼이 당장 아쉬웠던 해외 운동가들에게는 든든한 뒷배가 되어준 셈입니다. 과정이 불법이었어도 목적이 아름다웠으니 그만인 것일까요? 애국심으로 충만한 천하의 운동가들이라도 자금줄이 되어 줄 사람 앞에서는 머리를 조아릴 수밖에 없었나 봅니다.

성낙형은 지금까지 자신의 구상대로 착착 진행되었기 때문에 용기백배했습니다. 노빠꾸 직진만 하다 보니, 일이 실패했을 때를 대비하여 플랜B를 만들지 않았던 것입니다. 미래의 승전국인 독일이 보증만 해준다면 중국이 우리와 함께 대일항전에 나서 줄 것이며, 이를 위해 군자금과 무기를 기꺼이 제공할 것이라는 그의 망상은 곧 실현될 것만 같았습니다. 이 협약을 성공리에 추진하려면 장차 거사 후 왕에 등극할 고종의 재가가 무엇보다 필요했습니다. 즉, 고종의 옥새가 찍힌 밀지를 들고 독일, 중국과 외교협약을 맺으려 했던 것입니다. 이른바 '중한의방조약(中韓誼邦條約)'이 그것입니다. 그리하여 성낙형은 고종을 알현한 후, 그의 계획을 알려드리고 이를 승인한다는 밀지를 받고자 국내에 잠입합니다.

그런데 구중궁궐에 있는 고종에게 접근하기 위해 왕의 사돈의 팔촌, 문지기에 이르기까지 너무도 많은 인원을 끌어들인 게 문제였습니다. 기밀이 유지될 리가 없었고, 이런 시도는 즉각 일제 당국에 의해 탐지되었으며, 연루된 자들은 모두 체포됩니다. 성낙형은 토지자금 편취에 따른 사기, 도장 위조에 따른 사문서행사죄 등 징역 2년에 보안법 위반 1년 해서 3년형을 선고받고 영어(囹圄)의 몸이 되고 말았습니다.

성낙형이 체포됨에 따라 그렇지 않아도 모래알 같던 신한혁명당은 순식간에 와해되었습니다. 한때 여기에 가담했던 인사들은 독일의 승리를 전망했던 자신들의 오판을 반성하고, 3년 후 그 후신 격인 신한청년당을 세웁니다. 전승국인 미국이 전후 식민지 처리를 위해 발표한 '민족자결주의'를 약소국 독립에 대한 지지로 착각했다는 점에서 외세에 의존하려는 그들의 한계는 여전했습니다. 국제 정세를 바라보는 안목이 하루아침에 생겨날 리 없던 까닭입니다. 어쨌든 그들은 독립이라는 부푼 희망을 안고, 일본과 국내를 휩쓴 만세운동을 기획하면서 우리 근현대사에 큰 족적을 남겼습니다. 그리고 그 결과 상해에서 제 정파를 망라한 임시정부가 탄생하게 됩니다. 하지만 이를 처음부터 끝까지 지켜보며 이 사람들의 시도는 모두 실패할 것으로 예견한 선각자가 있었으니, 그의 이름은 윤치호였습니다.

몇몇 조선인들은 최남선 씨처럼 '우리 조선인은 일본의 통치를 바라지 않는다'는 점을 파리강화회의에 알리기만 하면 조선이 독립될 것이라고 생각하고 있는 것 같다. 바보 같은 인간들! 왜 그런 조선인들이 바보인가? 그 이유는 다음과 같다.

(1) 무능한 조선 정부와 유능한 일본 정부 간에 맺은 조약(=한일합방)이 너무나 훌륭하기 때문에, 합방되고 나서 조선의 상황이 예전보다 더 나빠졌다는 것을 파리강화회의에 참석한 열강들에게 납득시켜야 할 텐데 이는 현실적으로 불가능하다.

(2) 일본에게는 조선이 생사가 걸린 문제이기 때문에 군사력으로 완전히 그들을 굴복시키지 않는 한 일본은 조선이 독립하도록 내버려두지 않을 것이다. 그렇다면 미국이나 영국이 이 작은 조선을 독립시키기 위해 일본과 전쟁이라도 치르라는 말인가? 이는 상상조차 할 수 없다!

(3) 독립을 위해 투쟁하지 않고 정치적 독립을 성취한 민족이나 국가는 역사상 그 유례를 찾아볼 수 없다. 조선인들이 투쟁할 수 없는 한, 독립에 관해 왈가왈부해봐야 소용없다. 우리 조선인들은 강해지는 법을 모르기 때문에 약해지는 법을 배워야 한다.[226]

---

[226] 국역 윤치호 영문일기 6권, 1919년 1월 29일, 국사편찬위원회, 246~247쪽.

5.
상해 독립운동가들의 범죄 백서

우리 헌법 전문에는 대한민국이 3.1운동 이후 출범한 상해임시정부의 법통을 계승했음을 선언하고 있습니다. 법통(法統)이란 이전 국가에서 현재 국가로 법의 정통성이나 건국 정신을 이어받는다는 뜻입니다. 정통성이 정당성과 연속성을 모두 포함하는 의미임을 생각건대, 임시정부가 과연 모든 지역의 독립운동단체를 통솔하며 내외 국민들을 대표하는 정부로서 기능을 했는지, 그리고 그러한 기능을 8.15해방 직전까지 제대로 유지했는지는 심히 회의적입니다.

유구한 역사와 빛나는 전통이 일제의 침략에 의해 단절되지 않고 계속되어 왔음을 강조하고 싶었던 것일까요? 아쉽게도 헌법 초안자들이 제시한 임정 법통론은 우리의 희망사항을 반영한 개념일 뿐입니다. 임정은 정부라는 명칭을 사용했지만, 수많은 독립단체들 중 하나일 뿐이라는 게 당시 독립운동가들의 생각이었습니다. 그러므로 허울뿐인 임정을 해체하고 새로이 지도체를 구축해야 한다고 생각하는 사람들도 있었던 것이죠. 이게 1923년도에 실제 있었던 일입니다. 불과 4년 만에 임정은 존재의 의미를 상실한 것입니다. 존재하지도 않는 막연한 상징적 정부를 허상으로 그려내고, 우리가 그걸 이어받았다는 식의 정신승리는 참으로 낯뜨거운 일입니다.

세계 역사상 망명정부가 제대로 굴러간 사례는 극히 드뭅니다. 드골의 자유프랑스나 폴란드의 망명정부를 제외하면 힘 한 번 못 써보고 지리멸렬하다 사라진 경우가 대부분입니다. 망명정부들이 성공하기 힘든 이유는 물론 돈 때문입니다. 청사를 유지하고 정부를 운영할 인력의 인건비와 각종 경비를 지출하려면 어디선가 돈이 들어와야 했습니다. 하지만 한두 푼도 아닌 막대한 운영비를 지속적으로 공급받으려면, 외국의 원조를 받거나 막강한 조직력이 뒷받침되어야 합니다. 현실적으로 그런 후원 세력을 구하기란 불가능에 가깝습니다. 그뿐 아니라 도피처를 제공한 주재국의 눈치도 봐야 했습니다. 때로는 자신들과 관계없는 정치적 갈등이나 타국과의 분쟁에도 휩쓸려야 했습니다. 사람들이 바보가 아닌 이상 그렇게 이리저리 휩쓸리는 줏대 없는 세력을 정부라고 따라줄 리도 없습니다. 인적, 물적 자원을 소진하고 나면 결국 한 줌도 안 되는 특정인의 똘마니들만 남게 되는 것입니다.

상해임시정부 역시 그 실패한 사례를 답습한 허약한 조직에 불과합니다. 무엇보다 존속 기간 내내 금전 문제에서 자유롭지 않았습니다. 다만 차이가 있다면 세계의 망명정부들이 단기간에 소멸된 것과 다르게, 상해임정은 일제의 모진 탄압에도 불구하고 끈질기게 살아남아 종전 후 금의환향했다는 것입니다. 이것이 가능했던 원인은 이들이 정부로서 법적, 윤리적 기반을 완전히 포기하고 철저히 생존에만 집착했기 때문이었습니다. 더욱이 김원봉계와 김구계가 상호 대립하면서 경쟁적으로 중국 정부의 후원을 받아왔기 때문에, 초기와는 달리 재정적 곤란에서 어느 정도 탈피할 수 있었습니다. 하지만 치열한 생존 투쟁의 결과 맨몸뚱이로 귀국한 것 외에 무엇이 남았는지 생각해볼 일입니다.

정부로서 기능을 했다는 것은 그 통치행위가 법에 의해 귀속됨을 의미합니다. 국가와 개인의 모든 행위는 합법성 위에 기반하므로 그 자체가 윤리적 정당성을 가집니다. 상황논리를 들어 이 정당성을 일탈하기 시작하면, 정부로서 권위는 무너질 수밖에 없습니다. 임시정부는 그런 권위를 세우지 못했습니다. 비록 헌법과 법률을 갖추고 통치기구의 기본을 마련하기는 했지만, 본인들부터 그것을 지키지 못했습니다. 물론 외국으로부터 인정받지도 못했을 뿐 아니라 내부적으로도 임정을 정부로 인정하지 않았습니다.

그뿐 아니라 존립 기간 내내 내부적 대립과 갈등, 만성적 자금 부족 문제를 겪으면서 수많은 범죄에 연루되었습니다. 살인, 살인교사, 마약 거래, 특수폭행, 무장 강도, 청부살인, 납치와 감금, 위폐 제작, 사기, 테러, 횡령 등 멕시코 갱단과 진배없는 온갖 강력 범죄에 직간접적으로 연루된 사실 하나만으로도 정부로서의 권위는 실종된 것입니다. 그런 임정의 법통을 이어받자고 헌법에서 선언해 버리면 대한민국의 정체성은 어디서 찾아야 하는 것입니까? 임정 출신 인사들은 일부를 제외하고 끝끝내 대한민국 정부 수립에 협조하지 않았다는 것을 우리는 상기해야 합니다.

프랑스 조계 당국은 조선인 독립운동가들에 비교적 관대한 편이었지만, 조계 내의 평온을 해치는 범죄나 테러행위에 대해서는 매우 민감했습니다. 임시정부가 상해에서 존속하지 못하고 중국 관내를 유랑하면서 동포들의 관심에서 멀어지게 된 사태는 임정 스스로 자초한 것입니다. 카지노를 습격하거나 위조지폐 제작, 폭발물 제조, 은닉하는 강력 범죄가 계속 발생하자 프랑스 조계당국은 더 이상 관용을 베풀기가 힘들어졌습니다. 민정식 감금 사건의 경우 조계 당국이 일본 영사관과 합동으로 단속한 사례이기도 합니다.

민정식은 저 유명한 민비의 인척이자 민영익의 서자로서, 부친의 사망 후 유일한 상속인이었습니다. 그런 이유로 그의 재산을 노리는 자들이 많았습니다. 민영익의 생존 당시 상해 회풍은행에 거액의 예금을 보관하고 있었다는 소문이 파다했습니다. 민정식은 상속 재산 문제로 국내에서 친족들에 시달리다 일가족을 데리고 상해로 건너오게 됩니다. 상해 임정은 그 당시 청사 임대료도 내지 못해 이시영의 집에 얹혀 살던 시기였습니다. 김구는 자신의 배하(配下)에 있던 나석주, 최천호, 손두환을 보내 민정식 일가를 보호한다는 명분으로 가택에 감금하고, 민정식의 예금 인출을 강요했습니다.[227] 요즘으로 치자면 특수감금, 특수강도, 특수폭행의 죄에 상당하는 가중처벌 대상입니다.

이 사건에 행동대원으로 등장하는 나석주는 김구의 경호원이자 의경대원으로서 우리가 잘 알고 있는 그 분과 동일한 인물입니다. 그는 이후에도 독립운동가 이항진(李恒鎭)의 돈을 강탈하려다가 부상을 입힌 전력이 있는 만큼, 그의 빈번한 강도 상해 행각에 대해서는 달리 살펴야 할 것 같습니다. 어쨌든 민정식의 예금을 인출하여 활동자금으로 삼으려던 이들의 계획

---

[227] 「不逞鮮人ノ狀況ニ關スル件」, 機密 第187號, 不逞團關係雜件-朝鮮人ノ部-上海假政府5, 日本外務省文書

은 수포로 돌아갑니다. 막상 은행 금고를 열어보니 기대했던 뭉칫돈은 없고, 소송장을 비롯한 잡다한 문서류만 있었기 때문이었습니다. 결국 김구 일파는 민정식으로부터 약간의 현금을 뜯어내 급박한 채무를 우선 해결한 후, 새로운 청사를 임차할 수 있었을 뿐입니다.

이 사건은 김구 일파가 일각의 반대를 무릅쓰고 몰락한 귀족 민정식의 돈을 뜯어내려다 개망신을 당한 사례입니다. 관내의 독립운동가들조차 부끄러워 고개를 들 수 없을 정도였는데[228], 이에 대한 내부의 원성과 성토가 이어지자 임정 지도부가 총사퇴함으로서 사태가 일단락되기는 했습니다. 아무리 굶어 죽을지언정 소위 국민의 재산과 생명을 보호한다는 정부 요인들이 해서는 안 될 짓을 한 것입니다. 임시의정원 의장, 군무차장 등 임정 내 요직을 두루 거친 윤기섭(尹琦燮)이라는 사람은 은행금고 열쇠를 찾는다며 민정식의 아내 이봉완(李鳳完)을 벌거벗겨 나체인 상태로 능욕했으며[229], 협조하지 않으면 남편을 죽이겠다는 등의 협박을 일삼았다고 합니다.[230] 상식적으로 이런 짓을 하고도 동포를 '보호'했다고 말할 수 있다면, 그것은 조폭의 논리나 다름없습니다. 그만큼 임정 요인들의 윤리적 사고나 인식은 바닥 수준이었던 것입니다.

상해 임정의 꼰대들을 개조시키겠다고 나선 청년들 역시 범죄에서 자유롭지 못했습니다. 네, 그렇습니다. 역시 돈 때문이었습니다. 한때 의열단 조직원들이었다가 노선 차이로 이탈한 청년동맹회의 출신들은 출범한 지

---

[228] 「不逞鮮人ノ印刷物散布ニ關スル件」별지 첨부문서 上海評論 기사 "泣告文" 참조, 機密 第6號 (1925. 1. 10.), 不逞團關係雜件-朝鮮人ノ部-上海假政府5, 日本外務省文書
[229] 「在上海不逞鮮人ノ近情」, 高警 第470號, 별지 첨부 문서 "對臨時政府 聲討文" 참조, 不逞團關係雜件-朝鮮人ノ部-上海假政府5, 日本外務省文書
[230] 「不逞鮮人ノ狀況ニ關スル件」, 機密 第187號, 不逞團關係雜件-朝鮮人ノ部-上海假政府5, 日本外務省文書

1년여 만에 자금난에 시달렸습니다. 그래서 이들은 은행 다음으로 현금이 많은 카지노를 털기로 했습니다. 임정 의경대원 출신 장덕진을 비롯해서 김해산, 이승춘, 김종철, 김명현 등은 권총으로 무장하고 프랑스 조계 공관마로 길안리에 위치한 중국인 소유의 카지노를 습격했던 것입니다.

하지만 도박자금 1만 달러를 쓸어담고 현장에서 빠져나오려던 순간 불행히도 총격전이 발생하고 말았습니다. 이 과정에서 의경대원 출신 장덕진은 프랑스 관헌의 총에 맞아 사망하고 공범 김해산, 이승춘은 현장에서 체포되었던 것입니다.[231] 장덕진의 장례식에는 김구, 여운형 등 거물들이 대거 참석해 그의 죽음을 애도했다고 하니, 돈 때문에 아까운 인재를 잃은 셈입니다. 용맹한 독립운동가들이 무장강도 행각을 벌이다 죽은 것은 참으로 안타까운 일입니다만, 그렇게 자랑스러운 일도 아닌 것 같습니다.

이 사건으로 체포된 김해산이라는 인물을 우리는 특히 주목해야 합니다. 본명은 김문희(金文熙)이며, 국경 인근의 평안북도 초산군 출신입니다. 일제 시기 김해산이란 이명(異名)을 쓴 독립운동가는 모두 세 명인데, 활동 시기나 지역도 비슷하고 나이도 비슷해서 이 세 사람을 혼동하는 경우가 많습니다. 예컨대 윤봉길이 폭탄 거사 직전, 김구와 함께 마지막으로 아침 식사를 함께 했다는 곳이 바로 김해산의 집입니다. 김구는 『백범일지』에서 김해산에게 당부하기를 윤봉길이 중대한 임무를 띠고 동삼성(만주)으로 떠나니 고기를 사와서 아침식사를 대접하도록 부탁했다고 합니다.

국가보훈처의 독립운동가 공적조서에는 초산군 출신 김해산(=본명 김

---

[231] 「在上海不逞鮮人ノ窮乏ト强盜行爲ニ關スル件」, 高警 第3260號, 不逞團關係雜件-朝鮮人ノ部-上海假政府5, 日本 外務省文書. 그 외 「김해산 등 신문기록」, 上海共同租界工務局警務處 韓人獨立運動關係文書, 한국독립운동사자료 제20권 임정편5, 국사편찬위원회.

문희)의 집이라고 하는데, 독립기념관에서 펴낸 한국독립운동인명사전에는 경상북도 선산 출신 김해산(=**본명 김정묵**)의 집이라고 설명되어 있습니다. 무책임한 후손들 덕분에 윤봉길은 사지(死地)로 가던 당일, 아침식사를 두 번 한 셈입니다. 공적 기관에서 난다 긴다 하는 전문가들을 모아놓고 만든 인물정보가 이렇게 엉터리가 많습니다.

김문희는 위 세 명 중 가장 높은 훈격인 건국훈장 독립장에 추서된 인물입니다. 하지만 그가 만주와 상해를 거쳐가며 독립운동 단체에 관여한 것은 1920년부터 1924년까지에 불과하며, 그 이후에는 이렇다 할 활동 이력이 없는 사람입니다. 그의 공적조서를 보면 '출옥 후 1939년경에는 북경에 거주했고, 이때도 임정과 계속 연락을 유지하며 지하 공작을 계속하였다'라고 되어 있습니다. 그런데 그는 1936년 이후 일제에 편승하여 변절한 것이 확실하기 때문에 이는 창작해 낸 말에 불과합니다. 지하공작, 비밀요원 이런 소리가 나오기 시작하면 그분의 이력은 뭔가 MSG가 가미되었을 가능성이 큽니다. 비밀리에 활동한 것은 입증할 수 없기 때문이죠. 실제로 김문희는 1925년 출옥 후 상해를 떠나 중국 각지를 전전하면서 마약 밀매에 손을 대는 등 타락하기 시작했습니다. 다들 아시겠지만 범죄의 세계는 한 번 발을 들여놓으면 쉽게 빠져나오지 못하는 법입니다. 어디서인가 부정한 돈의 유혹이 끊임없이 들어오거든요. 마동석이 그 사람들을 죽을 때까지 '진실의 방'으로 데려간다 해도 발본색원이 어려운 세계가 바로 마약조직입니다.

그런데 김문희는 1930년 이후 다시 상해로 돌아왔습니다. 이미 상해에 자택이 있었고, 가족들도 머물고 있었기 때문에, 아예 정착할 목적으로 온 것입니다. 제 버릇 개 못 준다는 말처럼 그는 인삼 판매를 위장한 아편 밀매업으로 생계를 이어갔습니다. 평소 인연이 있던 조계 공무국 통역 출신 옥성빈과 이중간첩 위혜림도 그와 친분 관계가 있었습니다. 위혜림은 정체가 불명한 자인데, 임시정부 내의 김구 인맥은 물론 정화암 등 아나키스트들과도 선이 닿아 있었습니다.

이들은 모두 아편 사업에 관심이 있던 자들입니다. 특히 위혜림은 수완이 좋아서 여러 군데 아편제조소를 가지고 있었으며[232], 그 자금을 바탕으로 1931년부터 혜신양행이라는 무역업체도 운영했습니다. 생사와 차(tea), 의약품이 주요 거래 품목이었는데 무역을 구실로 아편을 몰래 운반했는지도 모릅니다. 상해와 만주의 독립운동가들을 지원한 것으로 알려진 이륭양행(怡隆洋行)도 무역을 위장하여 아편을 밀매했으며, 이로써 부(富)를 축적했다는 기록이 보입니다.[233]

상해에서는 신분 고하, 직업, 독립운동가 여부와 관계없이 다수의 한인들이 아편 거래에 연루되어 있었습니다. 상해 주재 일본총영사관의 조사에 의하면, 1936년 일본영사관이 수용한 한인 아편 밀매꾼이 60명에 달했었다고 합니다. 그뿐 아니라 상해 재류 한인 중 3,000여 명이 직간접적으로 아편 밀매에 연루되어 있다고 지적했을 정도였습니다. 1940년대에 이르러서는 더욱 심해져서 아편 거래와 관련된 한인이 상해 전체 교민의 7할을 차지했다고 하니, 문제가 상당히 심각한 수준이었습니다.[234]

---

[232] 「日韓人主持毒品機關」, 《時報》 1935년 12월 15일. 孫科志, 『上海韓人社會史』, 한울아카데미(2001년), 139쪽에서 재인용. 그 외에도 1936년 3월 11일 프랑스 조계 경무국 정무과 보고 「Intensification de l'activité des terroristes coréens à Shanhai - 프랑스 조계 거주 한인 무정부주의자 활동 조사」에서도 위혜림이 1936년 1월경 北京路(Peking Road) 378호 아편거래소 여러 개를 개점했음을 알리고 있다. 프랑스 외무부 문서보관소 소장 한국독립운동 사료 3권, 국사편찬위원회(2016년), 395쪽.

[233] 「怡隆洋行ノ内情ニ關スル件」, 高警 第5328號, 不逞團關係雜件-朝鮮人ノ部- 在滿洲ノ部15, 日本外務省記錄
[234] 孫科志, 앞의 책, 135쪽.

김문희는 특히 옥성빈과 친했습니다. 옥성빈이 1924년 폭탄매매혐의로 징역 5년형에 처해져 일본 나가사키(長崎) 형무소에 복역하고 있었을 때, 김문희의 아내가 그들의 가족을 돌봐 주었기 때문이었습니다. 출옥 후 옥성빈은 김문희의 집을 드나들면서 마약제조소(morphine factory)를 짓기 위해 투자자를 모집하고 있었습니다. 여기에 임정 내 거물급 인사인 엄항섭이 포섭된 것으로 보입니다. 엄항섭이 단독으로 행동한 것인지, 임정의 사주를 받은 것인지 알 수는 없습니다. 이들은 마약 생산을 위해 프랑스 조계의 필훈로(畢勛路) 군악방(軍樂坊) 7호를 임차했습니다. 그러나 진척이 지지부진하던 차에 옥성빈이 김문희의 자택 앞에서 암살을 당하고 말았습니다. 김구의 사주를 받은 한국인 아나키스트들의 소행이었습니다. 옥성빈은 재종사촌 동생인 옥관빈이 암살당하자, 평소 이에 대한 복수를 벼르고 있던 차에 같은 세력에게 또다시 암살을 당한 것입니다.

옥성빈, 옥관빈, 석현구, 유인발, 송광조 모두 같은 세력에 의해 암살되거나 암살 미수를 겪었는데, 한결같이 '친일 밀정'의 혐의를 씌우고 처단되었습니다. 그러나 실제 피해자들은 교민사회에서 돈 깨나 있는 자들로서 임정이 요구한 자금 지원을 거절했기 때문에 제거된 것일 뿐입니다. 설령 그들의 말이 사실일지라도 남의 생명을 조직적으로 빼앗을 권한까지 있는 것은 아닙니다. 우리 학자들은 이역만리에서 동포들끼리 죽고 죽이는 이런 짓을 장한 일이나 업적으로 평가합니다. 명확한 증거도 없이 사람을 이렇게 '죄명'을 씌워 살해하는 것이 정의로웠던 것일까요?

한편 김문희는 위혜림과도 동업관계로서 가깝게 지냈습니다. 위혜림은 러시아의 한인사회에서 한때 아나키스트로서 활동했습니다. 그래서 정화암이 이끄는 남화한인동맹 인사들과 가까운 편이었으며, 김구에게 밀정

관련 정보를 전달하면서 임정으로부터 신임도 받고 있었습니다.[235] 위혜림은 정화암과 함께 김구의 암살계획에도 관여한 사실이 있는데, 이렇게 독립운동가들끼리 죽고 죽이는 일은 당시 상해에서는 흔한 일이었습니다.

　　위혜림은 안공근과 도박장을 개설하려고 했다가 광동인에게 수천 달러를 사기당하면서 사이가 틀어졌습니다. 그후 그들은 자신들의 실수를 만회하기 위해 마약제조소를 지으려고 계획했지만, 역시 흐지부지되고 말았습니다. 안공근이 위혜림과 도박장 개설을 추진하다 사기당한 그 돈은 한인애국단과 임시정부가 대준 자금이었던 만큼, 안공근은 이로 인하여 김구의 신뢰를 잃고 관계가 소원해지게 됩니다. 훗날 안공근이 암살되었을 때 그 소행이 김구 짓이라는 소문이 파다했지만, 명확한 증거는 발견되지 않고 있습니다.

　　상해임정이 이렇게 도박과 마약거래도 불사할 정도로 자금난에 시달렸던 것은 이미 잘 알려진 바입니다. 임정뿐 아니라 의열단과 청년동맹회도 돈이 없어 불법적인 일을 마다하지 않았습니다. 임정이 청사로 빌린 가옥은 집세가 겨우 30원에 불과한 초라한 곳이었는데, 그마저도 월세를 제때 내지 못해 이시영의 집으로 옮겼다가, 민정식으로부터 강탈한 돈으로 신청사를 빌려 이주하기도 했습니다. 그들의 자금난은 1919년 출범 직후 불과 몇 달 만에 벌어진 궁상이었습니다. 이는 모두 그들 스스로 자초한 일입니다. 국민들의 관심과 성원이 집중되었을 때, 뿔뿔이 갈라져 내부 싸움에 골몰하다 성장할 기회를 놓친 것입니다.

---

[235] 배경식 엮음, 『(올바르게 풀어 쓴) 백범일지』, 너머북스, 2008년, 531쪽.

임정은 이승만과 사이가 틀어지면서 자금줄이 막히기 시작하자 1919년 말에 대규모의 마약 밀매를 위해 창고를 임차하기도 했습니다. 상해 교민사회를 마약판으로 만들어놓는 데에 정부라는 조직이 앞장서 시범을 보여준 셈입니다.[236] 일제의 보고서에 이런 얘기들이 나오면 '조작이다', '모함이다' 하는 면피성 합리화는 이제 그만 둘 때도 되지 않았습니까?

> 상해임시정부와 이승만과의 사이에 의견의 불일치를 초래한 이래 미국 및 하와이로 부터의 송금이 적고 조선 내지로 부터도 모집이 생각했던 바와는 같지 않았으며 그저 북만(北滿) 및 상해에 있어서의 소득세, 의연금 등으로서 다소의 수입이 있었고, 또 미국인으로 부터의 기부금 등으로써 지출해 왔지만, 충분한 활동자금을 획득할 수가 없어서 결국에는 아편매매에 의해 커다란 이익을 얻으려는 계획을 세우고 상해 치외법권지역인 프랑스 조계 내의 거뢰달로 낙선리의 대가옥(大家屋)을 빌려서 이를 창고로 만들고, 다량의 아편을 축적하여 4~5명의 전담자로 하여금 은밀하게 이것을 매매하게 하여 정부비용의 일부로 충당하고 있다는 정황이므로 이번의 공채모집에는 전력을 다하게 될 것이다.
>
> - 조선군참모부 朝特報 제80「上海方面의 狀況」

[그림] 상해 임정에서 아편 밀거래를 위한 창고를 임차한 사실을 보고한 일제의 문서

우리는 가공된 영웅들의 화려한 투쟁사를 자자손손 가르칠 것이 아니라, 김문희나 위혜림 같은 사쿠라들의 인생을 가르치는 것이 보다 더 교육적일지도 모릅니다. 돈 앞에서 한 인간이 이렇게 무기력해지고, 동지를 배신하고, 적과 내통하여 치부(致富)했어도 단죄는커녕 국가로부터 훈장을 받

---

[236] 「上海方面ノ狀況」, 朝特報 第80號, 1919년 12월 20일, 朝鮮騷擾事件關係書類 共7冊 其5, アジア歷史資料センタ

고 애국자로 존경받게 된 경위를 가르쳐야 합니다. 성찰할 줄 모르는 사람들이 '역사를 잊으면 미래가 없다'는 식의 자기만족적 구호에 심취합니다. 그러니 무슨 발전이 있겠습니까?

굳이 난해한 쇼와(昭和) 시대의 일본 공문서를 찾지 않더라도 김문희의 변절은 쉽게 확인됩니다. 인터넷만 연결되면 누구나 쉽게 검색이 가능한 네이버 신문 아카이브에는 이런 기사가 보입니다. 중일전쟁이 발발한 지 2년 후 그는 '총후국민(銃後國民)인 우리들은 집총접전(執銃接戰)은 못 한다 할지라도 우리에게 부과된 의무만은 지켜야 된다'면서, '총친화(總親和)의 아름다운 역군이 되며, 총후수호(銃後守護)에 일조(一助)가 되자'고 역설하고 있습니다. 아무리 생각해 보아도 건국훈장 독립장에 추서된 인물로서 할 소리는 아닌 것 같습니다.[237]

1937년 중일전쟁 개시 이후 일제는 북지(北支)의 산업을 시찰한다는 명분으로 조선인 실업가들을 중국에 자주 파견했습니다. 북경 교민사회에서는 이 바닥에서 그 나름 성공한 이들이 모여 시찰단을 영접하는 일을 했는데, 김문희도 이들 모임에 끼어 있었습니다.[238] 이 모임을 주도한 북경 거류민단은 만주사변 이후 일본인 거류민단과 통합하면서 출범했기 때문에 사실상 일본 당국의 감독과 관리 하에 있던 친일 단체였습니다. 이들은 조선총독부와 일본 외무성의 예산 지원과 혜택을 받으면서, 일본의 대륙 진출에 적극 협조하고 있었습니다.

1941년경 김문희는 그동안 사용했던 이명(異名) 김해산을 김전해산(金

---

[237] 「親和의 美德을-北京 金文熙氏 談」, 동아일보 1939년 7월 23일자 5면.
[238] 「근기(根氣)잇는 노력, 재지(在支)조선인의 활로는 여게 잇다」, 조선일보 1939년 6월 22일자 7면.

田海山)으로 창씨개명하고, 북경 교민사회에서 성공한 명사로서 대접받고 있었습니다. 이런 성공은 해외 이주 교민사회에서 매우 드문 일입니다. 건전한 노력으로 차근차근 부를 축적했다면 모르되, 마약 거래와 전시(戰時) 특수에 편승하는 방법으로 100만 원에 달하는 거부(巨富)를 일군 것입니다.[239] 일제에 협력하지 않고서 이런 축재(蓄財)가 가능할지 회의적입니다.

[그림] 벼락부자 김문희의 출세기를 다룬 매일신보의 기사

---

[239] 「新東亞建設의 北支綜合紹介版：大陸開拓의元老 金田海山氏(舊名金文熙)」, 매일신보, 1941년 8월 6일자 3면.

6.
파쟁의 피로 물든 만주 벌판, 자멸의 길로 간 사람들

     무장독립운동 조직을 유지하기 위해서는 끊임없이 무기를 조달해야 하고, 군사를 먹이고 재워야 합니다. 당연히 막대한 돈이 들어갑니다. 이런 비용을 누군가가 후원한다고 해도 개인적으로는 한계가 있습니다. 결국은 조직이 나서야 하는데, 재원 조달이라는 게 어느 정도 강제성을 띨 수밖에 없습니다. 현대 국가에서는 세금과 병역이라는 합법적 시스템 하에서 규율하면서, 이를 거부하는 자에게는 상응하는 불이익을 주고 있지만 기본적인 인권까지 훼손하지는 못합니다. 망국의 난민들에게는 그런 게 없기 때문에 같은 동포들에게 인간 이하의 짓을 당하고도 속수무책이었습니다.

     만주로 이주한 한인들은 겨우 입에 풀칠할 정도의 소득을 이어가면서, 한편으로는 주재국 당국에 세금을 내야 했고, 남의 땅에 농사를 지었으면 소작료를 내야 했습니다. 현지 중국인들의 횡포와 텃세가 이만저만이 아니었기 때문에 많은 피해를 보고 살았을 것입니다. 게다가 시시때때로 마적들이 쳐들어와서 돈이나 식량을 강탈해 가고는 했는데, 독립운동을 빙자한 조직들까지 먹을 것과 살림을 뜯어갔습니다. 어제는 A라는 조직에서,

오늘은 B라는 조직에서 의연금이라는 명목으로 빼앗아갔던 것이죠. 단순히 위협한 정도가 아니라 가족을 납치하여 돈을 요구하면서, 돈을 받을 때까지 인질의 신체를 훼손하는 등 비인간적인 짓을 서슴지 않았다는 데 문제가 더 큽니다. 이런 비정한 역사를 자랑스럽다고 가르치는 우리는 어디에서 상식을 찾아야 하는지 모르겠습니다.

이리저리 시달리던 만주의 한인들은 투자나 노력 대비 가성비가 좋은 아편 재배를 선호했습니다. 마약에 대한 인식이 크게 각성되지 못했던 시기, 아편은 손쉽게 현금화가 가능한 매력적인 돈벌이 수단이었습니다. 만주와 연해주, 상해 어디든 당국의 엄중한 단속에도 불구하고 한인들에 의한 아편 거래는 성황을 이루고 있었습니다. 특히 조선인들이 많이 거주했던 길림, 용정, 통화현 같은 지역에서 너도나도 아편을 재배했는데, 다카하시 도시오(高橋利雄)가 저술한 『만주마적(滿洲馬賊)』을 보면 '만주에서는 조선인이 대부분 그것(아편)을 재배하고 있다'고 할 정도였습니다.[240]

아편 재배가 얼마나 횡행했느냐 하면 만주국이 들어서면서 아편을 전매화했는데, 건국 초기의 전체 세입 예산 6,400만 엔 중 아편 전매 수입예산이 1,000만 엔에 달했다는 사실을 보더라도 알 수 있습니다.[241] 이런 이유로 아편은 마적이나 독립운동가들에게 주된 수입원이 되었던 것입니다. 예컨대 대한통의부는 관전현(寬甸縣) 화피전자(化皮甸子) 인근의 임야를 빌려 대규모의 아편농장을 운영했습니다. 또한 러시아 연해주 추풍(秋風)에서 조직된 혈성단(血誠團)의 경우에는 한인 부락으로부터 아편을 일정량 징발해서 활동자금으로 삼았다는 기록이 있습니다.[242]

---

[240] 박강, 「1920년대 마적과 한인, 그리고 아편」, 한국민족운동사연구 88호(2016년) 50쪽에서 재인용.
[241] 박강, 「'만주국'의 아편마약 밀매대책과 재만 한인」, 한중인문학연구 19호(2006년), 469쪽.
[242] 「鮮人ノ行動ニ關スル件」, 秘受1271號, 1921년 1월 20일, 不逞團關係雜件-鮮人ノ部 -在西比利亞 11, 日本外務省文書

독립운동가로 알고 있는 분들 중에서도 아편을 재배하거나 아편상 출신들이 많습니다. 홍범도는 러시아 연추(延秋)에서 은둔했을 때 농사와 아편 재배로 생계를 이어갔습니다. 의열단원으로서 독립장에 추서된 곽재기는 아편상 출신이었고, 사이토 총독에게 폭탄을 던진 강우규도 매약상(賣藥商)으로 있으면서 아편을 취급했습니다. 상해임시정부 교통부총장을 역임하고, 대한국민회의 의장이었던 문창범은 러시아 우수리스크에서 대규모의 아편농장을 경영했었습니다.[243] 김규면은 그의 비망록에서 문창범을 아편대왕이라 불렀고, 안공근은 아편 사업에 연루된 문창범을 거론하면서 "그런 자가 의장으로 있는 국민회의는 오죽하겠는가"라고 비난했을 정도였습니다.[244] 사실 그러는 안공근 본인도 도박과 사치에 미쳐 있었던 까닭에 누가 누구에게 뭐랄 처지는 아니었습니다.

잠깐 문창범에 대한 얘기를 좀 하자면, 그는 무려 대통령장을 추서 받은 독립운동계의 거물입니다. 별로 알려진 인물이 아님에도 저 유명한 이동휘나 김상옥, 나석주 같은 레벨의 훈격이 수여된 것은 아마도 그가 임시정부 요인으로서 러시아와 상해에 두루 인맥이 있었기 때문일 것입니다. 문창범은 거만하고 난폭한 성격 때문에 가는 곳마다 적이 많았습니다. 러시아에서 빨치산으로 개고생했으면서 제대로 대우를 받지 못한 김인섭 같은 사람들이 특히 그를 혐오했습니다. 문창범은 홍범도를 가두고 이범윤에게 척살할 것을 요청하기도 했으며, 자유시 참변 당시 반대파 독립군들을 토벌하는 데 적극 앞장선 사람이기도 합니다. 그는 러시아 소황령(**우수리스**

---

[243] 「대한민국 상해임시정부의 현황 전반에 관해 안공근의 4월 29일자 구두 보고」, 1922년 5월 18일, 대한민국임시정부자료집 별책5, 국사편찬위원회 2011년, 300쪽. 그 외에 문창범의 아편 거래에 관한 일제 문서로서 「朝鮮人槪況 送付ニ關スル件」, 警秘 제26호, 不逞團關係雜件-朝鮮人ノ部-在歐米 7雜, 日本外務省記錄

[244] 「대한민국 상해임시정부의 현황 전반에 관해 안공근의 4월 29일자 구두 보고」, 대한민국임시정부자료집 별책 5권, 국사편찬위원회, 2011년, 344쪽.

크)에서 갖가지 불법적인 토색질로 돈을 긁어모아 실세로 군림하면서 힘들게 사는 한인 동포들을 괴롭혔기 때문에, 그 원성은 김좌진에 버금갔습니다. 예컨대 러시아 관리와 결탁해서 담배 재배와 관련 인허가를 좌지우지하면서 세금과 벌금을 멋대로 부과하거나 현금과 아편을 징발하여 재산을 축적해 왔다는 것입니다.[245]

당시 러시아의 노동자 고용 방식은 포드랴치크(подрядчик)라는 중개인을 통하여 이루어졌습니다. 이들은 작업장에 노동자들을 모집해서 알선해 주거나 또는 관청이나 군대에 물품 공급을 대리해 주는 역할을 했습니다. 다양한 직업의 한 종류로서, 사람이 살다 보면 그러려니 할 수는 있지만 실은 일용 노무자들에게 일감을 배분하는 사람이었기 때문에 그들만의 특권이 있었습니다. 포드랴치크는 그가 인솔한 노동자들의 임금을 일괄적으로 영수해서 노동자들에게 분배했는데, 그 과정에서 임금의 일부를 관행적으로 착복했습니다. 또 이들은 매일 밤마다 인부들에게 놀음판을 벌여 주면서, 자신은 하우스장이 되어 방세와 등세(=전기요금)를 취하고, 동시에 일종의 전주(錢主)로서 고리대의 도박자금을 빌려주는 등 노동자들의 임금을 갈취하였습니다. 이런 방법으로 그들은 막대한 이윤을 취했는데, 문창범도 그런 사람들 중 한 명이었다고 합니다.[246] 사실 관계를 좀더 추적해 봐야겠지만, 과연 이런 사람을 대통령장에 준하는 예우를 하면서 우리가 존경해 드려야 하는 것인지 의문입니다.

문창범은 하나의 사례일 뿐이며, 연해주 및 우수리스크 등지에서 독립운동 좀 했다는 거물들을 보면, 전수조사를 해야 할 정도로 문제 있는 분

---

245 이인섭의 육필 수기 원본, 『김관수 의병대』, 119쪽.
246 계봉우, 「俄領實記-7」(상해판 독립신문 연재 7회분), 윤병석(尹炳奭), 『韓國近代史料論』, 一潮閣, 1979년, 174쪽.

들이 많습니다. 만주 지역과는 달리 러시아 방면에서는 교민사회의 지도층을 이끌던 사람들이 대부분 영리를 목적으로 하는 여러가지 수익사업도 겸했기 때문에 부정한 돈벌이에 연루된 인물들이 많습니다. 돈이 많으면 부리는 사람도 많아지는 법이어서, 거의 민병대 수준의 사병을 거느리며 조직폭력배나 다름없는 월권과 행패를 일삼기 일쑤였습니다.

반면에 만주는 독립운동이 지역마다 철저히 무장조직 위주로 돌아갔기 때문에 러시아 연해주처럼 몇몇 인사들에 의해서 교민사회가 휘둘리지 않았습니다. 그 대신 군자금을 모집하는 방법에 있어서는 직접적인 무력을 사용했기 때문에 훨씬 잔혹했습니다. 하지만 이런 방법은 한계가 있었습니다. 가해자의 잔혹함이 도를 넘어가면, 피해자들은 뭉쳐서 저항하는 법입니다. 보민회(保民會), 양생계(養生契), 선민부(鮮民部), 한교동향회(韓僑同鄕會) 등 중국 군경이나 일제 기관에 의탁한 자생적인 자위 조직이 발생한 것은 우연이 아닙니다. 게다가 경제적 사정이 열악한 동포들에게 보리쌀 몇 자루, 무명 몇 필을 빼앗는 것으로는 현실적으로 큰 도움이 되지 않았습니다. 1922년 8월 서간도 독립운동단체를 통합해 출범한 대한통의부는 이런 한계를 극복하고자 무려 1만 2,000여 평에 달하는 임야를 빌려 아편을 재배했습니다.[247] 스스로 돈벌이에 나선 것이죠.

이는 상암동 월드컵 경기장 4개 정도에 달하는 면적이며, 쌀 1만 6,000킬로그램을 생산할 수 있는 대형 농장이었습니다. 아편 취급과 관련

---

[247] 통의부에서는 자금 궁핍으로 먼저 소액 지폐를 발행했으나 이주 한인의 비난을 받고 부득이 이의 통용을 중지했다. 그러나 자금조달의 일환으로 아편 제조를 계획하고 이미 통의부 명령으로 寬東總官 鄭錫臺 寬西總管 朴元俊 외 20여 명은 3월 중순 寬甸縣 滴水砬子에 집합 협의한 후 이주한인 중 아편제조에 경험을 가진 자 40명을 모집하여 寬甸縣 化皮甸子 산중의 중국인 소유지 1만 2천여 평을 5백 원에 빌려 앵속(罌粟:양귀비)을 재배하고 목하 아편을 채취 중이다. 「大韓統義府ノ現況」, 朝特報 第82號, 韓國獨立運動史 제4권(1965년), 국사편찬위원회, 763쪽.

하여 중국 당국의 간섭이 없었던 안도현이나 무송현의 경우, 아편 재배 면적이 1925년 기준 4만 평(132,000㎡) 정도였음을 감안했을 때[248] 단일 농장으로는 기록적 수준이었습니다. 통의부에서는 이렇게 재배한 아편을 1만여 원에 매각하여 비교적 풍부한 군자금을 마련할 수 있었다고 합니다.[249]

아편을 팔아 자금력이 빵빵해진 통의부는 남만주 한인사회를 아우르는 막강한 조직력을 갖추게 되었습니다. 국경 인근의 평안북도에서 도지사를 역임했던 이쿠타 세이사부로(生田淸三郞)에 따르면 '대한통의부는 그 소속 대원들이 옷과 모자를 모두 군대식으로 통일하여 착용하고 있을 뿐만 아니라 군총(軍銃)도 훌륭하고, 권총이 비록 중국식이기는 해도 그 구색은 충분히 정예하다. 일본의 군대와 동일하게 제 몇 중대 몇 소대 이등졸, 상등병, 대위, 소위 등 계급체계도 갖추고 있다'고 언급했을 정도입니다.[250]

하지만 통의부의 전성기는 오래가지 않았습니다. 크고 작은 여러 단체를 합쳐 놓으면, 또 그 안에서 잡음이 생기기 마련입니다. 전덕원을 중심으로 하는 복벽파와 양기탁을 중심으로 하는 공화파는 애초에 섞일 수 없는 물과 기름 같은 사이였습니다. 복벽파란 예전 유교적 질서가 지배하던 왕조 시절로 돌아가 그 놈의 종묘사직을 이어가는 것이 의롭다고 생각하는 사람들입니다. 공화파는 중앙 지도부에서 요직을 차지한 반면, 이들에게는 궂은 일을 도맡아서 하는 일선 부대장이나 껍데기뿐인 간부직이 전부였습니다. 이런 구조적인 문제로 불만이 쌓일 대로 쌓인 복벽파는 통의부 중앙 간부들을 습격해서 선전국장 김창의를 보자마자 총으로 살해하고, 양기탁

---

248 '간도총영사관 內 양귀비(罌粟) 재배 실황' 도표 참조, 支那ニ於ケル阿片及麻藥品, 外務省通商局(1925), 10쪽
249 「統義府 軍備擴張」, 동아일보, 1925년 8월 23일 2면 1단 기사.
250 「行動을 密告하면一族을 虐殺하는 飽くなき 不逞團의 暴行, 大韓統義軍의 組織」, 大阪朝日新聞, 1924년 8월 21일자.

등 간부들을 결박한 후 사정없이 폭행했습니다.[251]

이 사건을 '서간도 사변'이라고 하는데, 아는 사람이 드뭅니다. 학교에서도 절대 가르치지 않습니다. 어떻게든 분열상을 막아보려던 주변의 노력에도 불구하고, 전덕원 일파는 끝내 통의부에서 탈퇴해 의군부를 조직했습니다. 문제는 두 단체의 활동 영역이 겹치는데다 군자금 징수 기반을 두고 충돌이 빈번하게 발생했던 것입니다. 의군부의 공세가 나날이 심해지자 통의부는 군사부장 이천민(=이세영)으로 하여금 이들을 토벌하도록 했습니다. 통의부에 비해 규모나 조직, 모든 면에서 열세였던 의군부는 오래 버티지 못하고 궁지에 몰렸습니다. 이 과정에서 많은 독립군들이 또다른 독립군의 손에 살육당했습니다. 통의부 김석하 부대의 매복 기습을 받아 의군부 유격부대 이경일 이하 10여 명이 전멸한 것도 이때의 일이었습니다.

의군부와 반목이 계속되자 통의부가 더 이상 독립운동의 중심에 있어서는 안 된다고 생각한 사람들이 다시 떨어져 나와 참의부를 만들었습니다. 이들은 복벽파와 달리 스스로를 임정 산하의 직할부대로 복속됨을 천명했기 때문에, 통의부는 이들을 '광복 대업의 반역자'로 비난했습니다. 참의부는 그들대로 통의부 잔존 세력들을 향해 '국적(國敵)', '야욕의 소굴'이라며 공격했습니다. 말로만 싸우면 좋을 텐데 꼭 폭력이 수반되는 게 문제입니다. 참의부 창립 멤버 김명봉과 조태빈 그리고 백광운이 통의부에 의해 차례로 암살되었기 때문입니다. 독립군들끼리 암투를 벌이다가 서로 죽고 죽이는 일이 다반사였지만, 이렇게 별거 아닌 일로 한솥밥 먹던 동료를 살해하는 막장 수준은 아이들에게 어떻게 설명해야 할지 모르겠습니다. 학계

---

[251] 전덕원 휘하의 부대장이 유부녀와 간통한 일로 물의를 일으키자, 통의부 중앙이 이 자를 신병 처리하는 과정에서 그의 동료들까지 싹쓸이 숙청해버린 사건이 결정적인 빌미를 주었다.

는 이런 동족상잔의 사건들을 지엽적인 일로 치부하고 싶었는지, '만주에서 3부가 성립하였다'로 퉁치고 넘어갑니다.

이런 살육극은 어쩌다 한두 번 우발적으로 일어난 일이 아닙니다. 그 후 정의부, 신민부, 참의부로 갈라진 뒤에도 또다시 같은 조직 내에서 지겹도록 반복됩니다. 마음에 맞는 사람들끼리 딴살림을 차렸으면, 이번에는 제대로 결속해서 보란 듯이 조직을 키워 갔어야 합니다. 하지만 한국인들은 둘 이상 모이면 시기하고 싸우는 본능이라도 있는지 오래지 않아 참의부 내에서 또 내분이 일어나며 자멸의 길로 가야만 했습니다.

참의부 리더인 마덕창(馬德昌, 본명 이종혁)이 체포되고, 지도부가 길림에 회의차 출타한 사이, 그동안 뒷전으로 밀려나 불만이 많았던 심용준 일파가 앙숙이었던 차천리(車千里) 일파를 공격해서 다수가 사망하는 비극이 발생했습니다. 차천리와 친했던 김소하는 격분해서 심용준 일파와 총격전을 벌이기도 했습니다. 그는 복수의 일념으로 친일단체 선민부(鮮民府) 회원 한의제, 독고욱 등을 사주하여 일본 통화현 영사분관에 동지의 소재와 현황을 밀고하는 추태를 벌였습니다. 그 결과 참의부 요원 34명이 체포되는 등 큰 타격을 받았던 것입니다.[252]

한편 신민부는 군자금 징수에 집단으로 저항하는 주민들을 학살했습니다. 이른바 빈주사건(賓州事件)입니다. 이 사건으로 말미암아 신민부는 군정파와 민정파가 반목하여 사사건건 대립하였습니다. 일제의 회유에도 꿈쩍하지 않던 김좌진은 결국 동포의 손에 죽임을 당해야 했습니다. 신민부

---

[252] 「鮮民府員脫退聲明」, 독립운동사자료집 제10권, 1984년, 독립운동사편찬위원회 편, 456쪽.

와 적기단, 신민부와 정의부, 정의부와 참의부, 한족총연합회와 국민부, 조선공산당 만주총국과 국민부 간에는 여기서 다 언급할 수 없을 정도의 수다한 살육극이 쉴 새 없이 반복되었습니다. 이 과정에서 얼마나 많은 사람들이 애꿎은 죽음을 당했는지 기록조차 불분명한 상황입니다. 한마디로 1920~1930년대 간도의 독립운동 단체들은 골육상쟁을 벌이느라 거의 뒷골목 조폭의 세계나 다름없었습니다.

맺음말

나주는 신고배의 산지로 유명한 곳이다. 신고배의 일본 명칭은 '니타카(にいたか)'로서 일본 품종끼리 교배한 것에서 유래했다. 하지만 이런 것까지 신경 쓰면서 배를 사 먹는 사람은 드물 것이다. 우리나라에서 과수의 역사는 생각보다 길지 않다. 하루 세끼 먹고 살기에도 힘들었던 시기에, 지금처럼 후식으로 과일을 즐긴다는 건 사치나 다름없었다. 과수의 종자 관리를 비롯 체계적인 육성법을 들여온 것은 조선 패망 후 일본인들이었다. 그래서 우리가 먹는 대부분의 과일들은 일본산 품종이거나 개량종인 경우가 많다.

나주가 배의 집산지가 되기까지, 나가사키(長崎) 출신의 일본인 마쓰후지(松藤傳六)의 노력이 컸다. 그는 나주 지역이 과수 재배에 적합한 기후를 지녔음을 간파하고, 일본에서 묘목을 들여와 식재해 보았으나 생각처럼 쉽지 않았다. 묘목의 고사(枯死)와 병충해 때문에 여러 번 실패를 거듭하다 10여 년 만에 결실을 이루게 된다. 그동안 자금의 대부분을 시설과 연구에 투자했다. 덕분에 나주는 품질 좋은 배의 생산지로 명성을 날리게 되었다. 마쓰후지는 1939년에 사망했지만, 지역 주민들이 감사의 뜻으로 송덕비를 세워줬다. 1941년의 일이다. 그런데 그로부터 4년 후 우리가 해방이 되면서 이 송덕비는 세 동강이 나서 버려졌다. 왜적의 흔적을 없앤다며 나주경찰서 및 청년회가 주동이 되어 파괴한 것이다. 나주천에 버려진 송덕비는 아낙들의 빨래판으로 사용되다 다시 도로변에 방치되었다. 끈 떨어진 사람을 모욕하는 일은 어제오늘 일이 아니지만, 의도야 어떻든 간에 본인들도 덕을 보고 살았으면서 뒤늦은 객기를 부리는 것은 추해 보인다.

해방 전 일본인에 굽실거리고 빌붙어 생계를 부지하기 바빴던 사람들은 입장이 바뀌자 자격지심의 못난 근성을 여지없이 드러냈다. 우리는 부정하고 싶겠지만, 일제 통치기간 내내 대다수의 국민들은 그들의 지배 정책에 충실히 부응하며 살았다. 더 정확히 말하자면 내지의 일본인들과 동등한 국민으로 대우받기를 원했다. 참정권을 요구했고 자치권을 희망했다. 일본 적(籍)을 얻기 위해 일본 여성과 결혼하는 조선인 남성은 해마다 늘어 1942년에는 1,000명이 넘어서기도 했다. 조선인 순사 채용시험에는 사람이 몰려 10:1이 넘는 경쟁을 보일 때가 많았다. 이들은 단순히 순사를 직업의 하나로 인식했을 뿐, 여기에 무슨 죄의식을 특별히 가지고 있었다고 보기도 어렵다. 일제 말기 사회지도층부터 일반 국민들까지의 부일협력 정도는 우리가 상상하는 이상이었다. 김구는 환국 후 "국내에 남아 있던 사람은 모두 친일파였고, 따라서 감옥에 가야 한다"고 했을 정도였다.

자신들은 일제 시기에 그렇게 열심히 살아놓고, 해방이 되자 뻔뻔스럽게도 민족주의자 탈을 쓰고 하나같이 '꺼삐딴 리'가 되었다. 이들은 학교와 경찰을 습격하고, 잔류 일본인들을 위협하고 다녔다. 해방 다음날인 8월 16일부터 28일까지 8일 동안 조선총독부에서 집계한 사건, 사고를 보면 경찰관서 습격이 149건, 무기 탈취가 41건, 행정관청 습격이 86건, 신사 봉안전 방화·파괴가 136건, 일본인 경찰관 폭행·협박이 66건, 일반 일본인 폭행·협박이 80건에 달했다.[253] 서슬 퍼런 총독부 치하에서 그랬다면 모르되 해방된 후에 그런 테러 행위들이 우리에게 무슨 의미가 있겠는가? 한바탕의 분풀이 외에 우리가 얻는 이익은 무엇인가? 마쓰후지(松藤傳六)의 송덕비를 파괴한 사람들이나, 그것을 방관한 사람들이나 그런 비겁한 객기를 의혈인양 착각하고 있었다.

1945년 10월 26일 서울에서는 '왜노소탕본부'라는 단체의 명의로 '잔류 일본인들에게 고한다!'는 제하의 벽보가 붙었다. '일본인들은 집을 내어놓고, 즉시 이 땅에서 떠나라. 그렇지 않으면 백만 전재자(戰災者) 빈민이 폭력으로써 쫓아내겠다'는 취지였다. 언론들은 이런 사회적 광기를 의거로 장려하는 데 가담했다. 만만한 노약자나 여성에게 가해진 폭력과 위협의 강도는 더 심했다. 직장을 잃고 농촌에서 날품팔이하던 한 일본인 여성은 "야야! 일본놈들아! 패배한 4등 국민들아!" 고함과 함께 돌을 던지며 포위해 오는 아이들에게 생명의 위협을 느꼈다고 한다. 그녀는 평범한 간호사였을 뿐이었다.[254] 종전이 임박했을 무렵, 돈 있고 빽 있는 사람들은 이미 다 빠져나간 뒤라서, 남은 사람들은 사실 이렇게 별볼일 없는 사람들뿐이었다. 해방 후에도 일본 내지(内地)에서 귀환하지 않은 수많은 동포들이 살고 있었을 텐데, 그들이 겪을 역지사지의 고통은 생각해보지 못한 것일까?

---

[253] 김재웅, 「재북한 일본인들의 사회경제적 지위와 북한의 일본인 기술자 정책(1945~1950)」, 동북아역사논총 44호(2014년), 220쪽.
[254] 김재웅, 앞의 논문, 219쪽.

친일파 청산에 대한 국민 열망이 드높자 남조선 과도입법의원은 1947년 「친일 민족 반역자 처벌을 위한 특별 조례」를 제정했다. 그러나 이 법의 제정을 주도한 사람들 가운데는 친일파들이 득실거렸다. 미군청장 하지(John R. Hodge)가 이들을 실패작이라고 할 정도였다.[255] 이런 사정은 친일파 청산에 다소 적극적인 입장이었던 건국준비위원회, 조선공산당, 민전 역시 마찬가지였다. 자기들도 내부에 친일부역 혐의가 있는 인사들로 넘쳐 났던 것이었다. 특히 친일파 처단에 가장 열성적이었던 좌익단체들은 일제 말 대화숙을 거쳐 사상전향을 하고 전시 협력한 인사들이 많았다. 심지어 친일부역자를 처벌한다고 출범한 반민특위조차 그랬다. 부위원장 김상돈은 서울 서교망원정 정회 총대였고, 정회의 역원을 뽑는 심사위원이었다. 반민특위 도위원과 조사관, 검찰관, 특별재판관 쪽으로 가면 일일이 거론하기가 힘들 정도로 부역 혐의자들이 많았다.

난데없는 유관순 신화도 사실 박인덕이나 송봉조 같은 인사들 손에 의해 탄생한 것이다. 엊그제만 해도 황군장병의 무운장구를 기원했고, 학병 지원을 독려했던 사람들이었다. 이렇게 우리는 항상 열심히 살았다. 시대가 바뀌면 또 바뀌는대로 부화뇌동하면서, 누군가에게 끊임없이 부역했다. 썩은 호박꽃에 몰려든 벌떼처럼 힘 좀 있어 보이면 줄을 서고 아첨하고 비위를 맞추면서 일신의 건사를 바랐다. 그런 사람들 손을 거쳐 만들어진 우리의 역사책은 흠잡을 데 없이 너무 화려하다. 텍스트 하나하나 빛나고 거룩하다. 외세에 저항하지 않은 적이 없었고, 독재와 불의에 항거해 왔고, 유구한 역사를 보존하면서, 다른 이들에게 존경과 찬사를 받아왔다고 한

---

[255] 「하지가 굿펠로우에게 보내는 편지(Goodfellow Papers)」, box no. 1 ; 김자동 역, 『한국전쟁의 기원』, 339쪽, 김영미, 「1946년 입법의원 선거」, 國史館論叢 第75輯, 148쪽에서 재인용.

다. 어떻게 역사에 그런 인물과 사건들만 있을 수 있겠는가? 우리의 현실은 그렇지 않다. 비겁함과 나약함, 야비함, 탐욕, 시기와 질투, 무능, 시행착오가 항상 공존해왔다. 그것을 극복한 인물들은 드물다. 있다면 그 내막을 우리가 모르고 있을 뿐이다.

3.1운동이나 그 관련 인물들, 우리를 사랑했다고 믿고 있는 외국인들, 상해와 만주에서 항일했다는 독립운동가들 역시 마찬가지다. 그들은 외세로부터 독립한다면서, 다른 외세와 결탁하거나, 그들의 앞잡이가 되어 초심의 본분을 스스로 망각했다. 그것이 그들의 한계이다. 욕망 앞에서 굴복한 인간 군상들에 대해 우리가 자자손손 존경을 바쳐야 할 이유는 없다. 외국 선교사들의 경우, 종교의 불모지였던 이 땅에 복음을 선사했다는 의미 정도로만 기억해도 충분하다.

아무리 신앙심이 깊다 하더라도, 외국인들이 이역만리의 이민족을 위하여 헌신한다는 것은 쉽지 않은 일이다. 하물며, 본연의 선교사역도 아닌 국내의 민감한 정치적 문제에 개입하거나 남의 독립운동까지 거든다는 것은 뭔가 다른 이유가 있는 것이다. 구한말 시기에 우리를 도왔다고 알고 있는 외국인들의 경우, 앞에서는 우리를 돕는 척하고 뒤로는 자신들의 실리를 챙기거나, 적국과 몰래 내통한 사람들이 많았다. 이런 사람들을 양화진 묘역에 모시면서, 우리를 사랑했던 애국자들이라 착각하고 단체로 사모곡을 부르는 희극은 이쯤에서 멈추어야 한다. 우리 역사에는 이런 만들어진 영웅들이 너무 많다. 보훈처에 의해 독립운동가로 인정된 유공자만도 무려 1만 8,000명이 넘는다. 우리처럼 애국심의 양적 완화에 성공한 나라도 없을 것이다. 우리는 이렇게 훌륭한 사람들이 넘쳐나는데 왜 힘 한 번 못 써

보고 무기력하게 타자(他者)의 손에 의해 해방되었을까?

그것은 오랜 시간동안 질서에 순응하도록 길들여진 민족성 때문이었다. 심지어 우리 역사상 가장 많은 민중들이 가담한 동학란조차, '공맹(孔孟) 사상을 추종하고, 성상(聖上: 즉, 국왕)을 보필하여 무너진 상하의 신분질서(上下之分)를 회복함에 있다'고 포고문에서 밝혔다. 국부(國富)와 강병에 대한 기본 개념도 없이 그 긴 시간 동안 중국의 우산 아래에서, 그저 대대로 왕조의 명줄을 이어가는 것을 순천자(順天者)의 미덕으로 여기며 살았다.

반면에 그렇지 못한 일본을 열등한 족속으로 늘 무시하고 업신여겼다. 통신사로 건너간 이들 중, 도주(島主)에게 경전 한 구절 써주고 무슨 대단한 은혜라도 베푼 양 여기는 인간들이 많았다. 그렇게 유식(有識)의 티를 내고 다니면서도 배운 만큼 겸손과 예의가 없었고, 남에게 민폐를 끼치는 일을 당연한 일로 알고 살았다.

홍우재의『동사록』임술년 6월 29일자에 따르면, 대마도주가 친히 5조목으로 된 족자를 보내 단속을 요청한 사실을 적고 있다. 그 중 첫째로 지적한 내용을 보자면, 일행의 상관(上官) 이하에 있어서 마땅히 정숙하고 조심해야 함이 요망되며, 술에 취하여 문이나 기둥에 흠집 내거나, 돗자리나 병풍을 베어 내거나, 벽에 침을 뱉거나 오줌을 계단에 누는 것이나, 말을 몰다가 사람을 치어 죽이거나, 여러 관속들이 심부름할 때 높은 곳에 앉아 오만하게 내려 보는 일들을 금한다는 것이다. 한마디로 국가를 대표하여 외국에 파견된 관료들이 이 정도의 기본조차 갖추지 않았다는 의미이다. 이 얼마나 부끄러운 일인가?

통신사 일행을 일본 측에서 소홀히 대한 것도 아니다. 어디를 가든 상다리가 부러지게 융숭히 대접했음은 물론이며, 그에 소요되는 물자와 부역은 일본 재정에 막대한 부담을 주고 있었다. 그렇게 잘 얻어먹고 다니며 남의 대접 받는 것도 모자라 닭서리를 하는 사람도 있었다. 우리의 강약약강 (強弱弱強, Kiss Up, Kick Down) 근성은 어쩌면 대대로 물려받은 기질인지도 모른다. 일본은 에도시대에 상업이 발달하여 이미 모든 면에서 우리를 능가하고 있었다. 메이지유신 직후 수신사로서 일본에 다녀온 김기수는 일본의 화륜선과 기차를 보고 놀라서 일동기유(日東記游)에 이렇게 쓴다.

> 일본인들은 한문을 떼면 누구나 경전을 집어 던지고, 기술서나 잡서를 가까이한다. 그런고로 농서와 병서, 천문, 의학, 지리에 능하지만, 공자와 맹자가 누구냐고 물어보면 다들 벙어리가 된다. 그들의 부국강병책은 우리가 채택할 만한 것이 아니다. 그들은 이를 즐기지만, 우리에게는 해가 되는 일이다. 우리는 진실로 내 것(성리학적 도덕관)을 버리고, 남의 것을 따라갈 수는 없다. 따라서 도덕과 예를 갖추고 그들을 제어하면 그들도 우리를 따라올 것이다.

그의 망상과는 달리, 그로부터 불과 34년 만에 조선은 일본에게 멸망당했다. 당시 우리 지도자들의 수준은 이 정도로 참담했다. 조선의 식자층은 일본을 가르쳐서 교화해야 할 대상으로만 생각했다. 너희들이 잡기에 능한 것은 인정하지만, 정신은 우리가 한 수 위라고 내내 착각하며 살았다. 그 정신적 우위란 중국의 학문을 우리가 더 많이 안다는 자부심이었을 것이다. 이런 사고방식을 가진 나라에서 주체적 역량이 성장할 겨를이 없었다. 상업과 기술은 천시되었으며, 윗사람에게 바칠 진상품 목록에 더 신경썼다. 중국 황제가 조칙을 내리면 우리 임금은 사배(四拜)의 예를 갖추고 받들었으며, 사신이 대독하는 경우 왕은 무릎을 꿇고 앉아 경청해야 했다. 그런 썩은 정신을 남보다 우수하다고 여기며 살아온 것이다.

나라가 붕괴될 지경에 이르자, 그동안 무위도식하던 조정의 권세가들은 자신을 보호해줄 세력에 줄서기 바빴다. 그 누구도 왕의 편에 서지 않았다. 민영환은 고종을 부추겨 미국인들에게 금광개발 관련 특혜를 주도록 중재했다. 친러파는 그들대로 러시아 인들을 끌어들여 여러가지 이권에 개입하도록 알선했다. 민비는 청나라 군대를 끌어들여 나라를 전쟁터로 만들어 놓았다. 을사오적이니 친일파니 하지만, 사실 외세에 부화뇌동한 이들을 치죄(治罪) 함에 있어 선후(先後)와 경중(輕重)이 있을 수 없는 법이다.

일본의 경우 수많은 무사 집단이 메이지 유신을 선도했다. 반면에 우리는 근대화로 이행할 기초적인 역량이 전무했다. 식자들은 세상 물정에 어두웠으며, 민중들은 교육을 받지 못해 거의 원시상태로 방치되어 있었다. '나무 한 그루 없는 산, 다리 없는 시냇물, 도로 없는 나라, 안락함이 없는 집, 이름도 없는 꽃과 여자들, 자유 없는 백성'인 상태[256]로는 아무것도 할 수가 없었다.

국가가 돌보지 않은 민초들의 삶은 역설적이게도 한없이 자유로웠다. 여자들은 가슴을 반쯤 드러내 놓고 다녔고, 너 나 할 것 없이 담배를 즐겼으며, 심지어 어린아이들도 너댓 살 만에 담배를 배웠다. 산에서 나무를 마구 베어 땔감으로 써도 누가 제지하지 않았다. 남의 논밭에서 삯일을 하면 며칠 분의 쌀을 얻을 수 있었다. 식구들과 나누어 먹고 빈둥대도 누가 뭐라

---

[256] 국역 윤치호 영문일기 제7권, 1920년 11월17일, 국사편찬위원회, 2016년, 188쪽.

하지 않았다. 일거리가 없으면 풀죽을 쑤어 먹거나 굶으면 그만이었다. 그러다 병이 들면 악으로 깡으로 버텨야 했다.

굶어 죽지 않을 만큼 일하고, 남는 시간은 술을 마시거나 노름을 해도 신경 쓰는 사람이 없었다. 자식을 낳고 키우는 게 능력에 부치면 남의 집 더부살이를 보내거나 딸이면 기생집에 팔았고, 때로는 종년이 되게 했다. 다들 이름도 짓지 않았다. 3월에 태어났으면 삼월이, 7월에 태어났으면 웅칠이가 되면 그만이었다.

화장실도 없어서 대충 싸고 길에 내다버렸다. 그래서 사대문 안은 똥밭이었다. 고종의 주치의였던 독일인 분쉬(Richard Wunsch)는 "서울 시내의 청결은 개들의 식욕에 달려 있다"고 조롱할 정도였다. 양반들은 아무나 붙잡아 일을 시키거나, 돈을 뺏거나, 태형을 가해도 누가 그것을 말릴 수도 없었다. 산에는 화적 떼가 무리 지어 다니며 양민들을 괴롭혀도, 군대나 경찰은 수수방관했다. 심지어 임금이 사는 대궐 안에도 도둑이 들끓었다.

전염병이 돌면 그저 문 앞에 부적이나 붙이고, 물을 떠다 천지신명에게 비는 것으로 그쳤다. 도성에 시체가 가득 쌓여가도 국가는 나 몰라라 했다. 보다 못한 선교사들이 감염자들과 접촉을 자제하고, 물을 끓여서 먹을 것을 홍보하고 다녔다. 사회적 위기상황에도 불구하고 적어도 사람 사는 데 가이드라인 따위는 없었다. 그러다가 통감부가 들어서면서, 이 모든 자유가 말살되었다. 민적법에 의해 모든 국민은 출생과 사망 사실을 양식에 맞춰 신고해야 했다. 분뇨 투기를 금지하며 오물세를 거둬 한 곳으로 모아 처리했다. 위생과 관련한 갖가지 금지와 통제가 뒤따르기 시작했다. 머릿

니가 득실거리는 치렁치렁한 머리카락들은 단발로 자르도록 했다. 어린 여자들을 술집에 팔아 넘기지 못하도록 단속법을 시행하여 취업 나이를 제한하고, 친권자의 동의를 받도록 했다.

자유롭게 살던 사람들은 갑자기 이런 통제와 국가의 간섭에 몹시 큰 불편을 느끼기 시작했다. 양반들은 기존의 특권을 모두 빼앗긴 것에 분노를 느끼고, 상것들과 한 줄로 줄을 세워 순서를 기다리게 하는 것에 수치를 느꼈다. 나무를 함부로 베는 것을 처벌했고, 석탄을 수입했다. 사람이 죽으면 아무 데나 함부로 매장할 수 없었다. 자유가 말살된 조선인들은 그제서야 망국의 슬픔을 느꼈다. 다시 예전의 자유를 찾고 싶은 사람들이 많아졌다.

대한독립 만세! 전국 방방곡곡에서 분노한 사람들이 시위에 참여했다. 우리는 그렇게 딱 한 번 일제에 저항했다. 짧은 시간이지만, 서로 많은 것을 느낀 쌍방은 이제 머리를 쓰기 시작했다. 일제는 강압적으로 제도를 시행하는 일을 줄였다. 대신에 조선인들을 앞세웠다. 촌로들에게 조그마한 감투를 씌워주고, 뒤에서 통제를 했다. 과연 총독부의 총검보다는 촌로들의 말빨이 잘 먹혔다. 조선은 빠르게 안정을 찾아가기 시작했다. 어딜 가도 망국의 분노는 느껴지지 않았으며, 먹고 사는 일 외에는 신경을 쓰지 않았다.

1929년 서울 경복궁에서는 초대형 엑스포 행사가 열렸다. 조선총독부가 시정 20주년을 기념하기 위해 주최한 〈조선박람회〉였다. 수많은 인파들을 수용하기기 위해 경복궁 담장의 일부를 허물었고, 신무문 밖까지 10만

평에 달하는 부지를 행사장으로 조성했다. 나라의 상징 공간이 이렇게 훼손되고, 시민들의 오락거리로 전락한 것에 아무도 분노하지 않았다.

이 행사에는 무려 120만 명이 다녀간 것으로 집계되었다. 유료 입장객만 해도 98만 명을 넘어섰다. 조선일보의 만평처럼 지렁이만 기어가도 구경꾼이 몰리는 서울에서[257] 이처럼 대형 박람회가 열린 것은 간만의 일이었다. 1915년의 〈조선물산공진회〉에 100만 명이 넘는 인파가 몰렸기에, 조선박람회의 흥행은 어느 정도 예상된 바였다. 식민지로 들어선 것을 기념하는 행사에 이처럼 온 나라가 들떠 축제를 즐겼다. 박람회에 가기 위해 땅문서를 몰래 저당 잡히기도 했고[258], 어떤 이는 주인의 돈을 훔쳐서 상경을 시도하기도 했다.[259]

3.1운동으로 전국이 한바탕 난리가 나고, 임시정부가 들어선 지 불과 9년 만이었다. 네 놈은 어느 나라 사람이란 말이냐 일갈하며, 조선인 순사에게 뜨거운 물주전자를 집어 던지던 사람들은 언제 그랬냐는 듯이 이처럼 다시 일상으로 돌아간 것이다. 냄비처럼 쉽게 달아오르고 식는 근성은 그때라고 다르지 않았다. 자극적인 선동에 쉽게 속고, 흥분하고, 몇 마디 섞기도 전에 폭력부터 쓰는 다이내믹한 나라였다. 우리 교과서는 1929년 광주학생운동 사건에는 이를 꽉 깨물고 볼드체로 강조하면서, 총독부의 조선박람회가 성황리에 끝났다는 얘기는 하지 않는다.

3.1 운동 직후, 서대문감옥은 수감자 수용시설이 부족해 확장공사

---

[257] '日曜漫畵 - 할 일 업는 사람들', 조선일보, 1929년 8월 25일자 3면.
[258] '박람회 구경에 토지문서 훔쳐', 동아일보, 1929년 11월 9일자 3면.
[259] '박람회 구경하랴다 경찰서 구경', 조선일보, 1929년 10월 6일자 3면.

를 하고 있었다. 감옥 정문 주변에는 차입용 도시락 판매 업체들이 8~9개씩 들어서며 문전성시를 이루었다. 하루에 판매되는 차입 도시락이 모두 1,800개에 달했으니 엄청나게 팔린 셈이다.[260] 앞에서는 독립만세를 외치고, 뒤로는 수감자들을 상대로 돈도 벌었다는 얘기다. 민족대표 33인의 실질적 주도자인 손병희도, 기독교를 대표했다던 이승훈도 여기서 차입한 도시락을 먹었다고 한다. 전국에서 시위가 불길처럼 일어나 두 달 동안 수많은 사람들이 다치고, 죽고, 투옥되었는데 지도자라는 사람들은 그 비싼 도시락을 사먹고 뱃속의 포만을 만끽하고 싶었을까? 그들이 우리 민족을 대표했다는 사실에 동의해 주기 어려운 대목이다.

식민지 치하에 살면서도 이렇게 시크했던 국민들을 찾아보기 어렵다. 하지만 일제로부터 해방된 지 80여 년이 지난 지금 우리는 다시 애국자가 된 것 같다. 주전자를 던지진 않았지만, 일본제 차량에 테러를 가하는 걸로 대신했다. 꾸준한 반일교육이 효과를 본 덕분이다. 3.1절인 오늘만은 초밥을 팔지 않겠다는 일식집 사장도, 사케가 아니라 정종을 먹었다는 정치인도, 욱일기 모양만 보면 발작하는 어느 대학 교수도, 오사카의 초밥 맛집에서 감탄을 연발했던 어느 가수도, 사실은 반일 마케팅의 시류에 편승한 양산형 애국자들의 사례다.

그럼에도 작년 일본을 방문한 우리 여행객 수는 정점을 찍었다. TV에서는 전통가요라는 이름을 달고 트로트 열풍이 불었다. 우리는 애국자를 자처하면서 동시에 '욕망의 배반(背反)'에는 침묵한다. 내가 먹고 즐길 때는 한없이 관대한 것이다. 일제의 잔재라는 말도 그렇다. 오랜 시간에 걸쳐 어

---

260 紅淚に咽ぶ朱山月, 大阪朝日新聞, 1919년 5월 28일자 7면.

차피 우리 삶 속에 정착된 것들을 찾아내, 어색하고 생경한 대체재로 바꾸는 수고를 한다. 다꽝을 단무지로 바꾼다고 그 절임무의 유래가 일본이라는 것은 변하지 않는다.

우리의 긴 역사를 돌이켜보면 우리가 먹는 것, 입는 것, 쓰는 것, 건축 양식, 풍습 중에 남의 영향을 받지 않은 것이 드물다. 연지 찍고 곤지 찍고 족두리 쓰고 맞절하는 우리의 전통혼례는 사실 몽고의 풍습이었다. 명절 때 남자들이 갖춰 입는 두루마기도 몽고의 호복에서 영향받은 것이다. 설렁탕, 소주, 순대, 샤브샤브, 육개장 등 오늘날까지 이어져오는 민속 음식들이 다 그렇다. 심지어 설날 때 먹는 떡국, 민속 스포츠인 씨름조차도 원조가 따로 있다. 그럼에도 몽고의 잔재를 청산하자고 말하는 사람을 본 일이 없다. 아무리 일제의 해악이 크다 해도 몽고의 내침을 받아 우리가 입은 피해와 비교할 수 없다. 20만 명이 넘는 사람들이 포로로 끌려가고, 수많은 문화재가 약탈, 소실되었다. 이후 100년 가까이 그들의 지배와 간섭을 받았음을 상기하면 그 영향은 일제와 비교가 되지 않는다.

너무 오래된 일이라 비교대상이 아니라고 할 수도 있겠다. 그러면 병자호란은 어떤가? 최명길은 당시 속환된 포로수만 60만 명에 달했다고 하는데, 그 중 대부분은 여성이었을 것이다. 수치의 정확성 여부를 떠나, 수많은 조선 여성들이 청나라 수도 심양에서 벌거벗겨진 채 노비로, 첩으로 팔려갔던 것은 사실일 것이다. 화냥년이란 말을 파생시킨 그 수치스러운 역사에도 불구하고, 중국을 위대한 산봉우리의 나라로 모시면서 만절필동(萬折必東)하는 사람들이 얼마나 많은가? 아니, 그마저도 오래전 일이라고 한다면, 75년 전의 6.25는 어떤가? 10만 명의 납북자가 발생하고, 13만 명의 민간인 희생자를 내게 한 사람들 말이다.

수많은 비극의 역사가 있었음에도, 유독 일제시기만 선택적으로 분노하고 청산의 대상으로 삼는 것은 악의적인 집착에 불과하다. 세계사를 보면 이민족의 침입으로 말미암아 집단의 정체성에 변화가 생기고, 문물이 교류되며, 언어가 바뀌기도 한다. 이미 화학적으로 결합된 채 오랜 시간이 지난 것을 물리적으로 손댄다 한들 무엇이 달라지는가? 멀쩡한 일본산 나무를 뽑아내고 토종 나무로 대체한다고 해서, 국민학교를 초등학교로, 유치원을 유아학교로, 헌병을 군사경찰로 바꾼다고 해서, 오욕의 역사가 말끔히 세탁되진 않는다. 잠시의 정신승리를 위해 소모해야 하는 비용은 아까운 줄 모른다.

일본의 지배를 받는 기간 동안 남겨진 식민지 유산은 용어 몇 개, 나무 몇 그루에 국한되진 않는다. 오늘날 우리가 쓰는 용어 중 일본에서 유래되지 않은 것이 드물다. 학문이나 법, 행정 등 전문 분야로 가면 특히나 그렇다. 애써 바꿨다는 초등학교도, 유아학교도, 군사경찰도 일본어의 흔적이 고스란히 묻어 있다. 고작 우리는 일본 용어 A에서 일본 용어 B로 갈아탔을 뿐이다. 우리가 아무짝에도 쓸모없는 일에 돈과 에너지를 탕진하고 있을 때, 일본은 기초과학 분야에서 노벨상 수상자들을 배출하고 있었다.

어린이집 재롱잔치, 봄가을 학교 소풍, 수학여행, 전교 운동회(**청군 VS 백군**) 등 일제 시기에 도입된 학교 행사들에 대해 우리가 무슨 고민을 했다는 소리를 들어본 적 없다. 사시사철 먹는 과일과 쌀도 그렇다. 그게 어디서 뚝 떨어진 줄 안다. 민족정기를 세운다며 아무 상관없는 측량용 말뚝을

뽑고 만세를 부른다. 어디선가는 식목일을 맞아 일본산 나무를 뽑아내고 토종 나무를 심는 행사를 한다. 식목일이야말로 일제가 한일합방의 대업을 기념하기 위해 나무를 심던 행사에서 비롯되었음을 미처 알지 못한다. 가는 곳곳마다 일본산 철쭉으로 화려하고, 산이며 들이며 벚꽃 구경에 전국이 정신이 팔려 있는데, 한쪽에서는 저런 무의미한 짓을 반복한다. 눈이 즐겁고, 입이 즐거운 일에는 다들 아무 말이 없다.

반일선동에 앞장선 정치인들은 죽을 병에 걸리면 서울대학교 병원부터 찾는다. 거리가 멀면 헬기를 불러서라도 간다. 육군 군의(軍醫) 총감 사토 스스무(佐藤進)의 영혼이 깃든 병원이라는 생각은 그 순간 하지 않을 것 같다. 한국에서 불티나게 팔리는 오카모토 콘돔은 태평양전쟁기에 군 위안소에 '돌격1번' 콘돔을 납품하던 리켄고무공업(理硏護謨工業)의 후신(後身)이다. 미쓰비시를 전범 기업으로 매도하던 이들은 편의점 문을 들어서는 순간 생각이 바뀌는 것 같다. 'No Japan' 붐이 일면서 아사히 맥주, 유니클로, 데상트의 매출이 반토막 났을 때에도 오카모토 콘돔은 건재했다. 우리는 이렇게 선택적 반일을 하면서 우리 안의 그 누군가를 '친일분자'로 규정하고 끊임없이 배척한다. 만주에서 상해에서 동포들에게 총부리를 돌렸던 그들처럼 말이다.

집필을 시작한 지 어느새 3년이 훌쩍 지나 버렸다. 원고 집필을 시작하면서 어느 정도 예상했던 바이지만 롤러코스터 같은 삶인지라 진도를 내는 게 여의치 않았다. 띄엄띄엄 쓰던 원고는 1년여간 펜을 놓다시피 하면서 공백이 길어졌다. 쓰다 만 글은 다시 이어지기가 어려웠다. 천신만고 끝에 마무리하고 보니, 어느새 사람들의 기억에서 저만치 멀어지고 있었다. 그 와중에 역사를 왜곡하면 처벌하겠다는 법안이 국회에서 다시 발의되었다. 국회의원들은 해마다 경쟁적으로 이런 법안들을 내놓는 것 같다. 자신의 생각을 근거를 갖추고 말하겠다는데, 이마저도 못하게 만드는 사람들이 '민주주의'를 말하고 다니는 세상에서 살고 있다.

혹자는 기존과 다른 해석을 하려는 사람들을 싸잡아 뉴라이트라고 말하기도 한다. 이 나라는 뉴레프트라는 말도 없고 극좌라는 말도 쓰는 이가 드물다. 그럼에도 유독 극우니, 뉴라이트니 하는 프레임으로 남의 입을 틀어막으려는 세력들이 많다. 공정해야 할 방송이나 언론부터가 그런 딱지를 상습적으로 붙여댄다. 본인들 사고방식이 표준이고 정답이라는 오만함은 어디서 오는 것일까?

박유하 교수가 위안부를 모독했다는 이유로 오랜 시간 봉변을 당해온 것을 우리는 기억한다. 논란이 일면서 그의 저서는 군데군데 가위질당하는 수모를 겪어야 했다. 그뿐인가? 학교에서는 그의 파면을 촉구하는 피켓시위가 끊이지 않았다. 대법원까지 온갖 소송이 이어지면서 마음 고생도 만만치 않았을 것이다. 그런 그가 무죄 판결로 명예를 회복하기까지 무려 8년 5개월이나 걸렸다. 그동안 박 교수를 개떼같이 물어뜯던 언론들은 재판 결과에 대해 '그렇다고 합니다'라는 짤막한 단신을 내보낼 뿐이었다. 그 어디에도 자신들의 과오를 인정하거나 사과를 했다는 소리는 들리지 않았다. 사람의 인격을 말살하고 피해를 줬으면서 아무도 책임을 지지 않는다. 이 사회는 그만큼 미쳐가고 있다.

독립운동가 후손이라는 데 과잉 집착하는 것도 문제이다. 단지 누구누구의 손자 손녀라는 이유로 국회의원에 공천되고, 비례대표로 당선되는 촌극이 이 사회의 후진성을 단적으로 말해준다. 도무지 개인의 능력과 아무런 관계가 없어 보이는 상징성 하나로 밥 먹고 사는 인간들이 도처에 널렸다. 신복룡 교수가 민족대표 33인에 대해 비판했다는 이유로, 신문사 컬럼 연재가 중단되고 여러 차례 봉변을 당한 사건은 앞에서도 언급한 바 있다. 조상의 체면을 목숨처럼 돌보는 사람들 덕분에 아직도 이 나라의 정체성은 조선의 한복판에 서있는 느낌이다.

평범한 삶을 이어 가기를 바라는 주변의 소망과 달리, 이런 사람들의 표적이 되어 시달릴 것을 생각하면, 원고를 쓰는 도중에도 몇 번이고 단념하고 싶었다. 그럼에도 어렵사리 두 권의 책을 낼 수 있게 된 것은 많은 분들께서 격려해주시고 지원해 주신 덕분일 것이다. 이번에도 흔쾌히 출판에 동의해주신 김현중 대표님을 비롯해, 한결 같은 애정과 격려를 보내주신 고준희 선생님, 이운영 회장님, 홍승기 교수님, 민서영 선생님, 이장우 대표님께 깊이 감사드린다. 일본국회도서관 자료 검색과 고문 번역을 도와주신 최석영 님, 러시아어 번역 자문에 협조해 주신 맹세희 님, 중국과 대만 자료 수집에 조언을 아끼지 않으신 정희도 님, 국가기록원 자료 확인을 도와주신 나수열 선생님, 정중규 선생님, 국내외 학술사이트에서 논문 자료를 함께 찾아 주신 박석희 선생님, 이도현 님의 지원에 감사드린다. 원고를 중간중간 검토하시면서 문장을 바로잡아 주신 주동식 선생님, 장성구 선생님, 심민웅 님께 많은 신세를 졌다. 미숙한 원고를 일일이 교열, 교정하시느라 애써 주신 타임라인 길도형 대표님, 어려운 여건이심에도 다시 디자인을 맡아 주신 임영경 디자이너 님께도 깊이 감사드린다.